Chinas Geschichte im Comic - China durch seine Geschichte verstehen - Band 5: Der Weg nach vorn - Von der frühen Republik bis zur Volksrepublik (1912 - 1949)
画说中国史 – 第五册: 前进的道路：从民国到人民共和国 （1912年 – 1949年）
Understanding China through Comics - Volume 5: From Early Republic to People's Republic (1912 - 1949)


**Autor: Jing Liu 刘京**
**Satz, Übersetzung aus dem Chinesischen und Englischen: Elisabeth Wolf**
**Lektorat: Yingqun Stille**
**Korrektorat: Filipe Tavares**

Verlag der deutschsprachigen Ausgabe:
**Chinabooks E. Wolf und E. Wu, Bühlstrasse 6, CH-8142 Uitikon-Waldegg**
**www.chinabooks.ch / www.manhua.ch / www.facebook.com/chinabooks.ch**
**www.instagram.com/manhua_at_chinabooks / www.twitter.com/chinabooks_de**
**Tel. 0041 (0)43 540 40 77 / 0041 (0)76 518 45 26**
**bestellen@chinabooks.ch**
**Vertrieb an den deutschen Buchhandel:**
**GVA Gemeinsame Verlagsauslieferung Göttingen GmbH & Co. KG, Postfach 2021, D-37010 Göttingen**
**www.gva-verlage.de / bestellung@gva-verlage.de**
**Tel. +49 (0) 551 384200 -0 / Fax. +49 (0) 551 384200 -10**
**Vertrieb an den deutschen Comicfachhandel:**
**Comic Base Berlin, Baruther Str. 10, D-10961 Berlin**
**www.comic-base-berlin.de / Tel. +49 (0) 30 / 6 94 38 55**

**PPM Vertriebs GmbH & Co. KG, Industriestraße 18, D-32694 Dörentrup**
**www.ppm-vertrieb.de / Tel. +49 - 5265 - 9 55 88 55**
**Vertrieb an den österreichischen Buchhandel:**
**Mohr Morawa Buchvertrieb GmbH, Sulzengasse 2, A-1230 Wien**
**Mail: bestellung@mohrmorawa.at / Telefon: +43 (1) 680 14-0 / Fax: +43 (1) 688 71 30**

**Erstauflage März 2022**
**Printed in Germany**

**ISBN: 978-3-03887-013-5**

Chinas Geschichte im Comic –
China durch seine Geschichte verstehen
Band 5:

# Der Weg nach vorn

## Von der frühen Republik bis zur Volksrepublik (1912 – 1949)

Jing Liu

华瑞图书网
chinabooks.ch

# Inhaltsverzeichnis

## Zeittafel

1911 Ausbruch der chinesischen Revolution mit dem Wuchang-Aufstand
Sun Zhongshan (Sun Yat-sen) tritt das Amt des provisorischen Präsidenten der Republik China an

1912 Fall der Qing-Dynastie
Yuan Shikai wird Präsident der Republik China.

1913 Das Parlament unter der Führung von Sun Zhongshan lehnt die von der Regierung unter Yuan Shikai ausgehandelten Sanierungskredite ab.
Yuan Shikai löst das Parlament auf.

1914 Ausbruch des Ersten Weltkriegs
Japan besetzt Shandong und stellt die Einundzwanzig Forderungen an Yuan Shikai.

1915 Yuan Shikai stirbt sechs Monate nach seiner Ernennung zum Kaiser.

1916 Begin der Ära der Warlords, die Kriegsherren stammen aus dem Umfeld der Beiyang-Armee.

1917 Ehemalige Generäle der Beiyang-Armee, die zu Warlords aufgestiegen sind, rivalisieren um die Kontrolle über Beijing.
China tritt auf der Seite der Entente in den Ersten Weltkrieg ein.

1918 Sun Zhongshan errichtet eine Militärregierung in Guangzhou
Ende des Ersten Weltkriegs
Die als Spanische Grippe bekannt gewordene Grippepandemie von 1918 breitet sich aus.

1919 Im Vertrag von Versailles werden die ehemals deutschen Kolonialgebiete in der Provinz Shandong Japan zugesprochen.
Beginn der Bewegung des Vierten Mai

1921 Die Komintern unterstützt die Gründung der Kommunistischen Partei Chinas.
Mao Zedong nimmt am ersten Nationalkongress der KPCh teil.

1923 Die Sowjetunion unterstützt die KMT unter der Führung von Sun Zhongshan (Sun Yat-sen).

1924 Sun Zhongshan betraut Chiang Kai-shek mit der Gründung der Huangpu-Militärakademie und ernennt ihn zu deren Rektor.

1925 Sun Zhongshan verstirbt.

1926 Chiang Kai-shek konsolidiert seine Macht und startet den Nordfeldzug.

1927 Spaltung der KMT
Chiang Kai-shek säubert die KMT von den Kommunisten.

1928 Die KMT-Regierung in Nanjing führt eine Wiedervereinigung Chinas herbei.

1929 Chiang Kai-sheks Abrüstungspläne lösen den grossen Krieg um die Zentralchinesische Ebene aus.
Einsetzen der Weltwirtschaftskrise, der sogenannten Grossen Depression.

1930 Chiang Kai-shek leitet die Belagerungs- und Vernichtungsfeldzüge gegen die Kommunisten.

1931 Gründung der Chinesischen Sowjetrepublik in Jiangxi mit Mao Zedong als Vorsitzender
Japan fällt in Nordostchina ein.

1932 Beim sogenannten „Zwischenfall vom 28. Januar" kommt es in Shanghai zu Zusammenstössen zwischen der japanischen Armee und Truppen der Nationalrevolutionären Armee der KMT.

1933 Die japanische Expansion in Nordchina mündet im Widerstandskrieg an der Chinesischen Mauer.
Chiang Kai-shek startet den fünften Umzingelungs- und Vernichtungsfeldzug gegen die KPCh und verwendet dabei eine Kriegstaktik, bei der mittels dem Bau von Bunkern die Kommunisten eingekesselt werden.

1934 Die Kommunisten treten den Langen Marsch an.

1936 Die Überlebenden der Roten Armee der KPCh ziehen in Yan'an ein.
Nach dem Zwischenfall in Xi'an ist Chiang Kai-shek gezwungen, einer Einheitsfront mit den Kommunisten gegen Japan zuzustimmen.

1937 Der Zweite Japanisch-Chinesische Krieg ist in vollem Gange.

1938 Um die japanische Offensive zu verlangsamen, erteilt Chiang Kai-shek den Befehl zur Sprengung eines Dammes des Gelben Flusses bei Huayuankou.
Die KMT-Regierung zieht sich nach Chongqing zurück.

1939 Ausbruch des Zweiten Weltkriegs

1940 Japan besetzt den Nordteil Französisch-Indochinas.

1941 Die USA weiten das Leih- und Pachtprogramm auf China aus und verhängen ein Ölembargo gegen Japan.
Japanischer Angriff auf Pearl Harbor

1942 Japan kappt die letzte Landverbindung nach China für US-amerikanische Lieferungen des Leih- und Pachtprogrammes.
Joseph Stilwell kommt als Stabschef von Chiang Kai-shek nach China.

1943 Die Alliierten halten Gipfeltreffen in Kairo und Teheran ab.

1944 Die japanische Armee startet die Operation Ichi-Go (Operation Nr. 1), ihre bislang grösste Bodenoffensive, mit der sie der Nationalrevolutionären Armee schwere Verluste zufügt.
Die Spannungen zwischen Joseph Stilwell und Chiang Kai-shek spitzen sich zu und führen schliesslich zur Abberufung Stilwells.

1945 Der Zweite Weltkrieg endet mit der Niederlage von Deutschland und Japan.
Mao Zedong und Chiang Kai-shek führen in Chongqing Friedensgespräche.

1946 George C. Marshall kommt nach China, um den Friedensverhandlungen zwischen der KMT und der KPCh beizuwohnen.

1947 George C. Marshall kehrt nach dem Scheitern der Friedensverhandlungen in die USA zurück.
Der Bürgerkrieg zwischen der KMT und der KPCh bricht aus.

1949 Die KMT unterliegt im Bürgerkrieg. Chiang Kai-shek zieht sich nach Taiwan zurück.
Mao Zedong verkündet die Gründung der Volksrepublik China.

# Einleitung

China besitzt heute die grösste Bevölkerung und die zweitgrösste Wirtschaft der Erde. Wer die jüngste Weltgeschichte verstehen will, muss sich neben anderem mit der Geschichte dieser aufstrebenden Macht beschäftigen.

Das war nicht immer so. Zu Beginn des 20. Jahrhunderts handelte es sich bei China noch um eine arme Agrargesellschaft, die von einer sich bereits seit 1644 an der Macht befindenden Dynastie beherrscht wurde. Chinas Mangel an Entwicklung ermöglichte es Kolonialmächten, von allen Seiten her Invasionen auf das Land zu starten. Wie konnte sich China also so schnell zu einem modernen Nationalstaat entwickeln und in seine heutige Position vorrücken? Der Schlüssel dazu liegt in dem in diesem Buch behandelten Zeitabschnitt.

Jing Lius fünfter Band über die chinesische Geschichte hilft uns, das moderne China zu verstehen, indem die äusserst komplexen Entwicklungen so weit wie möglich vereinfacht werden, die sich in China zwischen 1912, als sich die Nation zur Republik erklärte, und Oktober 1949, als Mao Zedong die Volksrepublik China gründete, zugetragen haben.
In dieser Zeit erlebte China zusammen mit dem Rest der Welt den Ersten und Zweiten Weltkrieg und die Grosse Depression. Aber China musste gleichzeitig zu diesen bedeutenden Ereignissen auch noch einen Bürgerkrieg zwischen den Nationalisten und den Kommunisten und wiederholte japanische Invasionen durchstehen, wobei das Land Unterstützung von einer sich ständig verändernden Reihe an Verbündeten erhielt.

Dieses Buch ist äusserst fesselnd, ein wahrer Pageturner mit dramatischen Geschichten, die von ebenso mitreissenden Illustrationen getragen werden. Die Handlungen der verschiedenen Nationen sind in so verworrener Weise ineinander verwoben, dass man sich die Frage stellt, wie anders die heutige Weltlage aussehen würde, wenn sich Allianzen oder Ereignisse an einigen Wendepunkten der Geschichte anders entwickelt hätten. Aber das bleibt ein Geheimnis der Geschichte. Wir werden es nie erfahren.

Wenn Sie bisher einen westlichen Blickwinkel besessen haben, wird Ihnen die Lektüre dieses Buches die Augen für alternative Versionen des 20. Jahrhunderts öffnen, wie sie sich aus einer chinesischen Perspektive heraus zeigen.
Wenn Sie mehr wissen wollen, empfehle ich Ihnen, auch die vier früheren historischen Bände des Autors zu lesen, die aus einer einzigartigen kulturellen Perspektive heraus aufzeigen, wie Kräfte der Einheit und der Spaltung sich in China seit 5000 Jahren ein Kräftemessen liefern.

Zum Glück für den Leser verwandelt Liu die komplexe Geschichtsschreibung durch clevere Comiczeichnungen, Schaubilder, Karten und Diagramme in einen unterhaltsamen Diskurs. Ich hoffe, dass Ihnen dieses Buch genauso viel Freude bereiten wird wie mir.

Lorie Hammond, PhD
Emeritierte Professorin, CSU Sacramento
Gründungsdirektorin der Peregrine School, Davis, Kalifornien

# Was bisher in *Chinas Geschichte im Comic* geschah:

Im Laufe der chinesischen Geschichte sind in einem Zeitraum von 2000 Jahren immer wieder Nomadenvölker in China eingedrungen. Sie haben die chinesische Zivilisation tiefgreifend beeinflusst.
Xianbei
Tujue (Kök-Türken)
Xiongnu

Danxiang
(Tanguten)
Nüzhen
(Jurchen)
Qidan
(Khitan)
Mongolen
Mandschuren

Als gegen Ende der Ming-Dynastie Bauernaufstände ausbrachen, ergriffen die Mandschuren die Gelegenheit, die Macht zu ergreifen, und gründeten im Jahre 1644 die Qing-Dynastie.

Wir Mandschuren unterscheiden uns von anderen Nomadenstämmen, die früher über China geherrscht haben.
Bevor diese ihre Herrscherdynastie errichteten, kontrollierten sie bereits innerhalb der Chinesischen Mauer eine grosse Bevölkerung chinesischer Bauern. Uns hingegen fehlen solche Erfahrungen.
鲜卑
Xianbei
契丹
Khitan
(Qidan)
女真
Jurchen
(Nüzhen)
蒙古
Mongolen
(Menggu)

Um über China herrschen zu können, müssen wir das Ming-System weitgehend unverändert übernehmen.
Wir halten an der Tiefsteuerpolitik fest.
Die Beamten der Ming-Dynastie dürfen im Amt bleiben.
Die kaiserliche Beamtenprüfung wird beibehalten.
Vor dem Gesetz sollen Chinesen und Mandschuren gleich behandelt werden.
Wir müssen den Menschen glaubhaft machen, dass wir gekommen sind, um die chinesischen Traditionen zu verteidigen.

Die Qing-Regierung folgte dem Beispiel der Ming-Dynastie und verfolgte eine Politik der Passivität, bei der sie zwar die Lasten der Bevölkerung reduzierte, jedoch nicht die Kraft besass, der gesamten Bevölkerung mehr Unterstützung zukommen zu lassen. Dies führte zu einer von der Landwirtschaft geprägten Wirtschaft, die von kleinbäuerlichen Strukturen dominiert wurde.
Die Qing-Dynastie stiess sehr schnell an die Grenzen im Wachstum, das einer auf kleinbäuerlichen Strukturen basierten Wirtschaft möglich ist. Das Steuerwesen wurde zudem immer komplizierter und damit ineffizienter.
Die geringen Steuereinnahmen schwächten die Regierung dramatisch in ihren Möglichkeiten, sich um die Verwaltung und Entwicklung der öffentlichen Sicherheit, der Wirtschaft, des Verkehrswesens, des Bildungswesen, öffentlicher Einrichtungen sowie des Katastrophenschutzes zu kümmern.
Gerade in der Zeit, als die Staatskasse der Qing-Dynastie leer war, setzte in den 1780er-Jahren in Grossbritannien die Industrielle Revolution ein, die sich im 19. Jahrhundert auch auf andere westliche Staaten ausweitete.
Im Wettstreit um mehr Märkte und Ressourcen errichteten die Industrieländer der Reihe nach gewaltsam Kolonien in Afrika und Asien.

In China löste die Unterjochung durch die Kolonisatoren einen wirtschaftlichen Zusammenbruch und gesellschaftliche Unruhen aus.

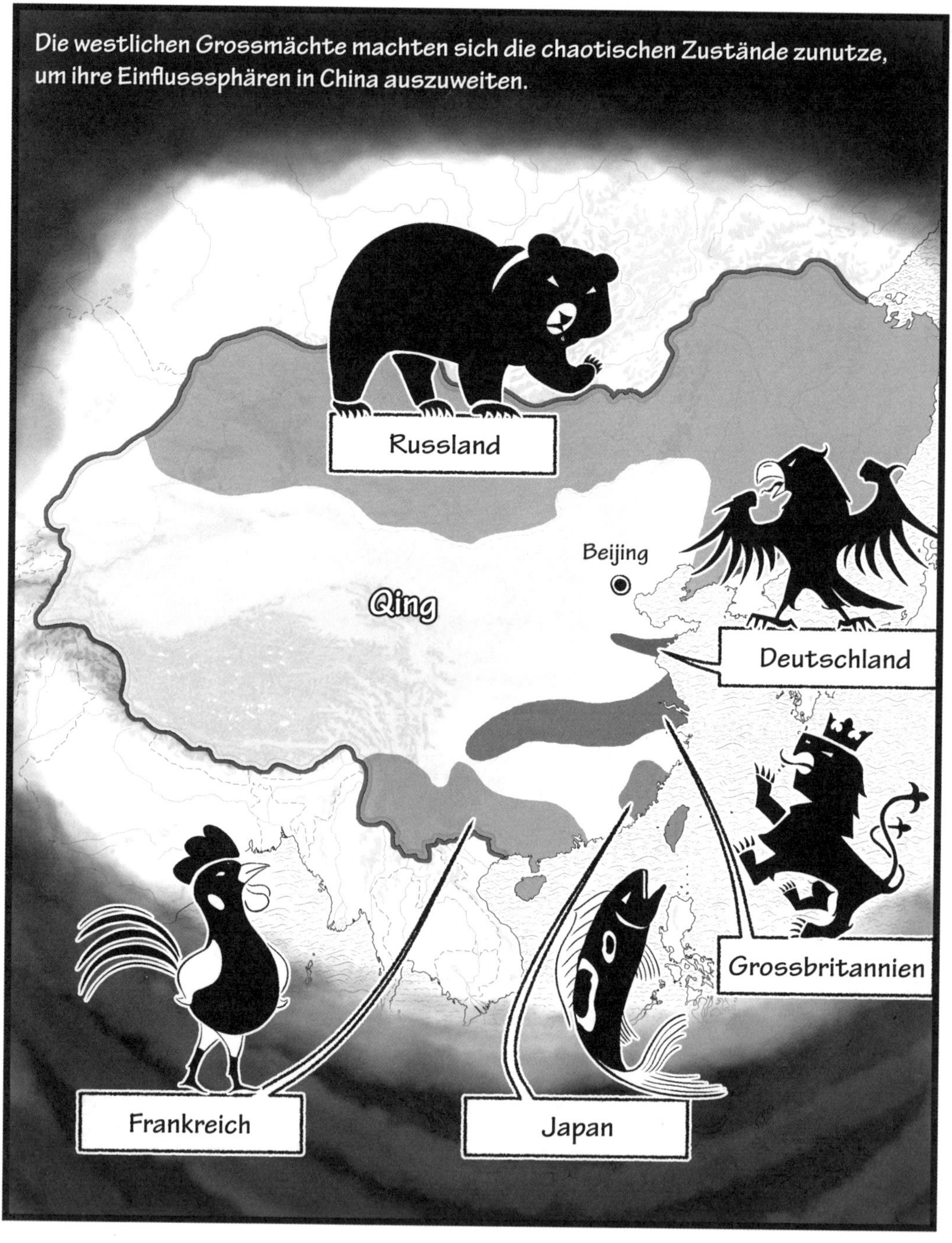
Die westlichen Grossmächte machten sich die chaotischen Zustände zunutze, um ihre Einflusssphären in China auszuweiten.
Russland
Beijing
Qing
Deutschland
Grossbritannien
Frankreich
Japan

Japan fügte der Qing-Armee im Ersten Japanisch-Chinesichen Krieg (1894 – 1895) schwere Verluste zu, nahm Korea und Taiwan in Besitz und führte weitere Expansionen in Ostasien aus.

SCHULDEN
Eine Reihe von zu leistenden Kriegsreparationen stürzte die Qing-Dynastie schliesslich in eine tiefe Schuldenkrise.
Im ersten Jahrzehnt des 20. Jahrhunderts bestand die primäre Aufgabe des Qing-Hofes darin, tagein, tagaus Geld zusammenzukratzen, um seine Schulden zu begleichen.

Ein Arzt versetzte der Qing-Dynastie den Gnadenstoss.
Mein älterer Bruder ist in die USA ausgewandert. Er hat mein Studium in Hawaii und Hongkong finanziert. Danach bin ich Arzt geworden.
Sun Zhongshan (1866 – 1925), auch bekannt als Sun Yat-sen
Sehr bald wurde mir klar, dass es nicht die Medizin ist, die China am dringendsten braucht. Ich habe es daher aufgegeben, als Arzt zu praktizieren, und habe mich ganz der Sache der Revolution verschrieben.
Ich habe in Japan die „Chinesische Revolutionäre Allianz“ gegründet, um in Übersee Spenden für den inländischen Widerstand gegen die Qing-Herrschaft zu sammeln.

# Chinas Geschichte im Comic

## Band

## 5

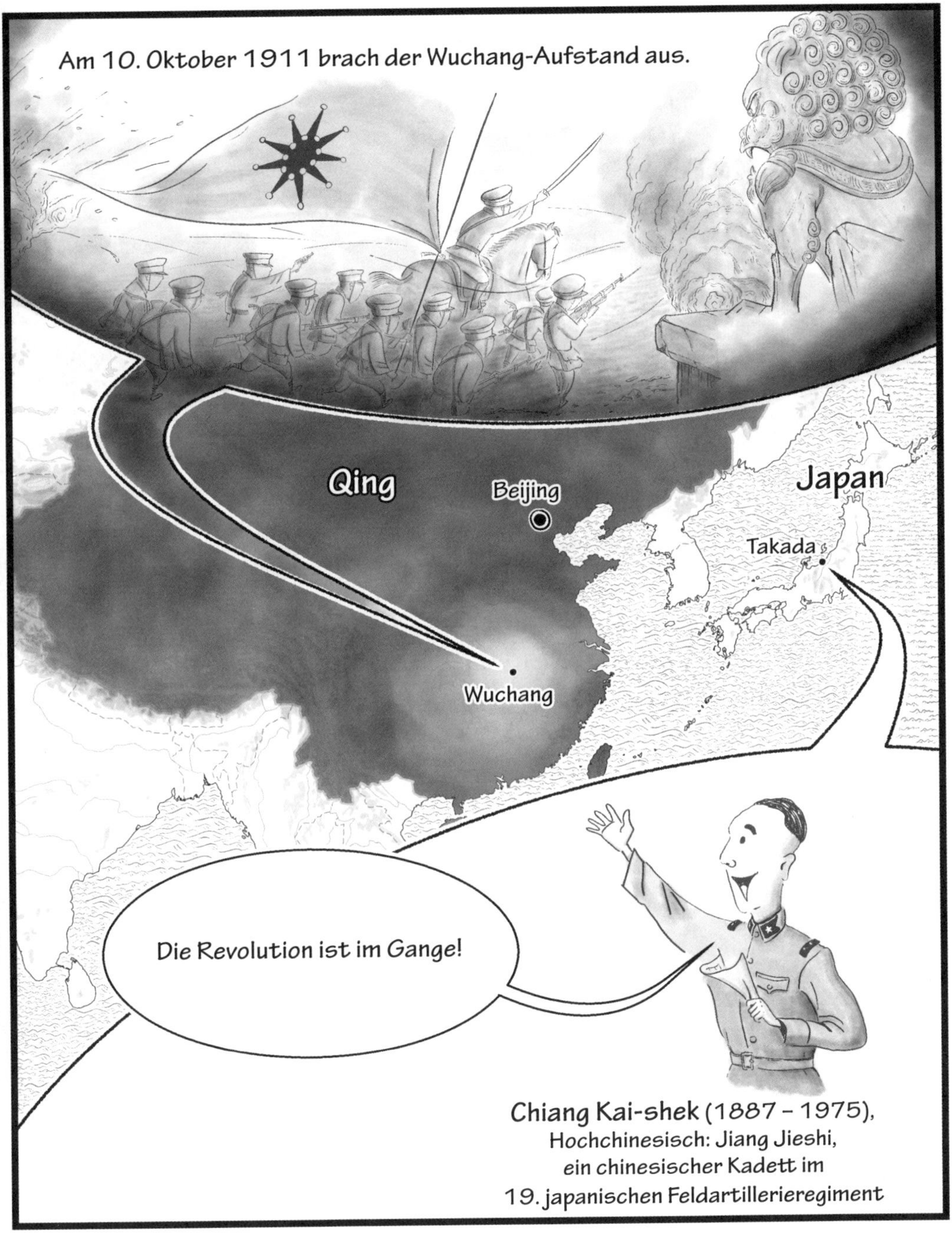
Am 10. Oktober 1911 brach der Wuchang-Aufstand aus.
Qing
Beijing
Japan
Takada
Wuchang
Die Revolution ist im Gange!
Chiang Kai-shek (1887 – 1975),
Hochchinesisch: Jiang Jieshi,
ein chinesischer Kadett im
19. japanischen Feldartillerieregiment

Nach Jahren der militärischen Ausbildung bietet sich uns nun endlich eine Gelegenheit, unsere militärischen Fertigkeiten anzuwenden! Lasst uns noch heute aufbrechen!

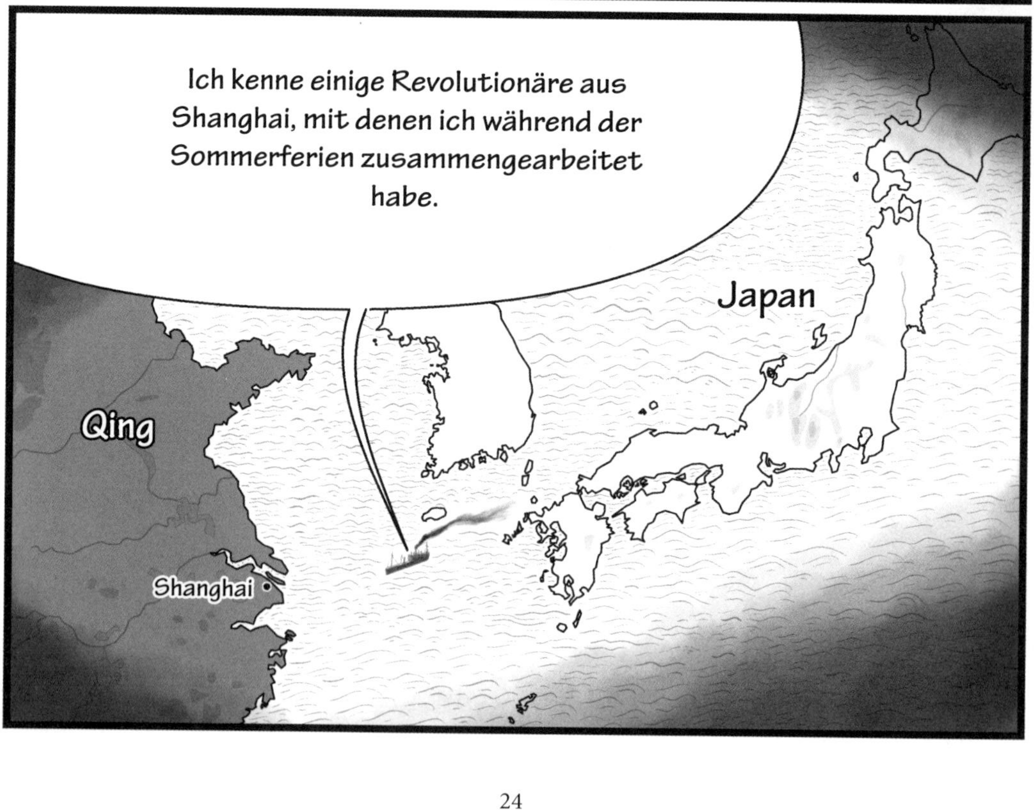
Ich kenne einige Revolutionäre aus Shanghai, mit denen ich während der Sommerferien zusammengearbeitet habe.
Japan
Qing
Shanghai

Hauptquartier der Chinesischen Revolutionären Allianz, Shanghai
Führe ein Himmelfahrtskommando zum Angriff auf die Provinzhauptstadt.
Falls ich nicht mehr lebend zurückkehren sollte, dann übergebt bitte diesen Brief an meine Mutter und meinen älteren Bruder.

Die Nachricht von der Revolution erreichte eine Mittelschule in der Stadt Changsha.
Lasst uns die uns von den Mandschus aufgezwungenen Bärte und Zöpfe abschneiden! Stürzen wir die mandschurischen Qing!
Treten wir doch der Revolutionsarmee bei!
Es ist jetzt Regenzeit. Ich werde mir von einem Bekannten, der ausserhalb der Stadt wohnt, ein Paar Regenstiefel leihen.

Ich möchte der Armee beitreten!
Mao Zedong (1893 - 1976)

# Die ersten Jahre der Republik

(1912 - 1916)

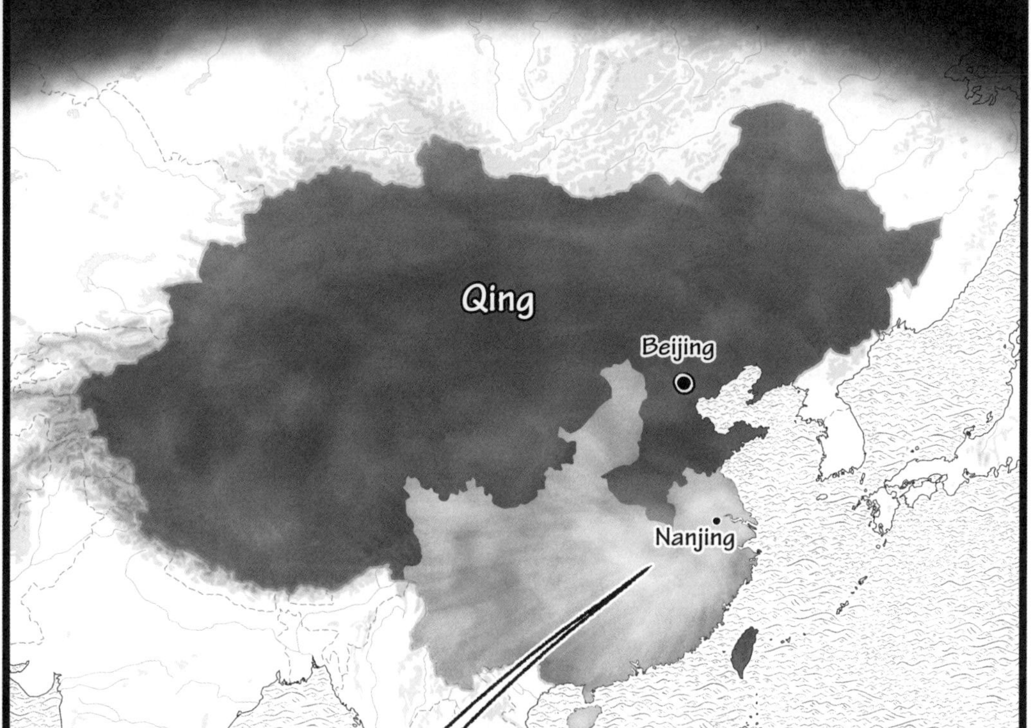


Innerhalb von zwei Monaten nach dem Wuchang-Aufstand erklärten 15 Provinzen ihre Unabhängigkeit von der Qing-Dynastie.
Am 29. Dezember 1911 kamen die Vertreter aller Provinzen in Nanjing zusammen, um Sun Zhongshan zum Übergangspräsidenten der Republik China zu wählen.

Nach Beendigung seines ersten Kampfeinsatzes erhielt Chiang Kai-shek neue Befehle.
Ich muss diese Fischer und Landstreicher zu Soldaten ausbilden, sie mit Nahrung versorgen, neue Rekruten anwerben und eine Finanzierung für die Truppen auftreiben.

Währenddessen gewöhnte sich Mao Zedong an sein Soldatenleben.
Die Kumpanen in meinem Trupp kommen aus armen Familien und sind alle Analphabeten. Also helfe ich ihnen dabei, Briefe nach Hause zu schreiben.

Ein Soldat erhält einen monatlichen Sold von sieben Silbertalern, davon muss er zwei für die Verpflegung ausgeben.
Um Geld zu sparen, holen die meisten Soldaten ihr Wasser aus einem alten Brunnen ausserhalb der Stadt.
Aber als ein gebildeter Mensch kann ich mich nicht dazu herab- lassen, Wasser zu schleppen, also bleibt mir nichts anderes übrig, als dieses von einem Wassserhändler zu kaufen.

Ich geben den Rest meines Geldes für Zeitungen aus, um etwas über die weite Welt zu erfahren.

Der Kaiserhof der Qing-Dynastie entsandte die Elitetruppen der Beiyang-Armee zur Niederschlagung der Revolution in den Süden, aber der Oberbefehlshaber der Beiyang-Armee verhandelte heimlich mit den revolutionären Streitkräften, um einen Handel für sich herauszuschlagen.
Wenn du mich zum Präsidenten machst, werde ich den Kaiser zur Abdankung zwingen.
Ich bin einverstanden, da dies der schnellste Weg ist, die Qing-Herrschaft ohne weiteres Blutvergiessen zu stürzen.
Yuan Shikai (1859 – 1916)
Sun Zhongshan

Am 12. Februar des Jahres 1912 erliess der Kaiserhof ein Edikt zur Abdankung des Kaisers. Die Qing-Dynastie, die 268 Jahre gewährt hatte, war damit offiziell beendet.
Yuan Shikai trat das Amt des Präsidenten der Republik China an.
Das Stück ist zu Ende.
Jetzt, da der Krieg vorbei ist und der Wiederaufbau begonnen hat, ist es für mich an der Zeit, nach Japan zurückzukehren, um mein Studium abzuschliessen.
Ich habe mich dazu entschlossen, aus der Armee auszutreten, um mein Studium fortzusetzen.

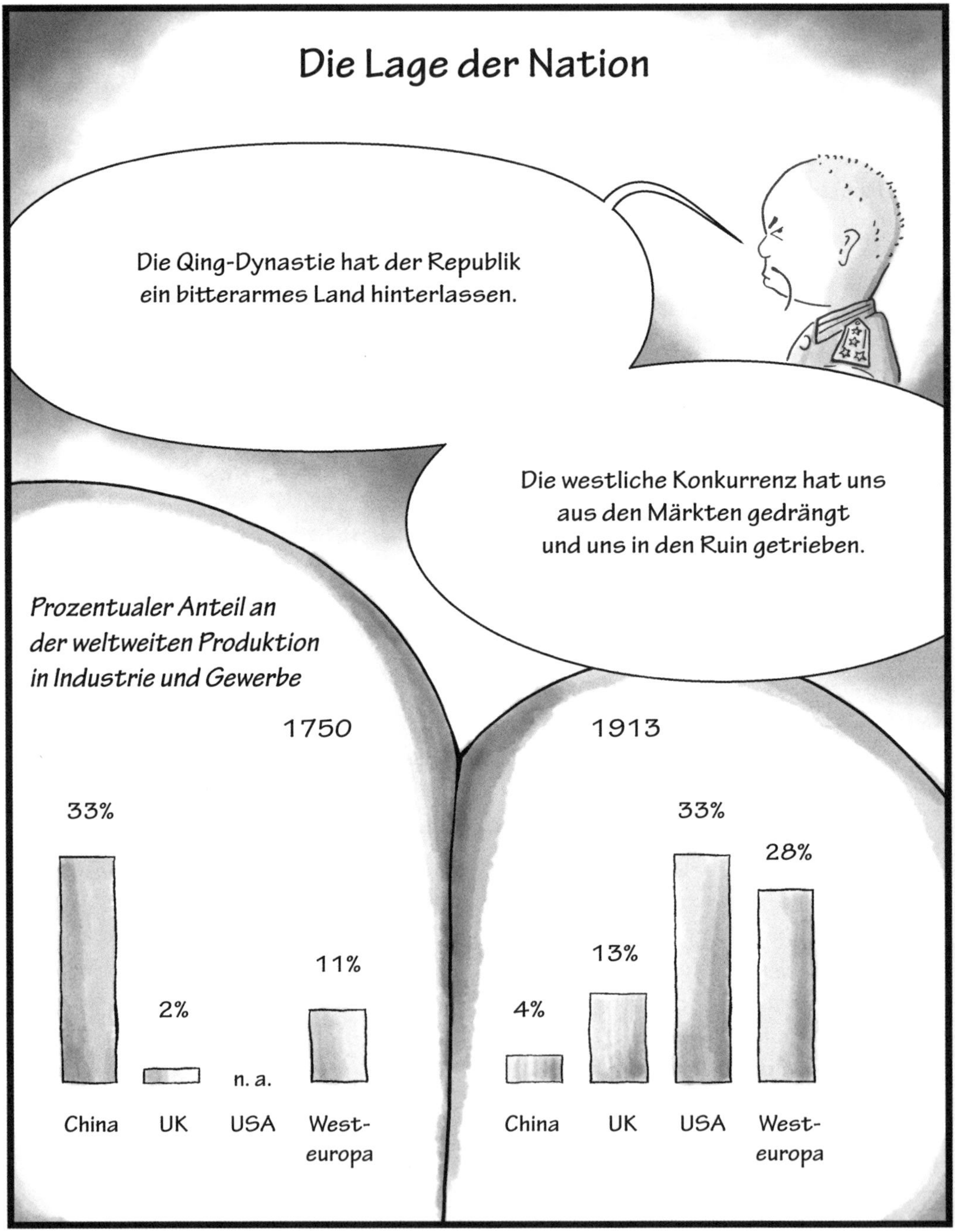
Die Lage der Nation
Die Qing-Dynastie hat der Republik ein bitterarmes Land hinterlassen.
Die westliche Konkurrenz hat uns aus den Märkten gedrängt und uns in den Ruin getrieben.
Prozentualer Anteil an der weltweiten Produktion in Industrie und Gewerbe
1750
33%
2%
n. a.
11%
China
UK
USA
Westeuropa
1913
4%
13%
33%
28%
China
UK
USA
Westeuropa

* Tael: Alte chinesische Münzeinheit.

** Kuping: Eine in China am Ende der Qing-Dynastie gebräuchliche Gewichtseinheit. Angewendet auf Silber diente sie als Währungseinheit. Im Jahr 1912 entsprach 1 Tael Kuping-Silber dem Gegenwert von 0,6 US-Dollar.

Wie können wir jemals zu den ausländischen Grossmächten aufschliessen?
Europa, die USA sowie Japan sind alle ähnlichen Mustern der Industrialisierung gefolgt.
Standardmodell der Entwicklung
• Erhebung von Zöllen gegenüber dem Ausland zum Schutz der inländischen Industrie
• Schaffung eines landesweiten Marktes durch Verbesserung des Transportwesens, insbesondere der Eisenbahnen, sowie der Abschaffung inländischer Transitsteuern
• Gründung von Banken zur Stabilisierung der nationalen Währung und zur Finanzierung von Unternehmen
• Aufbau eines sich an die gesamte Bevölkerung richtenden öffentlichen Bildungswesens zur Ausbildung qualifizierter Arbeitskräfte

Schauen wir uns das mal an.
Die Zolleinnahmen ... stehen unter ausländischer Kontrolle.
Die Eisenbahnen ... stehen unter ausländischer Kontrolle.
Die Banken ... stehen unter ausländischer Kontrolle.
Ein landesweiter Markt ... nicht vorhanden.
Was das Bildungswesen betrifft ....
von unserer Bevölkerung von 450 Millionen sind 95% Analphabeten.

Wir können momentan nichts anderes tun, als uns Geld von ausländischen Banken zu leihen, um über die Runden zu kommen.
SANIERUNGS-KREDITE
25 Millionen GB£
(100 Millionen US$)
Die Kreditaufnahme muss vom Parlament bewilligt werden.

Nachdem ich die Präsidentschaft an Yuan Shikai abgetreten habe, leite ich nun die Durchführung der ersten nationalen Parlamentswahlen.
Die Parlamentswahlen von 1912
Die Wähler müssen mindestens 21 Jahre alt sein sowie eine der folgenden Kriterien erfüllen:
1. Sie müssen direkte Steuern von jährlich mindestens 2 Yuan gezahlt haben.
2. Sie müssen im Besitz von Immobilien im Wert von mindestens 500 Yuan sein.
3. Sie müssen mindestens die Grundschule besucht haben oder eine höhere Ausbildung vorweisen können.
Es gibt über 40 Millionen Wahlberechtigte, die diese Kritierien erfüllen. Der Anteil an der Gesamtbevölkerung beträgt etwa 10%.

Ich habe die Gründung der Kuomintang (KMT) * – der „Nationalen Volkspartei Chinas“ – initiiert. Wir konkurrieren bei den Wahlen gegen mehr als 300 politische Gruppierungen.
Die KMT hat 269 der 596 Sitze im Repräsentantenhaus sowie 123 der 274 Sitze im Senat gewonnen.
* Die Anhänger der KMT werden im Englischen und Deutschen oft als Nationalisten bezeichnet.

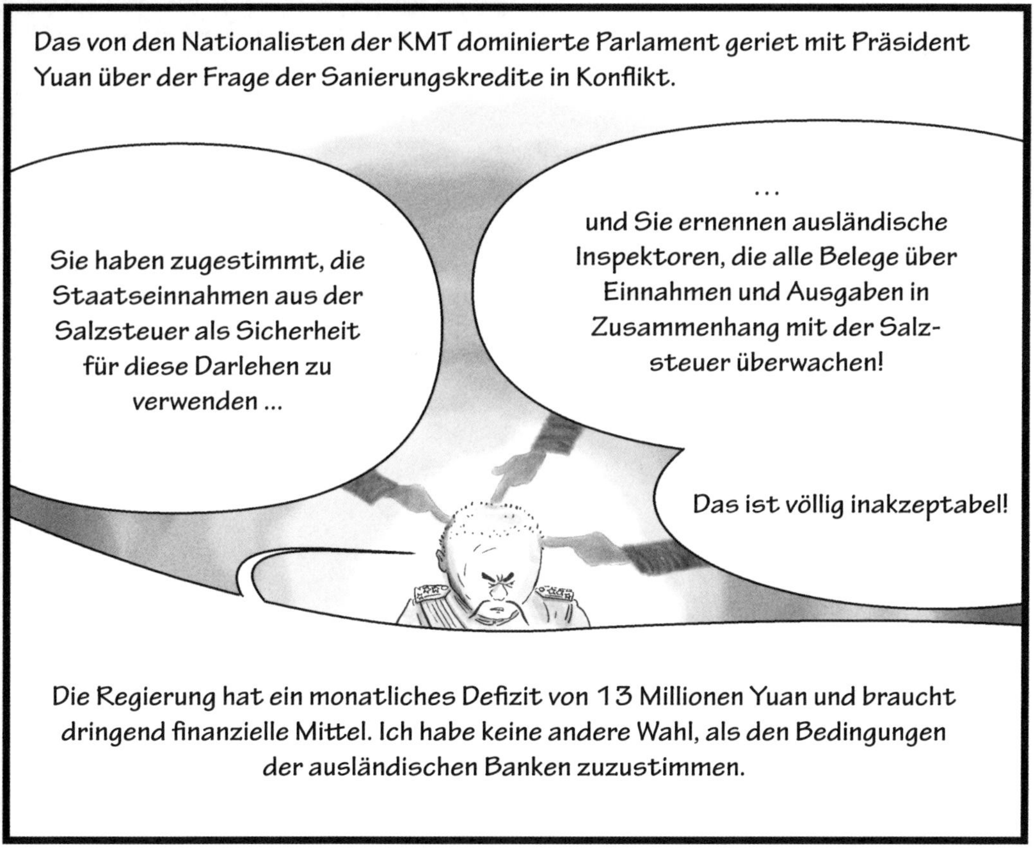
Das von den Nationalisten der KMT dominierte Parlament geriet mit Präsident Yuan über der Frage der Sanierungskredite in Konflikt.
Sie haben zugestimmt, die Staatseinnahmen aus der Salzsteuer als Sicherheit für diese Darlehen zu verwenden ...
... und Sie ernennen ausländische Inspektoren, die alle Belege über Einnahmen und Ausgaben in Zusammenhang mit der Salzsteuer überwachen!
Das ist völlig inakzeptabel!
Die Regierung hat ein monatliches Defizit von 13 Millionen Yuan und braucht dringend finanzielle Mittel. Ich habe keine andere Wahl, als den Bedingungen der ausländischen Banken zuzustimmen.

Das Parlament ist ein unnützes, nicht handlungsfähiges Organ.
Es sitzen 800 Abgeordnete im Parlament! Davon sind nur 200 loyal und brauchbar, 200 sind dekadent und passiv, 400 sind völlig nutzlos, die bringen nichts zustande!

Drei Militärgouverneure des KMT-Lagers prangern öffentlich die Sanierungskredite an.
Entsendet Truppen, um ihre Territorien zu beschlagnahmen!

Juli 1913
Ich rufe zum Sturz von Yuan Shikai auf! Entsendet wir Truppen gegen ihn!
Es kommt zu einer zweiten Revolution!
Die KMT wird verboten!
Das Parlament wird aufgelöst!
Sun Zhongshan und seine Anhänger flohen nach Japan.

Öffentliche Bibliothek der Stadt Changsha, Provinz Hunan, Sommer 1913
Mao Zedong
In meiner Mittelschule gibt es nicht viel zu lernen. Der dortige Lehrplan ist sehr begrenzt. Deshalb bilde ich mich jetzt im Selbststudium weiter.

Ich komme schon seit sechs Monaten jeden Tag morgens in der Früh, sobald die Bibliothek öffnet, hierher und verbringe hier den Tag mit Lektüre, bis die Bibliothek abends wieder schliesst.
GEOGRAFIE DER WELT
GESCHICHTE

Reiskuchen
Mittags mache ich nur kurz Pause, um rasch zu Mittag zu essen.
Mein Vater schreibt mir, dass ich meine Ausbildung abschliessen muss, damit ich in der Zukunft eine Arbeitsstelle finden kann. Sonst wird er mir kein Geld mehr senden.
Vierte Pädagogische Schule der Provinz Hunan
Keine Studiengebühren, günstige Unterkunft und Verpflegung

Vierte Pädagogische Schule der Provinz Hunan, Herbst 1913
Wie kann unser Land gerettet werden?
Die Gelehrten in unserem Land sind körperlich so schwach, dass sie nicht dazu fähig sind, in der Armee zu dienen, weshalb die Armee von Menschen mit geringer Bildung dominiert wird, denen es an moralischen Überzeugungen mangelt.
Yang Changji (1871 - 1920)
Körperliche Ertüchtigung ist ein grundlegender Schritt zur Rettung unseres Militärs und unseres Landes! Sport besitzt den Effekt, die Wehrhaftigkeit zu stimulieren und die Kräfte unseres Landes zu stärken.
Mao Zedong

Der Sport muss intensiv und mit Ausdauer betrieben werden. Idealerweise zweimal am Tag für jeweils 30 Minuten, am allerbesten nackt, ansonsten möglichst wenig bekleidet.

# Der Erste Weltkrieg

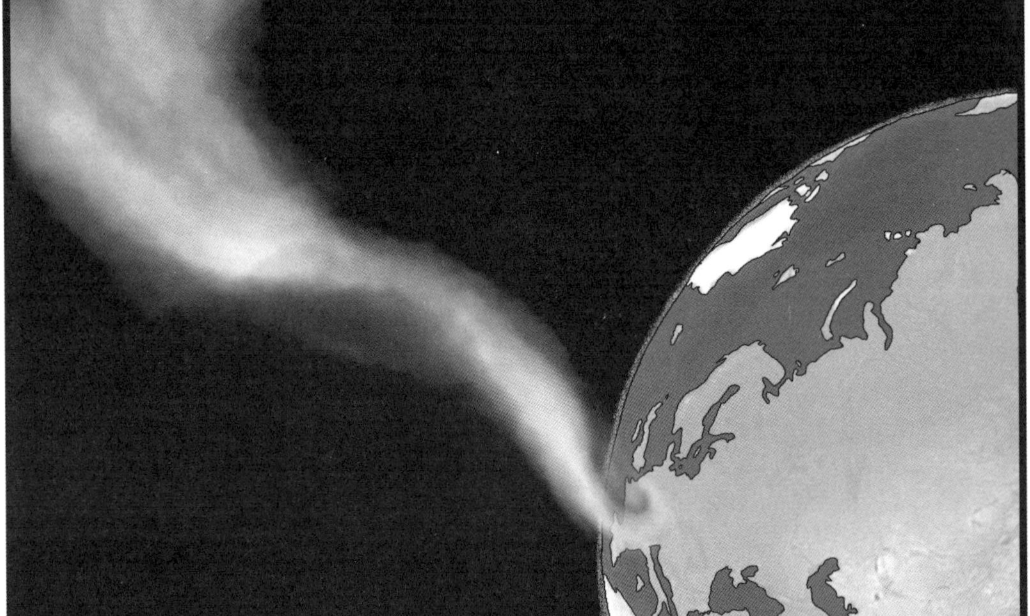

Ende des 19. und Anfang des 20. Jahrhunderts entflammte unter den westlichen imperialistischen Grossmächten ein neuer Wettlauf um die Gründung von Kolonien in Afrika und Asien. Der imperialistische Wettbewerb um neue Märkte und die Ausbeutung der Ressourcen der Kolonien trug wesentlich zum Ausbruch des Ersten Weltkriegs (1914 – 1918) bei.

Der Erste Weltkrieg war der erste grosse Krieg zwischen industrialisierten Staaten. Die wichtigsten Kriegsparteien waren die Entente, also die alliierten Mächte um Frankreich, Grossbritannien und Russland, und die Mittelmächte aus Deutschland, Österreich-Ungarn und Italien. Die Vereinigten Staaten traten 1917 in den Krieg ein.

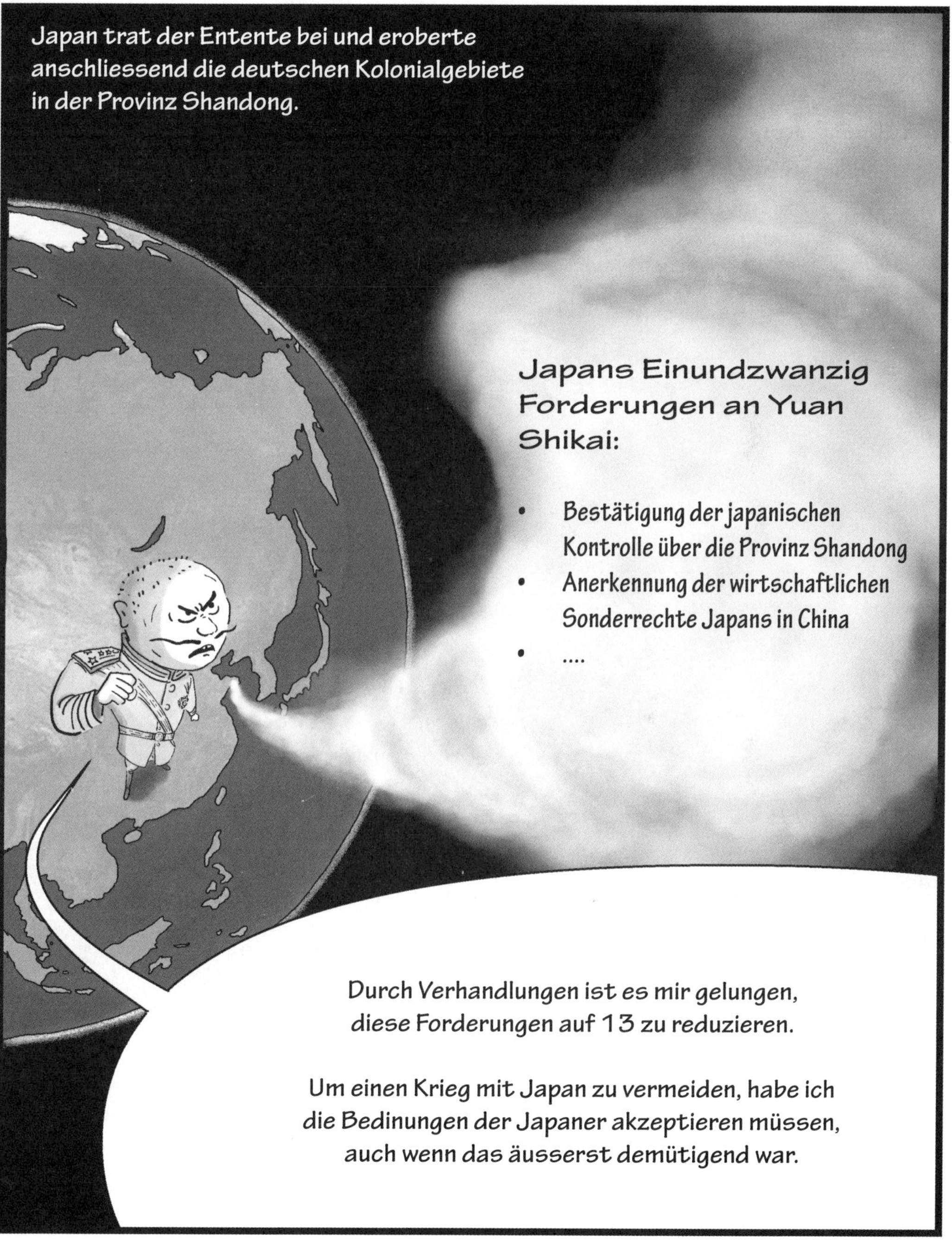
Japan trat der Entente bei und eroberte anschliessend die deutschen Kolonialgebiete in der Provinz Shandong.
Japans Einundzwanzig Forderungen an Yuan Shikai:
• Bestätigung der japanischen Kontrolle über die Provinz Shandong
• Anerkennung der wirtschaftlichen Sonderrechte Japans in China
• ....
Durch Verhandlungen ist es mir gelungen, diese Forderungen auf 13 zu reduzieren.
Um einen Krieg mit Japan zu vermeiden, habe ich die Bedinungen der Japaner akzeptieren müssen, auch wenn das äusserst demütigend war.

Das Regierungssystem einer Republik wird der Lage, in der sich unsere Nation befindet, nicht gerecht. Die Republik ist ausserstande, Japan Widerstand entgegen-zusetzen.
Uns bleibt als einzige Hoffnung das traditionelle Herrschaftssystem des chinesischen Kaisertums.
Beijing, 12. Dezember 1915
Wiederherstellung des chinesischen Kaiserreiches Yuan Shikai ernannte sich zum Kaiser Hongxian
In den südlichen Provinzen brachen nacheinander mehrere gegen Yuan Shikai gerichtete Aufstände aus.
Ohne die Kontrolle über den Süden wiedererlangt zu haben, starb Yuan Shikai 1916 im Alter von 56 Jahren an Urämie.

# Die Ära der Warlords

## (1916 - 1928)

Nach dem Tod von Yuan Shikai wurde das Parlament wieder eingesetzt, aber es existierte nur nominell, ohne reale politische Macht zu besitzen. Ehemalige Generäle der früheren Beiyang-Armee gingen dazu über, miteinander über die Kontrolle von Beijing zu rivalisieren, während kleinere Privatarmeen über das ganze Land verstreut waren. Die Einflusszonen der mächtigeren und weniger mächtigen Kriegsfürsten reichten von mehreren Provinzen bis zu nur wenigen Städtchen.
Die Epoche der Warlords hatte begonnen.

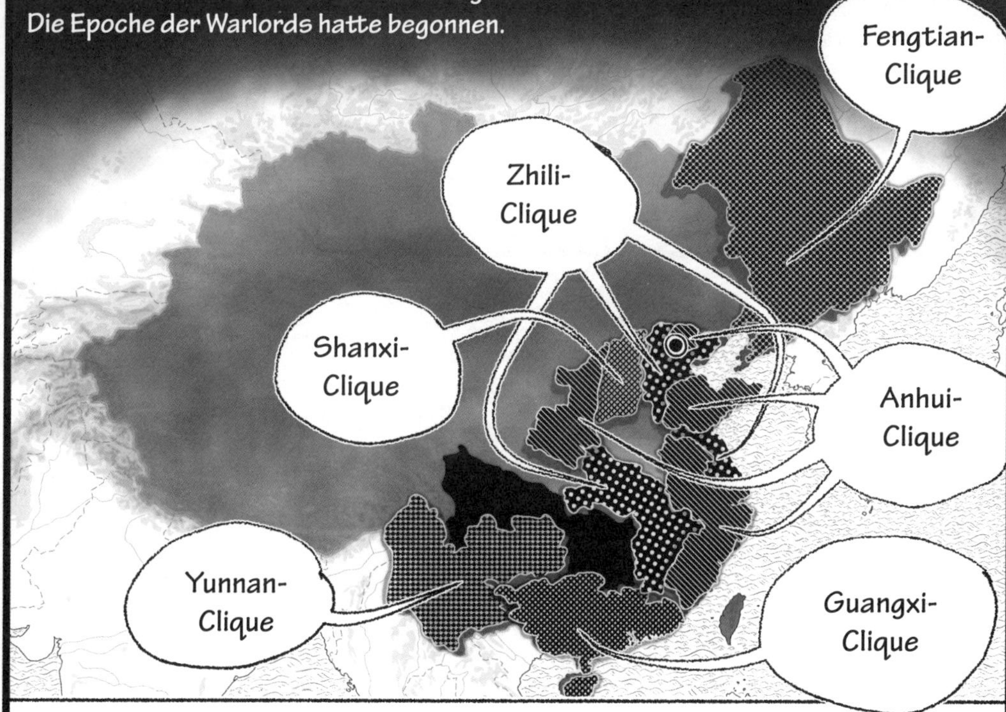


Hauptsächliche Kriegsschauplätze zwischen den Warlords des Südens und des Nordens

Nominell Beijing unterstellte Gebiete

Parlament in Bejing, Mai 1917
Der Erste Weltkrieg ist in seine letzte Phase eingetreten. China sollte sich der Entente anschliessen, damit die Alliierten Druck auf Japan ausüben können, Shandong an China zurückzugeben.
Premierminister Duan Qirui (1865 – 1936), Oberhaupt der Anhui-Clique
Japan hat Ihnen geheime Darlehen im Austausch für die Kontrolle über Shandong gegeben.
Nishihara-Kredite 72,5 Millionen US-Dollar
Staatspräsident Li Yuanhong (1864 – 1928)
Verräter!

Zieht die Truppen zusammen.
Zhang Xun
(1854 – 1923),
ein Armeegeneral

Zhang Xun drang in Beijing ein und setzte im Juli 1917
überraschend den letzten Qing-Kaiser wieder ein.
Duan Qirui bezwang Zhang Xun
und beendete die Restauration
der Qing-Dynastie.

Im August 1917 erklärte die Regierung von Duan Qirui Deutschland den Krieg.
Bis Ende 1918 kamen fast 96'000 chinesische Arbeiter nach Europa,
über 2'000 von ihnen verloren im Krieg ihr Leben.

Universitätsbibliothek der Peking-Universität
Mao Zedong
«Der Präsident der Vereinigten Staaten von Amerika Wilson ist die Nummer 1 unter den besten Menschen der Welt»
- Chen Duxiu, Dekan der Fakultät für Geisteswissenschaften an der Peking-Universität, am 22.12.1918
Ich schlage ein 14-Punkte-Programm als Grundlage für eine Nachkriegsordnung vor.
• Freie Schifffahrt auf den Weltmeeren
• Freier Handel
• Anpassung der Hoheitsansprüche aller Länder gegenüber ihren Kolonien an die Wünsche der lokalen Bevölkerungen
• Gründung eines Völkerbundes zur Wahrung des Weltfriedens ....
US-Präsident Woodrow Wilson
(1856 – 1924)

Nachdem ich die Pädagogische Schule absolviert habe, bin ich nach Beijing gekommen.
Mein ehemaliger Lehrer, der jetzt als Professor an der Peking-Universität tätig ist, hat mir geholfen, eine Arbeitsstelle in der Bibliothek zu finden.
Yang Changji
Li Dazhao (1889 – 1927), Leiter der Universitätsbilbiothek der Peking-Universität, später einer der Gründerväter der Kommunistischen Partei Chinas

Viele berühmte Intellektuelle gehen hier jeden Tag ein und aus, aber die meisten behandeln mich wie Luft.
Sie haben keine Zeit, einem 25-jährigen Hilfsbibliothekar, der mit südlichem Akzent spricht, ein Ohr zu schenken.
Beijing ist sehr teuer für mich. Mein Gehalt beträgt 8 Yuan im Monat. Ich kann mir nur ein kleines Zimmer mit sieben anderen Mitbewohnern leisten.
Es ist so stickig, ich kann nicht atmen.
Achtung! Ich drehe mich jetzt um.
Ich sollte in meine Heimat zurückkehren …

Guangzhou, 1918
Während die Warlords damit abgelenkt waren, sich gegenseitig in wüste Kämpfe zu verstricken, habe ich die Gelegenheit ergriffen, in Guangzhou eine neue Militärregierung zu errichten.
Sun Zhongshan
Bereiten wir einen Feldzug in den Norden vor, um China wiederzuvereinigen.
Ob ich der revolutionären Sache wohl gewachsen sein werde?
Chiang Kai-shek
Ich will jeden Tag all mein Tun und Handeln aufschreiben und ununterbrochen über mich selbst reflektieren.
1918 begann Chiang Kai-shek im Alter von 31 Jahren mit dem Führen eines Tagebuchs, eine Gewohnheit, die er über 50 Jahre lang beibehalten sollte.

Der Erste Weltkrieg endete am 11. November 1918.
Von den 65,8 Millionen Soldaten, die am Kriegsgeschehen teilnahmen, verloren über 9 Millionen ihr Leben.

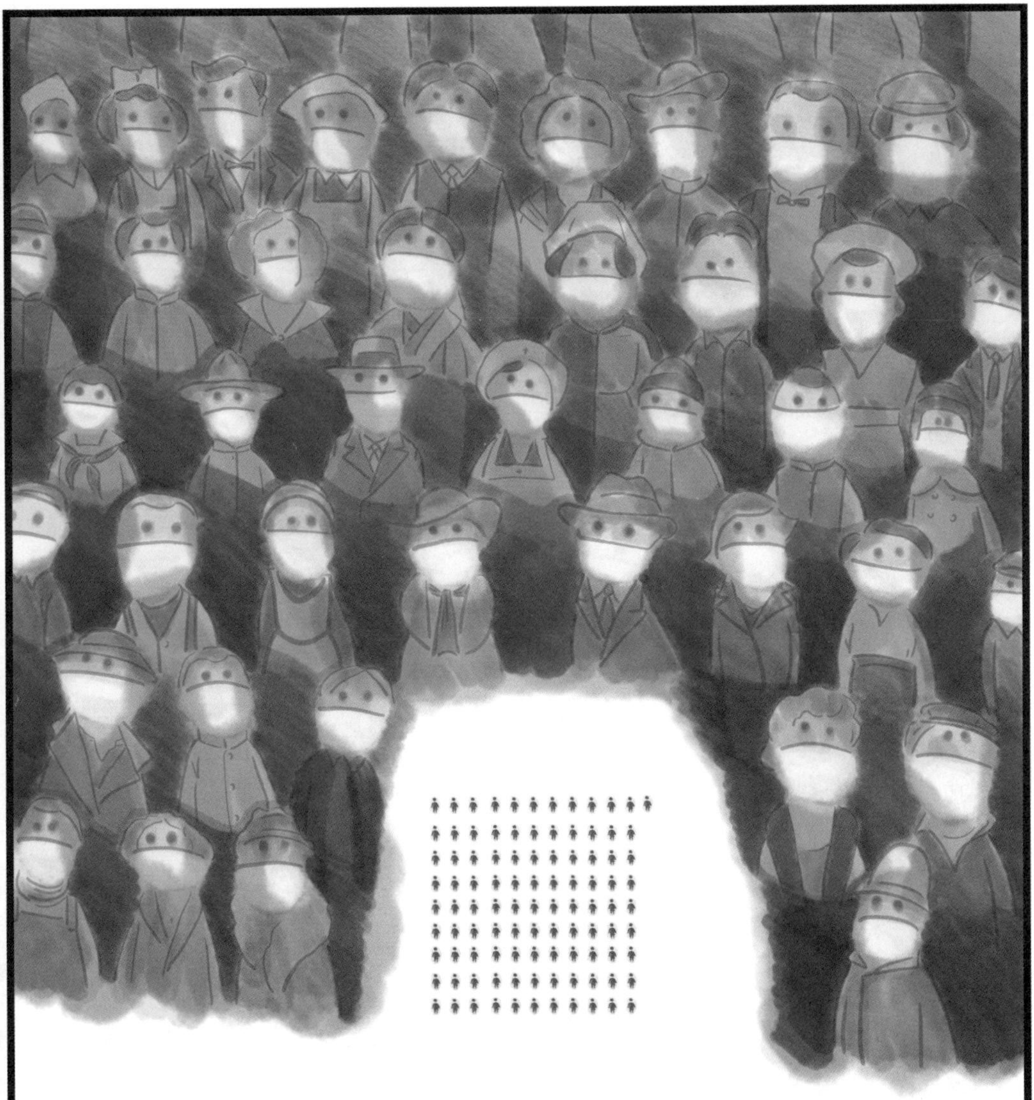

Als sich der Erste Weltkrieg dem Ende zuneigte, brach im Jahr 1918 eine weltweite Grippenpandemie aus, die Spanische Grippe.
Überfüllte Militärlager, Feldlazarette und moderne Verkehrsmittel begünstigten die Ausbreitung des Virus. Zwischen 1918 und 1919 infizierten sich weltweit 500 Millionen Menschen, von denen etwa 100 Millionen (5 % der damaligen Weltbevölkerung) starben.

Pariser Friedenskonferenz, 18. Januar 1919
Shandong ist der Geburtsort von Konfuzius, für die Chinesen ein heiliges Land.

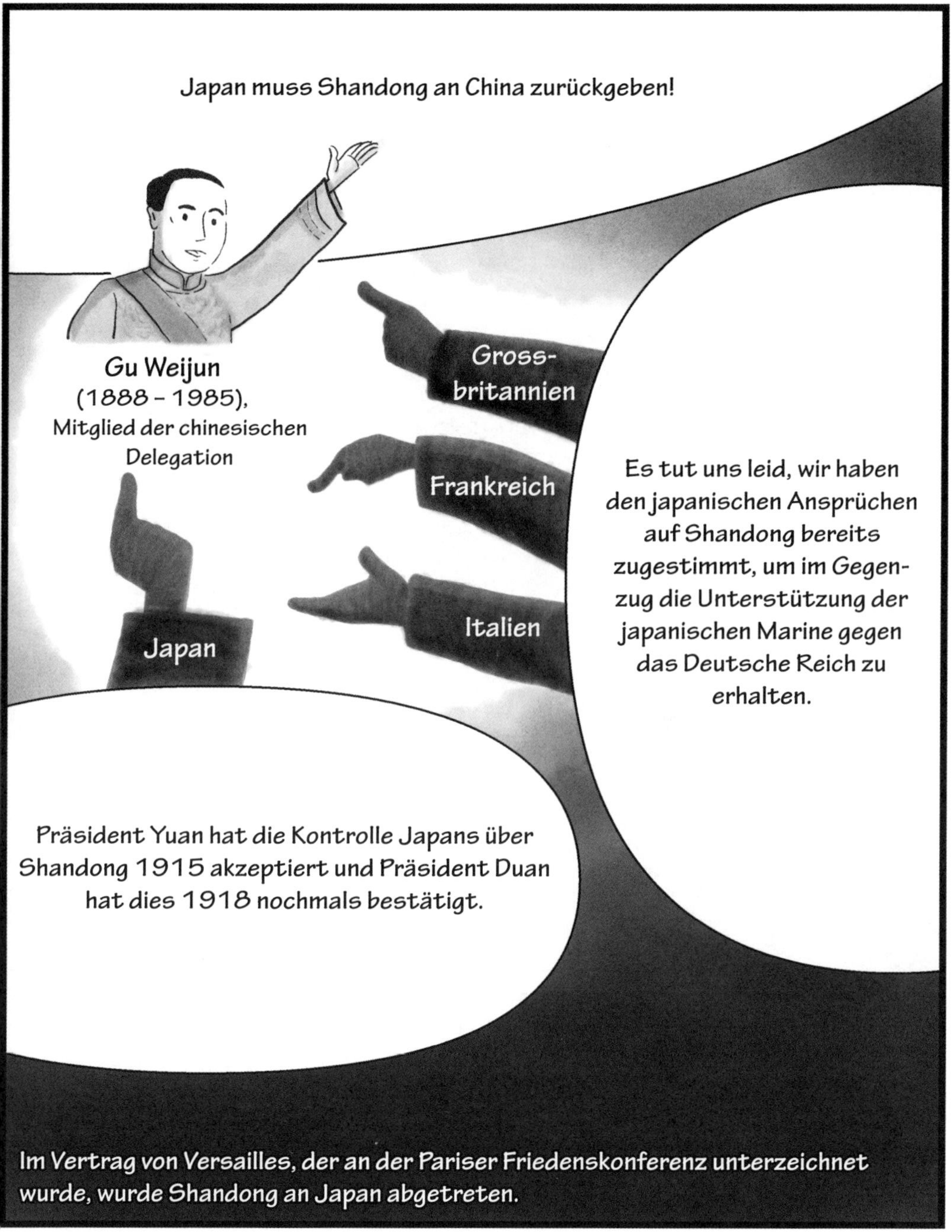
Japan muss Shandong an China zurückgeben!
Gu Weijun
(1888 – 1985),
Mitglied der chinesischen
Delegation
Gross-
britannien
Frankreich
Japan
Italien
Es tut uns leid, wir haben den japanischen Ansprüchen auf Shandong bereits zugestimmt, um im Gegenzug die Unterstützung der japanischen Marine gegen das Deutsche Reich zu erhalten.
Präsident Yuan hat die Kontrolle Japans über Shandong 1915 akzeptiert und Präsident Duan hat dies 1918 nochmals bestätigt.
Im Vertrag von Versailles, der an der Pariser Friedenskonferenz unterzeichnet wurde, wurde Shandong an Japan abgetreten.

Die Bewegung des Vierten Mai
Beijing, 4. Mai 1919
Verweigert die Unterzeichnung des Vertrages von Versailles!
Nieder mit den Verrätern in der Regierung!
Wir rufen zum Boykott japanischer Waren auf!
Wo bleiben all die allgemein anerkannten Grundsätze, wo bleibt die Gerechtigkeit? Was soll das für ein dauerhafter Friede sein? Was ist aus der Vierzehn-Punkte-Erklärung von Präsident Wilson geworden? All dies ist zu hohlen Phrasen verkommen, die keinen Heller wert sind.
Chen Duxiu
Dekan der Fakultät der Geisteswissenschaften an der Peking-Universität

Changsha, Hunan
Ich habe in meinem Heimatort eine Zeitung gegründet, um die Bewegung des Vierten Mai in meiner Heimatregion bekannt zu machen.
Xiang-Fluss-Rundschau
21. Juli 1919
Die grosse Einheit des Volkes
Die Xinhai-Revolution* von 1911 schien von einem Zusammenschluss des Volkes ausgegangen zu sein, aber dem war nicht so. Die Xinhai-Revolution wurde von denjenigen gelenkt, die im Ausland studiert hatten, und es waren die Geheimgesellschaften des «Bundes der Brüder», die hierfür die Fahnen geschwungen und die Trommeln gerührt hatten.
Die Revolution wurde vollbracht durch Teile der Soldatenschaft aus den modernisierten Teilen der Qing-Armee.
Die grosse Mehrheit der Bevölkerung hatte keinen Anteil daran. Jahrtausendelang, als die Kaiser das Sagen hatten, war es dem Volk untersagt, sich zu grossangelegten Unternehmungen zu organisieren.
Dass es uns an der Fähigkeit zur Organisation fehlt, liegt daran, dass wir nie die Gelegenheit hatten, uns darin zu erproben.
Die Bewegung des Vierten Mai gibt uns nun endlich die Gelegenheit, uns darin zu üben, uns zu organisieren, und eine Chance, eine grosse Einheit des Volkes herbeizuführen!
Mao Zedong
* angeführt von Sun Zhongshan (Sun Yat-sen) zum Sturz der Qing-Dynastie

Als die Revolutionäre in China nach Wegen suchten, um voranzukommen, bot Russland seine Hilfe an.
PCФСР
Der Erste Weltkrieg führte zu weit verbreiteten sozialen Unruhen und schwächte das Russische Reich. Die Bolschewiki nutzten die Gelegenheit, um in der Oktoberrevolution 1917 die Macht zu ergreifen
Um uns gegen ausländische Einmischung zu wehren, haben wir die Kommunistische Internationale (Komintern) gegründet, damit wir Verbündete im Ausland gewinnen.
Wladimir Lenin (1870 – 1924)

Die Komintern entsandte 1921 einen Vertreter nach China, um die Gründung der Kommunistischen Partei Chinas zu unterstützen.

**Henk Sneevliet**
(1883 – 1942),
auch bekannt als Maring

**Chen Duxiu**
Dekan der Fakultät der Geisteswissenschaften an der Peking-Universität

**Li Dazhao**
Leiter der Universitätsbilbiothek der Peking-Universität

Im Juli 1921 berief die Kommunistische Partei Chinas ihren ersten Nationalkongress in Shanghai ein, es nahmen 13 Delegierte daran teil, die etwa 50 Parteimitglieder des ganzen Landes vertraten. Mao Zedong nahm als Vertreter der Stadt Changsha an dem Treffen teil.

Der Nationalkongress markierte die offizielle Gründung der Kommunistischen Partei Chinas (KPCh).

Guangzhou, Juli 1921
Vier Jahre sind vergangen und wir haben immer noch keinen festen Boden unter die Füsse bekommen.
Die Warlords, die ehemals mit mir verbündet waren, haben mich verraten. Jetzt bleibt mir keine andere Wahl, als bei einem neuen Warlord Untersützung zu suchen, damit dieser die anderen Warlords für mich bekämpft
Sun Zhongshan (1866 – 1925)
Chen Jiongming (1878 – 1933)

Chen Jiongming stellt sich dem Nordfeldzug zur Wiedervereinigung Chinas entgegen. Unsere Differenzen haben im Juni 1922 zu einem Krieg geführt.

Auf wen kann ich mich in solchen Zeiten noch verlassen?
Es ist dringend. Ich hoffe auf Ihr baldiges Eintreffen.
Chiang Kai-shek
Chiang Kai-shek übernahm die Führung der militärischen Operationen der KMT und half Sun Zhongshan, aus der akuten Gefahrenlage herauszukommen.
Guangzhou ist nicht mehr sicher für uns, wir können es militärisch nicht länger halten. Wir sollten vorübergehend nach Shanghai gehen.

Hilfe durch die Sowjetunion
Shanghai, August 1922
Werde ich wohl wieder bei Warlords um Unterstützung bitten müssen, um Guangzhou zurückerobern zu können?
Russland kann Hilfe leisten!
Maring

Adolf Joffe (1883 – 1927), Vertreter des Aussen-ministeriums der Sowjetunion*
* Die Sowjetunion wurde am 30. Dezember 1922 gegründet.

Shanghai, Januar 1923
Gemeinsames Manifest von Sun und Joffe
Ich glaube, dass China faktisch weder kommunistische Organisationsstrukturen noch das sowjetische System übernehmen kann, da es in China an den Voraussetzungen fehlt, um solche Strukturen erfolgreich implementieren zu können.
Ich bin damit vollkommen einverstanden.
Das wichtigste und dringendste Problem für China ist derzeit die Sicherstellung der Einheit und der Unabhängigkeit des Staates.
China kann sich bei der Bewältigung dieser wichtigen Aufgaben auf die Hilfe der Sowjetunion verlassen.

Guangzhou, August 1923
Jetzt, nachdem wir Guangzhou erfolgreich zürckerobern konnten, entsende ich dich nach Russland …
Wladmimir Lenin (1870 – 1924)
Chiang Kai-shek
Leo Trotzki (1879 – 1940)
Die Sowjetunion wird uns mit Waffen, finanziellen Mitteln und Beratern versorgen.
Im Gegenzug müssen wir es Mitgliedern der Kommunistischen Partei erlauben, der KMT beizutreten.

Die Huangpu-Militärakademie
Februar 1924
Für die revolutionäre Sache benötigen wir unsere eigenen Streitkräfte. Ich habe beschlossen, dich mit der Gründung einer Militärschule zu betrauen.
Wir können dafür den Standort der einstigen Militärakademie, die vormals von der Qing-Dynastie gegründet worden ist, nutzen.
Guangzhou
Insel Huangpu

Mao Zedong trat der KMT bei und begann damit, Studenten für die Huangpu-Militärakademie zu rekrutieren.
Ich arbeite im Shanghaier Parteibüro, das sich in der französischen Konzession befindet.
Das politische Bewusstsein bildet das wichtigste Kriterium bei der Auswahl der Kadetten.
Um Waffen für die Kadetten zu beschaffen, habe ich heimlich 500 Gewehre aus einem nahe gelegenen Arsenal herbeigeschafft.
In meinen Aufgabenbereich fällt zudem auch noch das Entwerfen der Uniformen, die Auswahl der Dozenten, die Ausarbeitung der Lehrpläne sowie die Überwachung der Hygiene.
Chiang Kai-shek

Feier zur Schuleröffnung, 16. Juni 1924
Armeeoffiziersakademie der Republik China
Wollt ihr zu Reichtum und Würden gelangen, so sucht euer Glück woanders.
Wer sich an sein Leben klammert und den Tod fürchtet, dem bleibt der Zugang durch dieses Tor verwehrt.
Bei der Eröffnungsfeier waren 499 Kadetten anwesend.

Ein Handelshaus aus Guangzhou hat über 9000 Schusswaffen bei einer britischen Firma bestellt!
Hecken sie wohl einen Angriff aus?
Teilt die Kadetten in vier Einheiten auf. Entsendet zwei Einheiten nach Guangzhou, um eine Ausgangssperre über die Stadt zu verhängen, sowie sowie eine Einheit als Leibwache von Sun Zhongshan ....

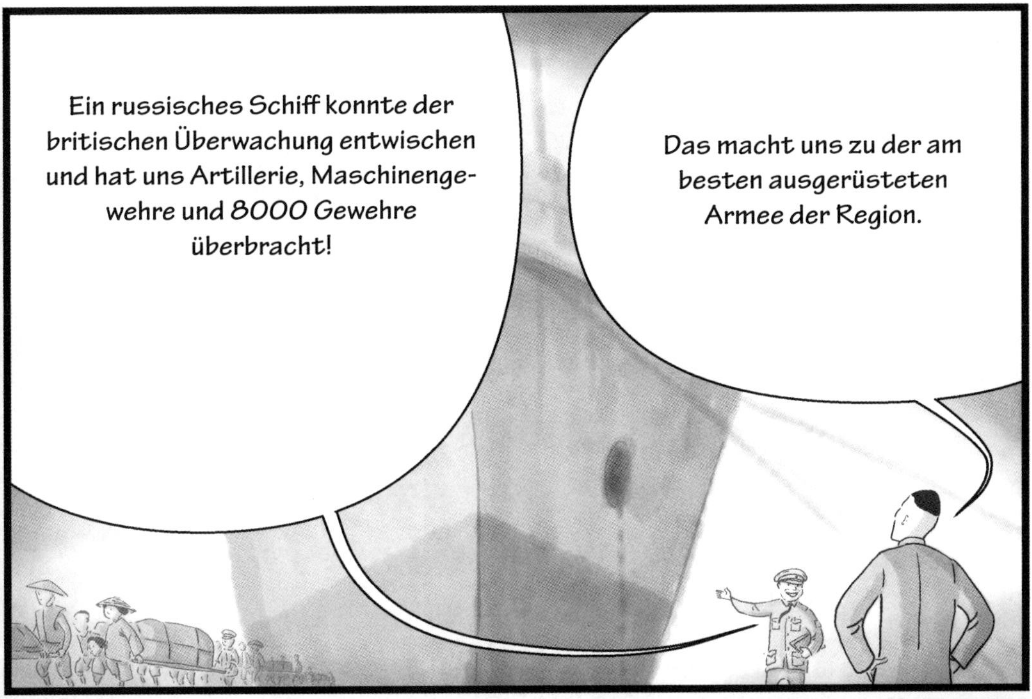
Ein russisches Schiff konnte der britischen Überwachung entwischen und hat uns Artillerie, Maschinengewehre und 8000 Gewehre überbracht!
Das macht uns zu der am besten ausgerüsteten Armee der Region.

Der erste Jahrgang an 456 Kadetten hat die Ausbildung nach fünf Monaten abgeschlossen.
Innerhalb des darauffolgenden Jahres hat mehr als die Hälfte von ihnen das Leben auf dem Schlachtfeld verloren.

Im Jahr 1925 hat die Huangpu-Militärakademie mehr als 5000 Offiziere ausgebildet. Diese befehligen jetzt eine Armee von 100'000 Soldaten.
Die Zahl der Kadetten steigt, und damit auch die Kosten.
Rechnung
Sowjet-union
Die Sowjetunion versorgt uns mit gewissen finanziellen Mitteln.
Noch wichtiger ist jedoch: Nachdem die Armee der Huangpu-Militärakademie die Warlords der Umgebung zerschlagen und diesen damit das Steuersubstrat entzogen hat, konnte die KMT-Regierung die Kontrolle über die Finanzen der Provinz Guangdong übernehmen.

Der Nordfeldzug
Bevor die Armee der Huangpu-Militärakademie zur Durchführung des Nordfeldzugs bereit war, verstarb Sun Zhongshan am 12. März 1925 nach langer Krankheit.
Mit der Unterstützung der Komintern übernahm Wang Jingwei (1883 – 1944) die Leitung der KMT-Regierung in Guangzhou.
Chiang Kai-shek nutzt den Nordfeldzug aus, um seine Macht auszubauen.
Nikolaj Kuibyschew, sowjetischer Chefberater
Kürzt die finanziellen Mittel für die Armee der Huangpu-Militärakademie.

Insel Huangpu, März 1926
Das Kanonenboot Zhongshan wird auf Ihren Befehl hin in Kürze hier eintreffen.
Auf meinen Befehl hin?
Wang Jingwei hat sich heute dreimal danach erkundigt, ob ich mich auch wirklich in Huangpu aufhalte.
Kann es denn wirklich sein, dass er gemeinsam mit den Sowjets meine Entführung plant?
Beschlagnahmt das Kanonenboot, stellt Guangzhou unter Kriegsrecht und entwaffnet die Leibwächter der russischen Berater.

Nach dem Zwischenfall mit dem Kanonenboot Zhongshan zwang Chiang Kaishek Wang Jingwei, das Land zu verlassen, entliess die sowjetischen Berater, verwies Mitglieder der Kommunistischen Partei aus der Huangpu-Militärakademie und konsolidierte seine Macht.
Oberbefehlshaber der Nationalrevolutionären Armee (NRA)
Vorsitzender der ständigen Konferenz des Zentralkomitees der KMT
Kommissionsmitglied der KMT-Regierung
Die KMT besitzt 500‘000 Mitglieder sowie eine Armee, während die Kommunistische Partei Chinas (KPCh) nur über 30‘000 Mitglieder verfügt.
Wir sollten vorerst weiter mit Chiang Kai-shek zusammenarbeiten.
Joseph Stalin (1878 – 1953), gelangte nach Lenins Tod 1924 in der Sowjetunion an die Macht

Guangzhou, 1. Juli 1926
Der Nordfeldzug für die Wiedervereinigung ganz Chinas!
Nieder mit den Imperialisten!
Nieder mit den Warlords!
Wir kämpfen für die Wiedervereinigung, denn nur eine Einheitsregierung kann die ausländischen Imperialisten wie die inländischen Warlords daran hindern, unser Land zu zerstören!

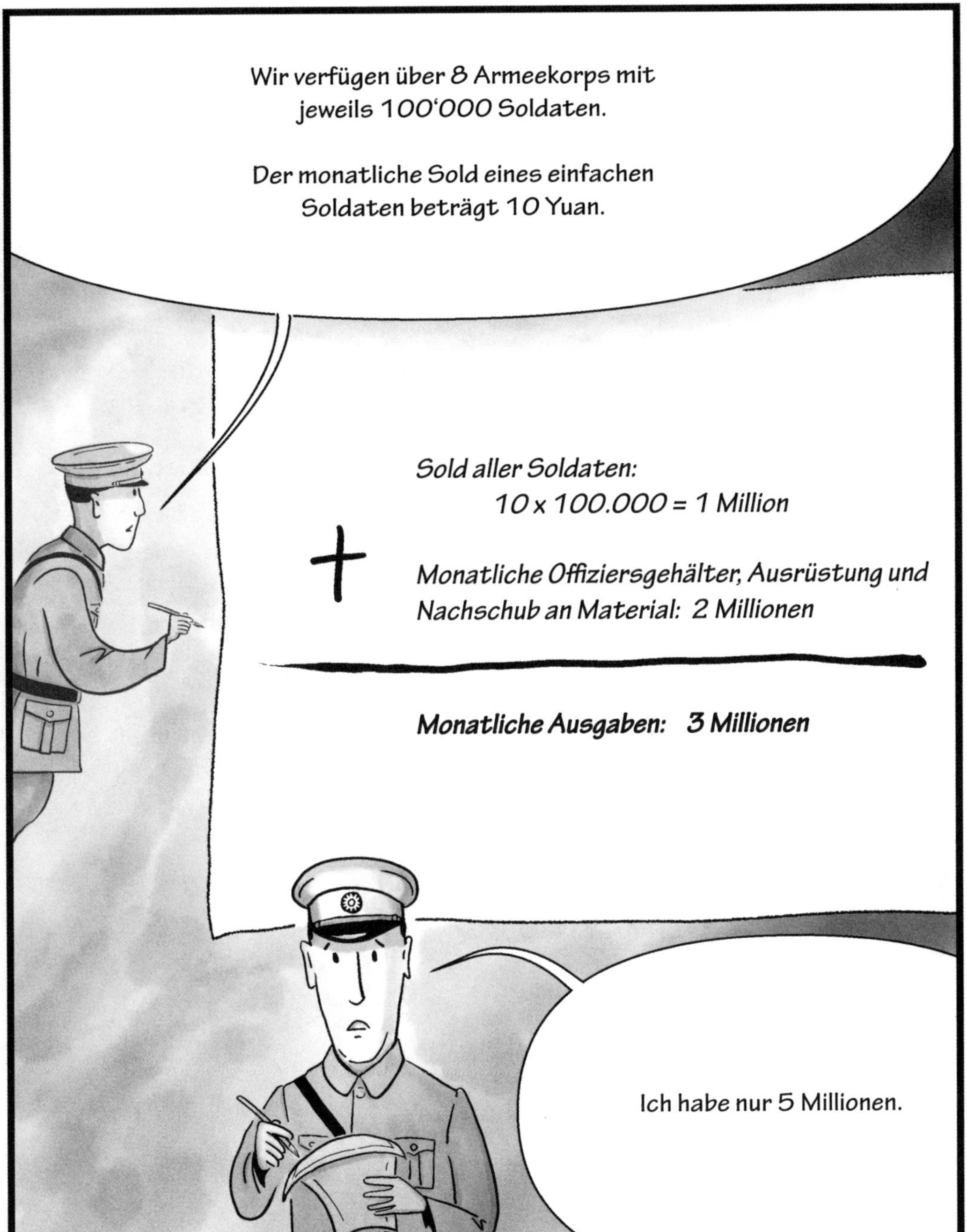
Wir verfügen über 8 Armeekorps mit jeweils 100‘000 Soldaten.
Der monatliche Sold eines einfachen Soldaten beträgt 10 Yuan.
Sold aller Soldaten: 10 x 100.000 = 1 Million
+
Monatliche Offiziersgehälter, Ausrüstung und Nachschub an Material: 2 Millionen
Monatliche Ausgaben: 3 Millionen
Ich habe nur 5 Millionen.

Während des gesamten Nordfeldzuges traten fortlaufend finanzielle Engpässe auf.
An die KMT-Regierung in Guangzhou
Die Truppen an der Front benötigen dringend Verpflegung,
aber ich verfüge nur noch über 10'000 Yuan.
Wenn die Regierung nicht bald finanzielle Mittel bereitstellt,
bleibt mir als Oberbefehlshaber nichts anderes übrig,
als alle Schuld auf mich zu nehmen und Selbstmord zu begehen,
um den Zorn der Soldaten zu besänftigen.
Chiang Kai-shek
30. September, 1926

Um einen schnellen Sieg zu erringen, habe ich zu Mitteln gegriffen, wie den Generälen der gegnerischen Armeen höhere Ränge und Gehaltserhöhungen anzubieten, um sie dazu zu bewegen, zu uns überzulaufen. Infolgedessen hat sich die Anzahl der Soldaten der Nationalrevolutionären Armee innerhalb von weniger als drei Monaten fast verdoppelt, mittlerweile verfügen wir über 15 Armeekorps.

In nur vier Monaten hat die Nationalrevolutionäre Armee zwei mächtige Warlords besiegt und drei Provinzhauptstädte eingenommen!

*Dezember 1926*

Die KMT-Regierung und das Zentralkomitee der KMT verlegten ihren Sitz von Guangzhou nach Wuhan.

1. April 1927
Die KMT-Regierung in Wuhan entliess mit Unterstützung der Sowjetunion Chiang Kai-shek von seinem Posten als Oberbefehlshaber der Nationalrevolutionären Armee.
Wuhan
Shanghai

Die KMT ist wie eine Zitrone. Wir können sie immer weiter auspressen, und wenn sie dann einmal ausgetrocknet ist, werfen wir sie weg.
Chiang beschloss, die Zitrone zuerst auszupressen.
Stalin

Die Parteisäuberungen von 1927
Die Shanghaier Geschäftswelt hat mir 10 Millionen Yuan geliehen und mir weitere 15 Millionen versprochen, wenn ich mich bereit erklärte, die von den Kommunisten geführten Arbeitergewerkschaften niederzuschlagen.

Am 12. April 1927 nahm Chiang Kai-shek mit seinen Truppen Shanghai ein.
Tausende Shanghaier Kommunisten und Gewerkschaftsmitglieder wurden liquidiert.

Am 18. April 1927 errichtete Chiang Kai-shek eine neue KMT-Regierung in Nanjing, um der KMT-Regierung in Wuhan Paroli zu bieten.
Nanjing
Wuhan
Guangzhou

Chiang Kai-shek und der rechte Parteiflügel der KMT haben ihr konterrevolutionäres Wesen offenbart. Die Kommunisten sollten weiterhin mit dem linken Parteiflügel der KMT zusammenarbeiten.

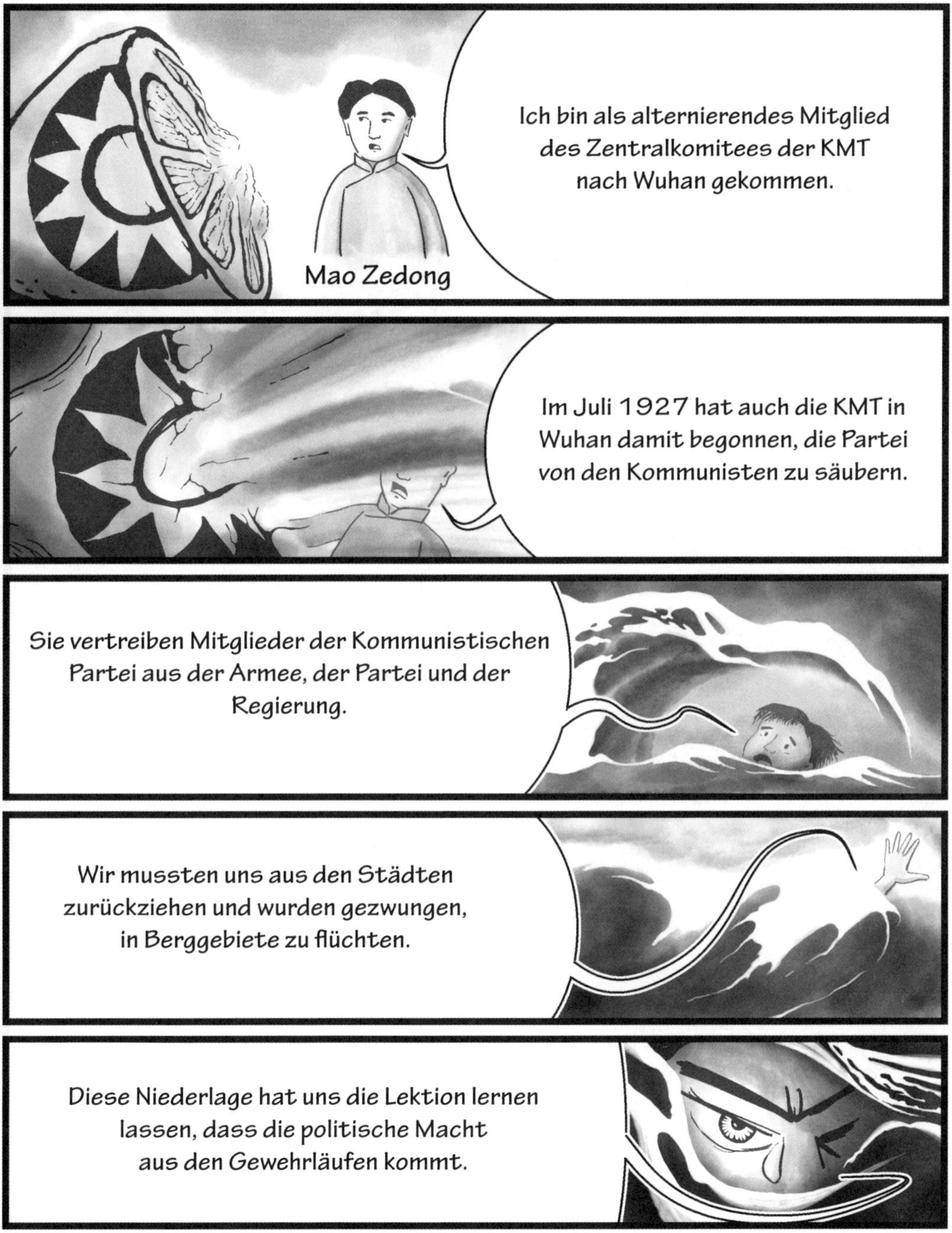
Ich bin als alternierendes Mitglied des Zentralkomitees der KMT nach Wuhan gekommen.
Mao Zedong
Im Juli 1927 hat auch die KMT in Wuhan damit begonnen, die Partei von den Kommunisten zu säubern.
Sie vertreiben Mitglieder der Kommunistischen Partei aus der Armee, der Partei und der Regierung.
Wir mussten uns aus den Städten zurückziehen und wurden gezwungen, in Berggebiete zu flüchten.
Diese Niederlage hat uns die Lektion lernen lassen, dass die politische Macht aus den Gewehrläufen kommt.

Shanghai, 1. Dezember 1927
Song Meiling ist die jüngere Schwester der Witwe von Sun Zhongshan.
Chiang Kai-shek
Sie ist auch die jüngere Schwester des Finanzministers der KMT-Regierung.
Meiling ist Christin. Um sie heiraten zu können, bin ich zum Christentum konvertiert und der methodistischen Glaubensgemeinschaft beigetreten.

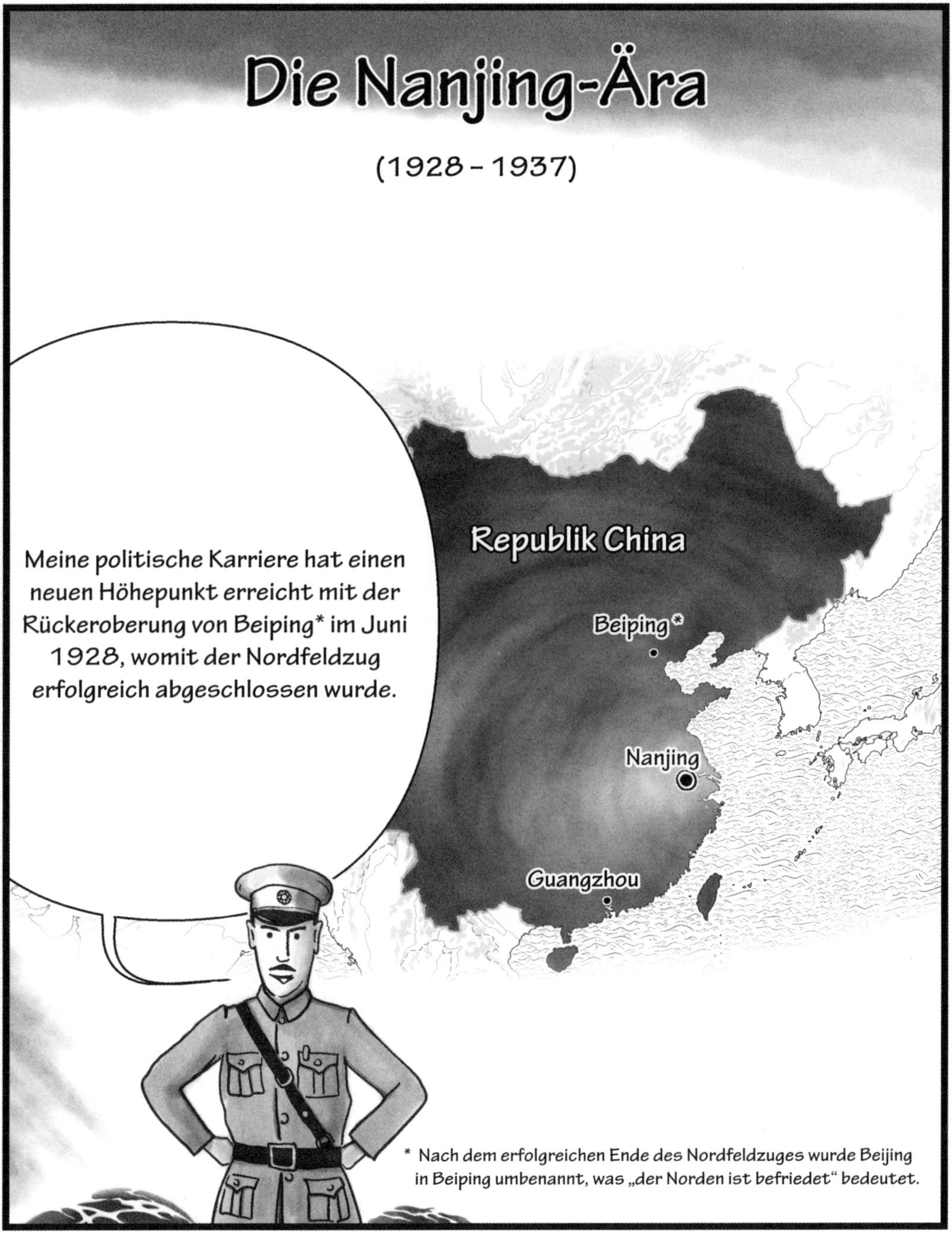
Die Nanjing-Ära
(1928 – 1937)
Meine politische Karriere hat einen neuen Höhepunkt erreicht mit der Rückeroberung von Beiping* im Juni 1928, womit der Nordfeldzug erfolgreich abgeschlossen wurde.
Republik China
Beiping*
Nanjing
Guangzhou
* Nach dem erfolgreichen Ende des Nordfeldzuges wurde Beijing in Beiping umbenannt, was „der Norden ist befriedet" bedeutet.

Die Nationalrevolutionäre Armee ist jetzt auf 2,3 Millionen Soldaten angewachsen. Der Sold des Militärs übersteigt bereits die Einnahmen des gesamten Landes.
Ich plane, die Armee auf 800'000 Soldaten zu reduzieren und die Militärausgaben auf ein Niveau von 40% der Staatseinnahmen zu senken.
In vielen Regionen widersetzten sich die Offiziere den Abrüstungsplänen, wodurch der grosse Krieg um die Zentralchinesische Ebene (1929 –1930) ausgelöst wurde.

Während Chiang Kai-shek sich auf das Kriegsgeschehen in der Zentralchinesischen Ebene in Nordchina konzentrierte, wurde in der Provinz Jiangxi die Chinesische Sowjetrepublik gegründet und Mao Zedong zu ihrem Vorsitzenden gewählt.

| 1. Belagerungs- und Vernichtungsfeldzug | 2. Belagerungs- und Vernichtungsfeldzug | 3. Belagerungs- und Vernichtungsfeldzug |
|---|---|---|
| *Beginn:* 27. November 1930 | 16. Mai 1931 | 1. Juli 1931 |
| *Dauer:* 7 Tage | 15 Tage | 80 Tage |
| *Nationalrevolutionäre Armee (NRA):* 100'000 Soldaten lokaler Truppen | 200'000 Soldaten lokaler Truppen | 300'000 Soldaten, darunter 100'000 Soldaten aus Elitetruppen der Zentralregierung |
| *Rote Armee:* 40'000 Soldaten | 30'000 Soldaten | 30'000 Soldaten |
| *Ausgang:* Sieg der Kommunisten | Sieg der Kommunisten | |

# Die grosse Depression

Zur gleichen Zeit, als die Nationalisten und die Kommunisten miteinander in heftige Kämpfe verstrickt waren, schlitterte die ganze Welt in eine grosse Wirtschaftskrise hinein, die sogenannte Grosse Depression (1929 – 1939).

Als grösste Industrienation der Welt wurden die USA am härtesten von der Krise getroffen.

Das Bruttosozialprodukt sank um rund 30 %.

Die Anzahl der Arbeitslosen überstieg 12 Millionen, dies machte einen Anteil von 25% an der Erwerbsbevölkerung aus.

Die meisten der 25'000 US-amerikanischen Banken waren zu klein, um die wirtschaftlichen Schockwellen zu überstehen. Millionen von Familien verloren die Ersparnisse ihres gesamten Lebens.

Präsident
Franklin D. Roosevelt
(1882 – 1945)

Wir brauchen einen New Deal, eine Reihe von wirtschaftlichen und sozialen Reformen, um die Wirtschaft zu retten.

Zum Schutz der Interessen und der wirtschaftlichen Sicherheit der Bürger müssen die Befugnisse der Bundesregierung ausgeweitet werden.

Die Weltwirtschaftskrise trieb die Menschen in Armut, Hunger und Verzweiflung.
Radikale Bewegungen nutzten die Gelegenheit, um in der Bevölkerung breite Unterstützung zu erlangen.
Die Faschisten glaubten, dass nur eine diktatorische Regierung das Land aus der Wirtschaftskrise retten könne.
Die Individuen sollten sich um eine Regierung scharen, die von einem autoritären Führer geleitet wurde.
Alles im Staate, nichts ausserhalb des Staates, nichts gegen den Staat.
Benito Mussolini (1883 – 1945), Anführer der faschistischen Bewegung in Italien

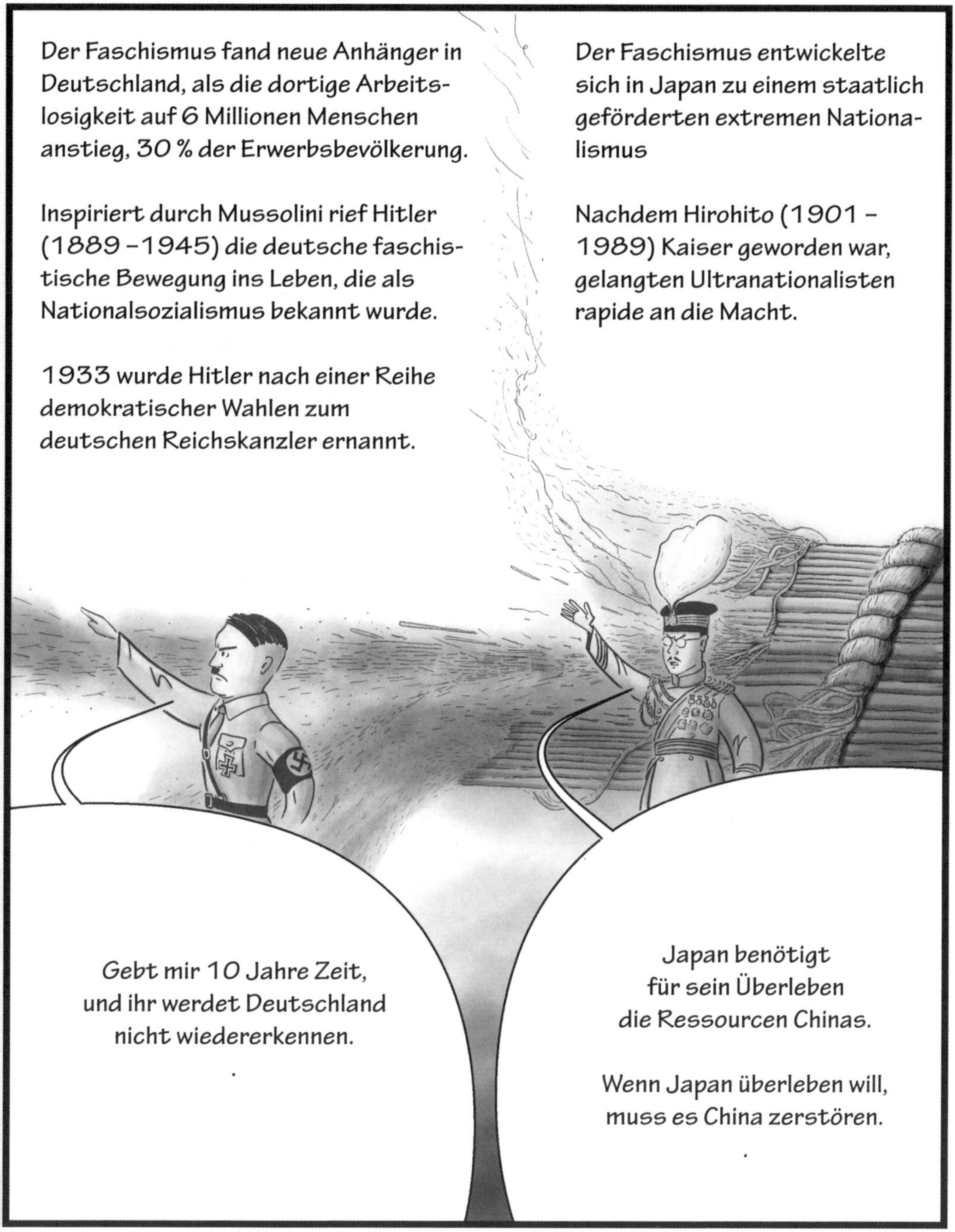
Der Faschismus fand neue Anhänger in Deutschland, als die dortige Arbeitslosigkeit auf 6 Millionen Menschen anstieg, 30 % der Erwerbsbevölkerung.
Inspiriert durch Mussolini rief Hitler (1889 – 1945) die deutsche faschistische Bewegung ins Leben, die als Nationalsozialismus bekannt wurde.
1933 wurde Hitler nach einer Reihe demokratischer Wahlen zum deutschen Reichskanzler ernannt.
Der Faschismus entwickelte sich in Japan zu einem staatlich geförderten extremen Nationalismus
Nachdem Hirohito (1901 – 1989) Kaiser geworden war, gelangten Ultranationalisten rapide an die Macht.
Gebt mir 10 Jahre Zeit, und ihr werdet Deutschland nicht wiedererkennen.
Japan benötigt für sein Überleben die Ressourcen Chinas.
Wenn Japan überleben will, muss es China zerstören.

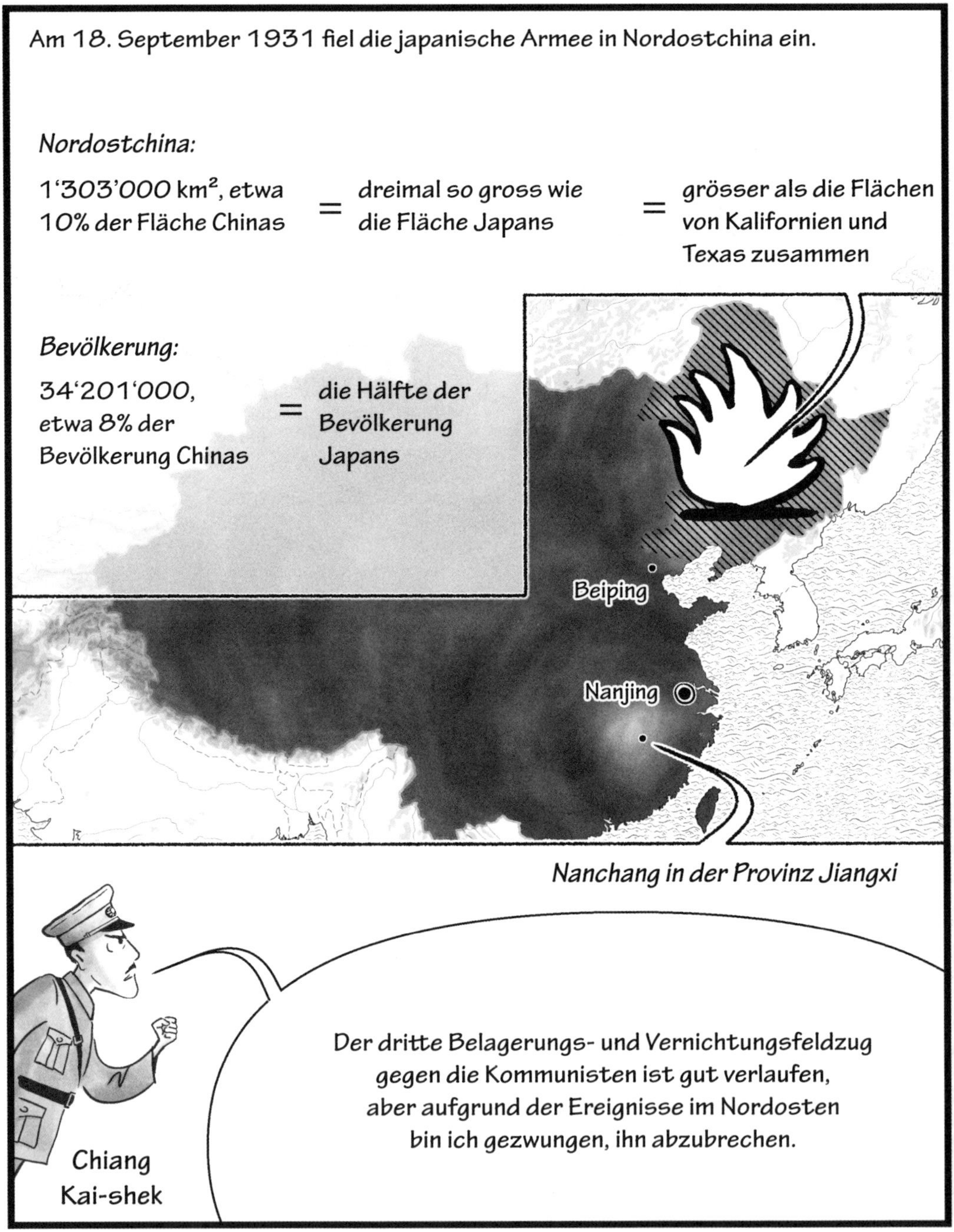

Am 18. September 1931 fiel die japanische Armee in Nordostchina ein.
Nordostchina:
1'303'000 km², etwa 10% der Fläche Chinas = dreimal so gross wie die Fläche Japans = grösser als die Flächen von Kalifornien und Texas zusammen
Bevölkerung:
34'201'000, etwa 8% der Bevölkerung Chinas = die Hälfte der Bevölkerung Japans
Beiping
Nanjing
Nanchang in der Provinz Jiangxi
Der dritte Belagerungs- und Vernichtungsfeldzug gegen die Kommunisten ist gut verlaufen, aber aufgrund der Ereignisse im Nordosten bin ich gezwungen, ihn abzubrechen.
Chiang Kai-shek

Die lokalen Truppen in Nordostchina sind der japanischen Armee nicht gewachsen.
Die Nationalrevolutionäre Armee ist ebenfalls zu schwach, um Widerstand zu leisten und die Invasion aufzuhalten.
Zhang Xueliang (1901–2001), der General und Warlord von Nordostchina, der sich der KMT-Regierung dem Schein nach unterstellte, aber de facto unabhängig blieb
Der Völkerbund hat eine Gruppe von Beamten entsendet, und diese haben ein Jahr lang gebraucht, bis sie anerkannt haben, dass Japan der Aggressor ist, der in China eingefallen ist.
Als die Völkerbundversammlung Japan dazu aufgefordert hat, die Besetzung zu beenden, hat die japanische Delegation einfach den Saal verlassen und Japan ist aus dem Völkerbund ausgetreten.

Die Befriedung im Innern soll dem Widerstand gegen aussen vorausgehen
Sowohl Japan als auch Russland streben die Vorherrschaft über Ostasien an. Der Konflikt zwischen Japan und Russland hat im Jahr 1904 begonnen und dauert bis heute an.
China sollte Japan und Russland miteinander Krieg führen lassen und nicht für die Interessen Russlands gegen Japan Widerstand leisten.
Wenn Japan China in eine verzweifelte Lage treiben sollte, bleibt uns keine andere Wahl, als zurückzuschlagen und einen Verzweiflungskampf bis in den Tod zu führen.
Aber vorher müssen wir die chinesischen Kommunisten besiegen, denn die Nationalrevolutionäre Armee kann nicht hinterrücks Angriffe einstecken und gleichzeitig gegen Japan Krieg führen.

Mitten im nationalen Notstand stellen sich einige Parteiveteranen der KMT öffentlich gegen mich und ich muss dabei zusehen, wie ein neuer Bürgerkrieg auszubrechen droht.
Du besitzt nicht das Rückgrat, Japan Widerstand entgegenzusetzen. Alles, was du machst, ist immer nur Andersdenkende zu verstossen.

15. Dezember 1931
Mich erreichen immer wieder Anrufe von Divisionskommandeuren, die um Hilfe bitten, weil sie die finanziellen Mittel für die Militärausgaben nicht erreichen und es ihnen somit nicht mehr möglich ist, die Verpflegung der Soldaten aufrechtzuerhalten.
Wie soll es unter solchen Umständen möglich sein, gegen Japan Widerstand zu leisten?
Ich mache das nicht mehr mit! Ich trete zurück!

Aber auch Mao Zedong stiess innerhalb seiner Partei, der KPCh, auf Gegenwind.
Genosse Mao Zedong favorisiert eine Guerillakriegsführung und kommandiert die Truppen der Roten Armee dazu, sich frei und ungehindert zu bewegen. Als Resultat dieser Strategie sind unsere Stützpunkte immer wieder zerstört worden.
Die Rote Armee muss den Feind ausserhalb unserer Grenzen halten! Die Rote Armee wird in Zukunft Kriegsoperationen in grösserem Massstab ausführen und den Feind ausserhalb unserer Stützpunktgebiete abwehren.
Mao wurde ins Abseits gedrängt und von der Führung der Roten Armee ausgeschlossen, seine Guerillataktiken wurden verworfen.

Shanghai, 28. Januar 1932
Die japanische Armee hat Stellungen der Nationalrevolutionären Armee in Shanghai angegriffen!
Wir verfügen weder über genügend finanzielle Mittel noch über genügend Soldaten, um einen Gegenangriff durchzuführen.
Die KMT-Regierung ist auf die finanzielle Unterstützung der Shanghaier Bankenkreise angewiesen, und diese Banken vertrauen nur Chiang Kai-shek.
Die Offiziere der Armee der Huangpu-Militärakademie sind einzig und allein Chiang Kai-shek gegenüber loyal.

Wir brauchen Chiang Kai-shek zurück.
Wir müssen einen totalen Krieg tunlichst vermeiden.
Am 5. Mai unterzeichneten China und Japan das Waffenstillstandsabkommen von Shanghai.

Nanchang, Provinz Jiangxi, 6. März 1933
Jetzt ist der Zeitpunkt gekommen, den vierten Belagerungs- und Vernichtungsfeldzug gegen die Kommunisten zu starten.
Japanische Truppen sind in die Provinz Hebei im Norden Chinas eingedrungen.
Die Nationalrevolutionäre Armee leistet gegenwärtig entlang der Chinesischen Mauer verzweifelten Widerstand gegen die japanischen Aggressoren.

Die Truppen an der Front haben Verluste an Gefallenen und Verwundeten von mehr als zwei Dritteln erlitten.

Zu diesem Zeitpunkt versuchte die japanische Regierung noch, den Krieg zu begrenzen.
Ich habe die Ausweitung der Kriegsoperationen in Nordchina noch nicht genehmigt.
Kaiser Hirohito
Am 31. Mai 1933 unterzeichneten beide Seiten das Waffenstillstandsabkommen von Tanggu.

Nanchang, Provinz Jiangxi, September 1933
Im fünften Belagerungs- und Vernichtungsfeldzug wird die Nationalrevolutionäre Armee die Rote Armee mit zehntausenden Bunkern umzingeln.
Der Abstand zwischen zwei Bunkergruppen darf nicht mehr als einen Kilometer betragen.
Wenn unsere Truppen jeden Tag einen Kilometer voranrücken und unablässig weitere Bunker bauen, wird es weniger als ein Jahr dauern, bis wir das Gebiet des Feindes vollständig eingenommen haben.
Nationalrevolutionäre Armee (NRA): 1 Million Soldaten, darunter 500'000 Soldaten aus Truppen der Zentralregierung

Die neue kommunistische Führung hat der Roten Armee befohlen, die Stellungen um jeden Preis hartnäckig zu halten und in einer blossen Verteidigungshaltung zu verharren.
Nachdem wir mehrere Schlachten verloren haben, wird unsere Armee zwischen der Hauptmacht des Feindes und den Bunkern zerrieben und ist in eine vollkommen passive Rolle hineingeraten.
Mao Zedong
Rote Armee: 300'000 Soldaten, darunter etwa 80'000 Truppenangehörige der Zentralen Roten Armee
Die Bunkerstrategie ging auf.
Die Nationalrevolutionäre Armee überrannte alle kommunistischen Stützpunkte innerhalb eines Jahres.

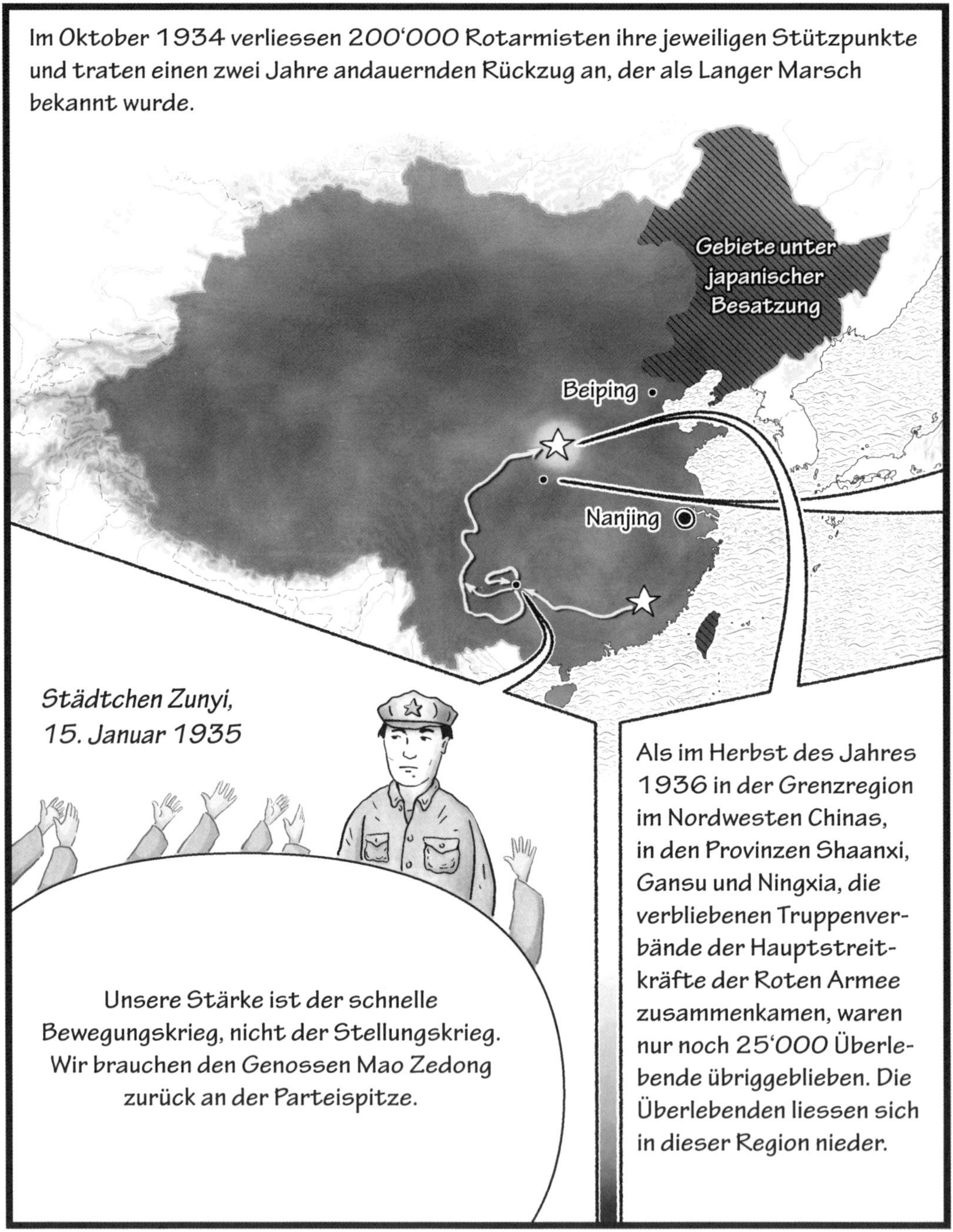
Im Oktober 1934 verliessen 200'000 Rotarmisten ihre jeweiligen Stützpunkte und traten einen zwei Jahre andauernden Rückzug an, der als Langer Marsch bekannt wurde.
Gebiete unter japanischer Besatzung
Beiping
Nanjing
Städtchen Zunyi, 15. Januar 1935
Unsere Stärke ist der schnelle Bewegungskrieg, nicht der Stellungskrieg. Wir brauchen den Genossen Mao Zedong zurück an der Parteispitze.
Als im Herbst des Jahres 1936 in der Grenzregion im Nordwesten Chinas, in den Provinzen Shaanxi, Gansu und Ningxia, die verbliebenen Truppenverbände der Hauptstreitkräfte der Roten Armee zusammenkamen, waren nur noch 25'000 Überlebende übriggeblieben. Die Überlebenden liessen sich in dieser Region nieder.

Xi'an, 4. Dezember 1936
Wir müssen den Belagerungs- und Vernichtungsfeldzug gegen die Kommunisten intensivieren!
Zhang Xueliang, ehemals Warlord von Nordostchina, zu diesem Zeitpunkt Kommandant der Belagerungstruppen
12. Dezember
Der Bürgerkrieg muss aufhören. Nehmt ihn fest!

Stalin forderte die Freilassung von Chiang Kai-shek.
Im November 1936 haben Japan und Nazideutschland den Anti-Komintern-Pakt unterzeichnet. Jetzt brauchen wir China mehr denn je, um Japan Widerstand entgegenzusetzen.
Zu diesem Zeitpunkt kann niemand anderes als Chiang Kai-shek den Widerstand anführen.
Nach seiner Freilassung erklärte sich Chiang Kai-shek bereit, mit der Kommunistischen Partei Chinas eine gegen Japan gerichtete Einheitsfront zu bilden.

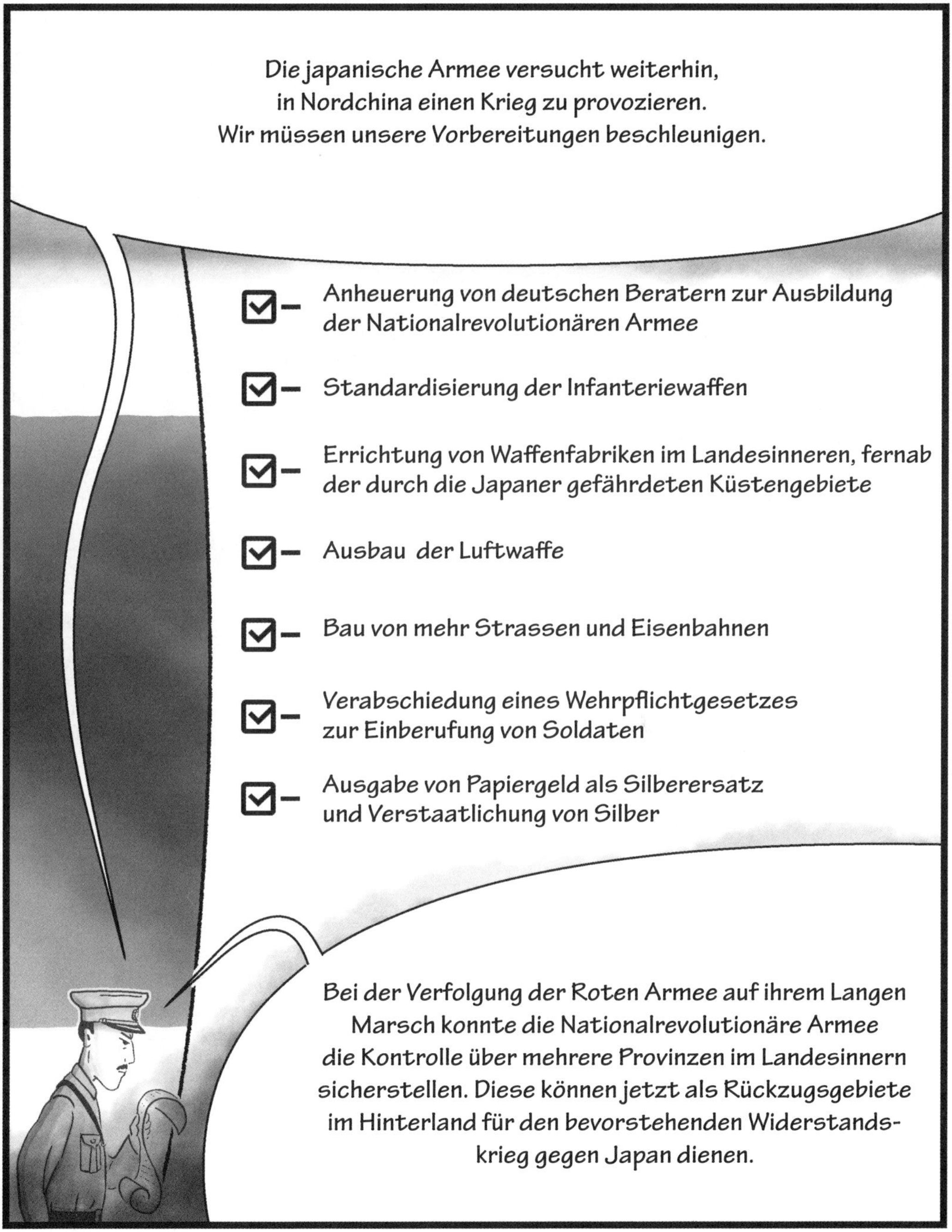
Die japanische Armee versucht weiterhin,
in Nordchina einen Krieg zu provozieren.
Wir müssen unsere Vorbereitungen beschleunigen.
Anheuerung von deutschen Beratern zur Ausbildung der Nationalrevolutionären Armee
Standardisierung der Infanteriewaffen
Errichtung von Waffenfabriken im Landesinneren, fernab der durch die Japaner gefährdeten Küstengebiete
Ausbau der Luftwaffe
Bau von mehr Strassen und Eisenbahnen
Verabschiedung eines Wehrpflichtgesetzes zur Einberufung von Soldaten
Ausgabe von Papiergeld als Silberersatz und Verstaatlichung von Silber
Bei der Verfolgung der Roten Armee auf ihrem Langen Marsch konnte die Nationalrevolutionäre Armee die Kontrolle über mehrere Provinzen im Landesinnern sicherstellen. Diese können jetzt als Rückzugsgebiete im Hinterland für den bevorstehenden Widerstands-krieg gegen Japan dienen.

China kann militärisch mit Japan nicht mithalten und wird grosse Verluste erleiden.
Aber gerade Chinas Ohnmacht ist seine Stärke, durch die das Land schwer unterzukriegen ist.
Wenn es zu einem Krieg zwischen Ländern mit gleicher Stärke kommt, endet er in einer Entscheidungsschlacht. Wenn aber ein Land eine überwältigende militärische Vormachtstellung über das andere Land besitzt, so wie bei Japan gegen China, kommt es zu keiner wirklichen Entscheidungsschlacht. Solange es Japan nicht gelungen ist, jeden Quadratkilometer des chinesischen Territoriums einzunehmen und China vollkommen zu vernichten, wird es zu keinem Ende des Krieges kommen.

Wenn wir im Widerstandskrieg alle Truppen gleichzeitig für eine Entscheidungsschlacht aufstellen, dann setzen wir damit alles auf eine Karte und riskieren, alles zu verlieren. Sollten wir dann unterliegen, so gäbe es keine Hoffnung mehr, dass wir uns jemals wieder erholen würden.
Deshalb bleibt für uns nur eine Option im Umgang mit Japan, die darin besteht, unsere Kräfte zu verteilen und über einen langen Zeitraum hinweg beharrlich und unentwegt Widerstand zu leisten. Sobald Japan unsere erste Linie an Verteidigungsstellungen durchbrochen hat, bleibt uns noch eine zweite und dritte Verteidigungslinie, um uns zu wehren.
Wenn es uns gelingen sollte, über die nächsten drei bis fünf Jahre hinweg Widerstand zu leisten, so rechne ich damit, dass sich die internationale Lage in dieser Zeit hoffentlich zu unseren Gunsten verändern wird. Nur so gibt es für das Überleben unseres Landes und Volkes einen Hoffnungsschimmer.
Unsere Strategie ist, dass wir zwar jederzeit auf den Tod gefasst sind, aber bei jedem Schritt unseres Weges das Leben suchen.

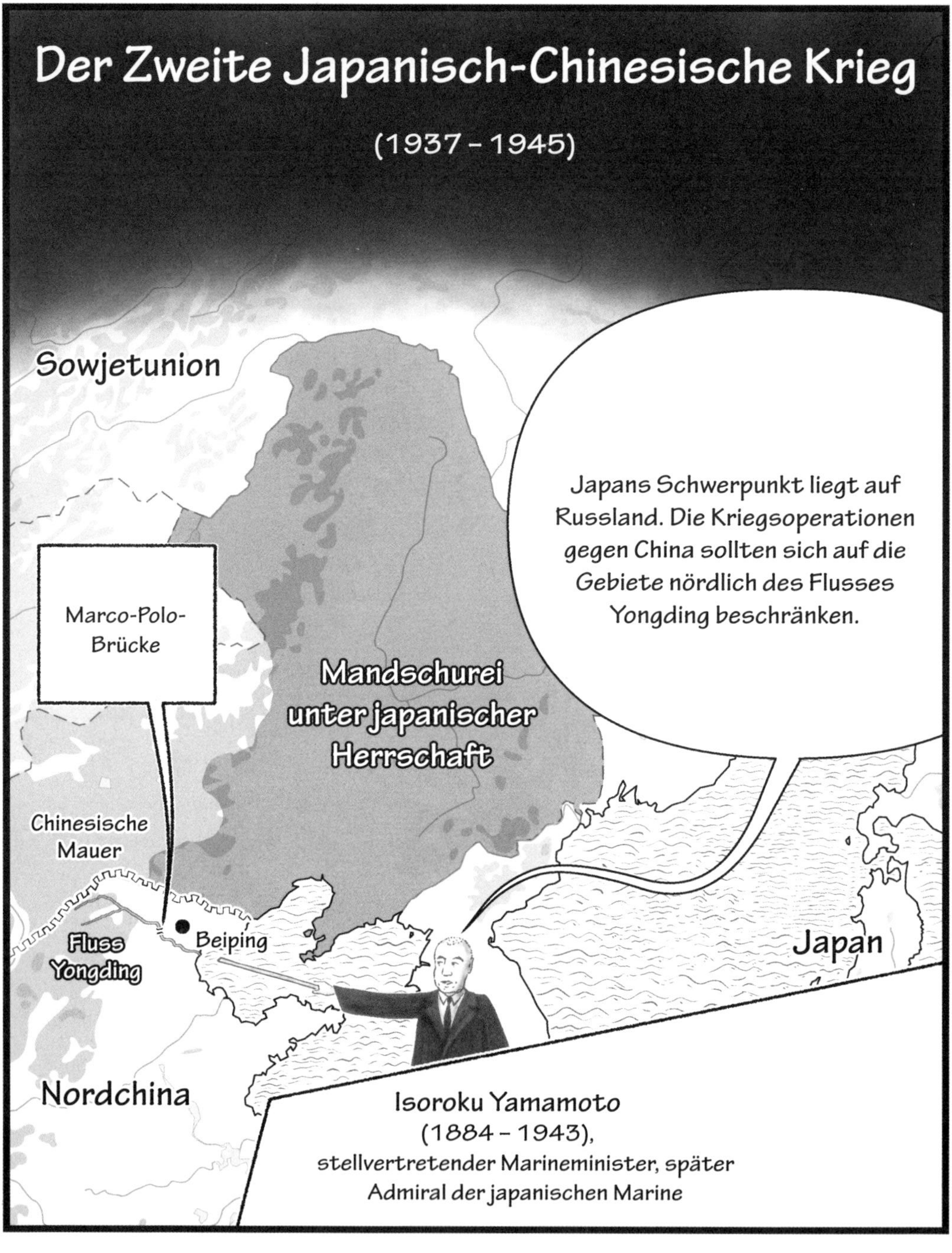
Der Zweite Japanisch-Chinesische Krieg
(1937 – 1945)
Sowjetunion
Japans Schwerpunkt liegt auf Russland. Die Kriegsoperationen gegen China sollten sich auf die Gebiete nördlich des Flusses Yongding beschränken.
Marco-Polo-Brücke
Mandschurei unter japanischer Herrschaft
Chinesische Mauer
Fluss Yongding
Beiping
Japan
Nordchina
Isoroku Yamamoto (1884 – 1943), stellvertretender Marineminister, später Admiral der japanischen Marine

Wenn wir Kompromisse mit den chinesischen Nationalisten suchen und uns um freundschaftliche Beziehungen zur KMT-Regierung bemühen, wird sie das in ihrer Haltung nur noch mehr bestärken, Japan verdrängen und demütigen zu wollen. Dies wird die anti-japanische Bewegung nur noch mehr anheizen. Im Gegenteil, es ist notwendig, ihnen einen tödlichen Schlag zu versetzen!
Gebt uns nur eine Gelegenheit dazu!
Hideki Tojo (1884 – 1948), Generalstabschef der Kwantung-Armee, später Premierminister von Japan

Chinesische und japanische Truppen haben sich am Abend des 7. Juli 1937 gegen 22.30 Uhr in der Nähe der Marco-Polo-Brücke ein Feuergefecht geliefert.

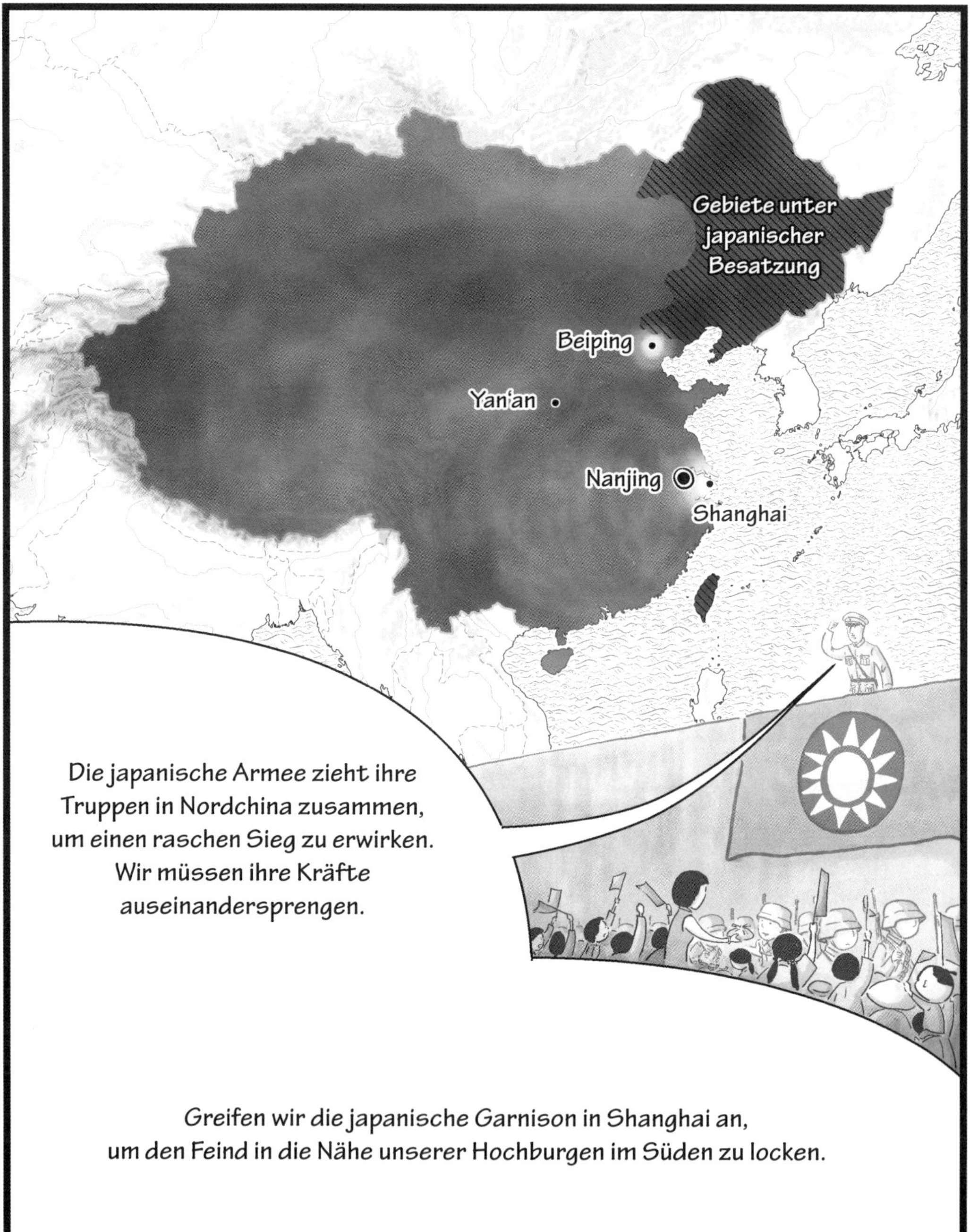

Gebiete unter japanischer Besatzung
Beiping
Yan'an
Nanjing
Shanghai
Die japanische Armee zieht ihre Truppen in Nordchina zusammen, um einen raschen Sieg zu erwirken. Wir müssen ihre Kräfte auseinandersprengen.
Greifen wir die japanische Garnison in Shanghai an, um den Feind in die Nähe unserer Hochburgen im Süden zu locken.

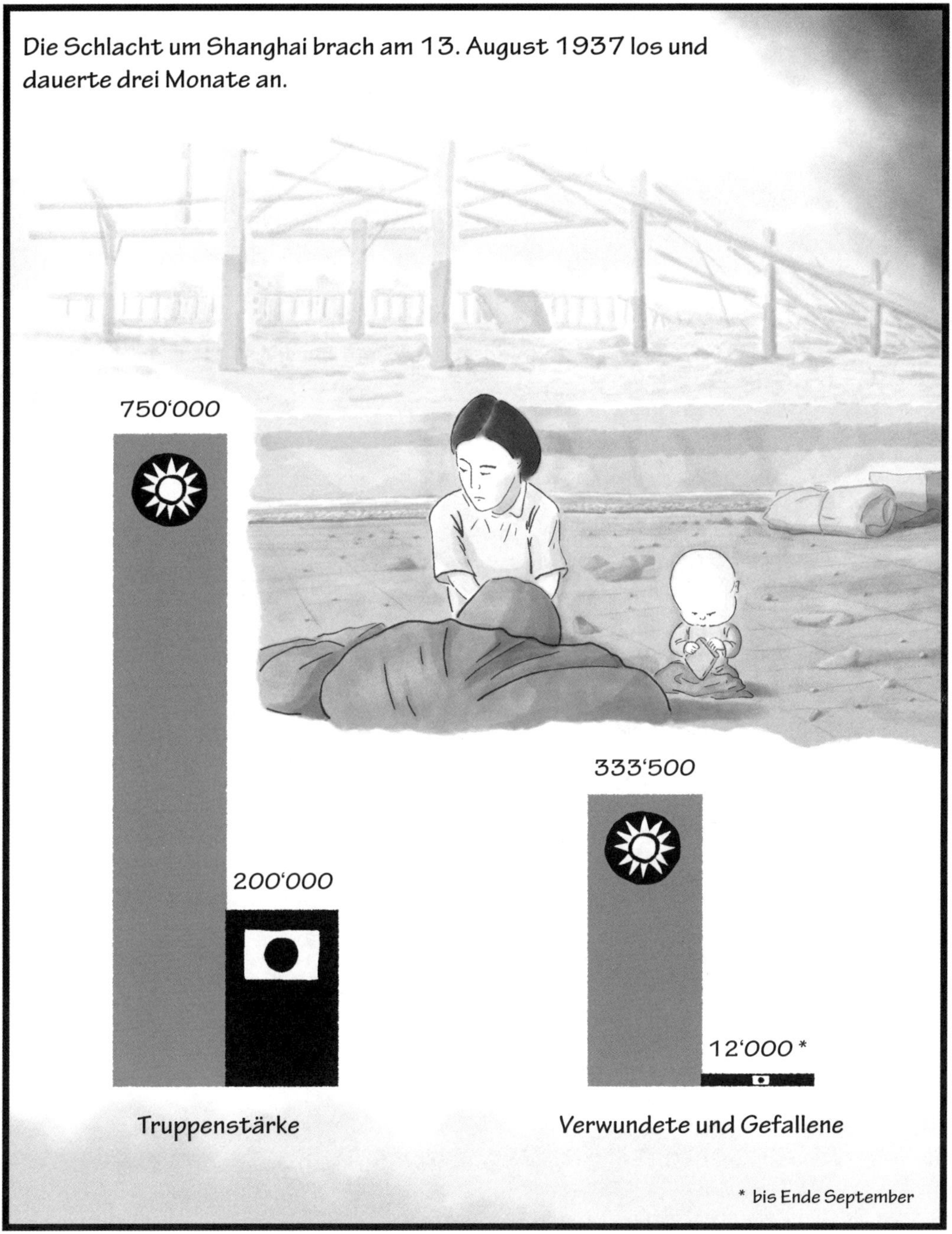
Die Schlacht um Shanghai brach am 13. August 1937 los und dauerte drei Monate an.
750'000
200'000
Truppenstärke
333'500
12'000 *
Verwundete und Gefallene
* bis Ende September

13. Dezember 1937
Nach der Eroberung Shanghais nutzte die japanische Armee das Momentum, um die Hauptstadt Nanjing einzunehmen. In Nanjing richtete sie ein Massaker an, bei dem über 300'000 Chinesen, Zivilisten wie Soldaten, niedergemetzelt wurden.

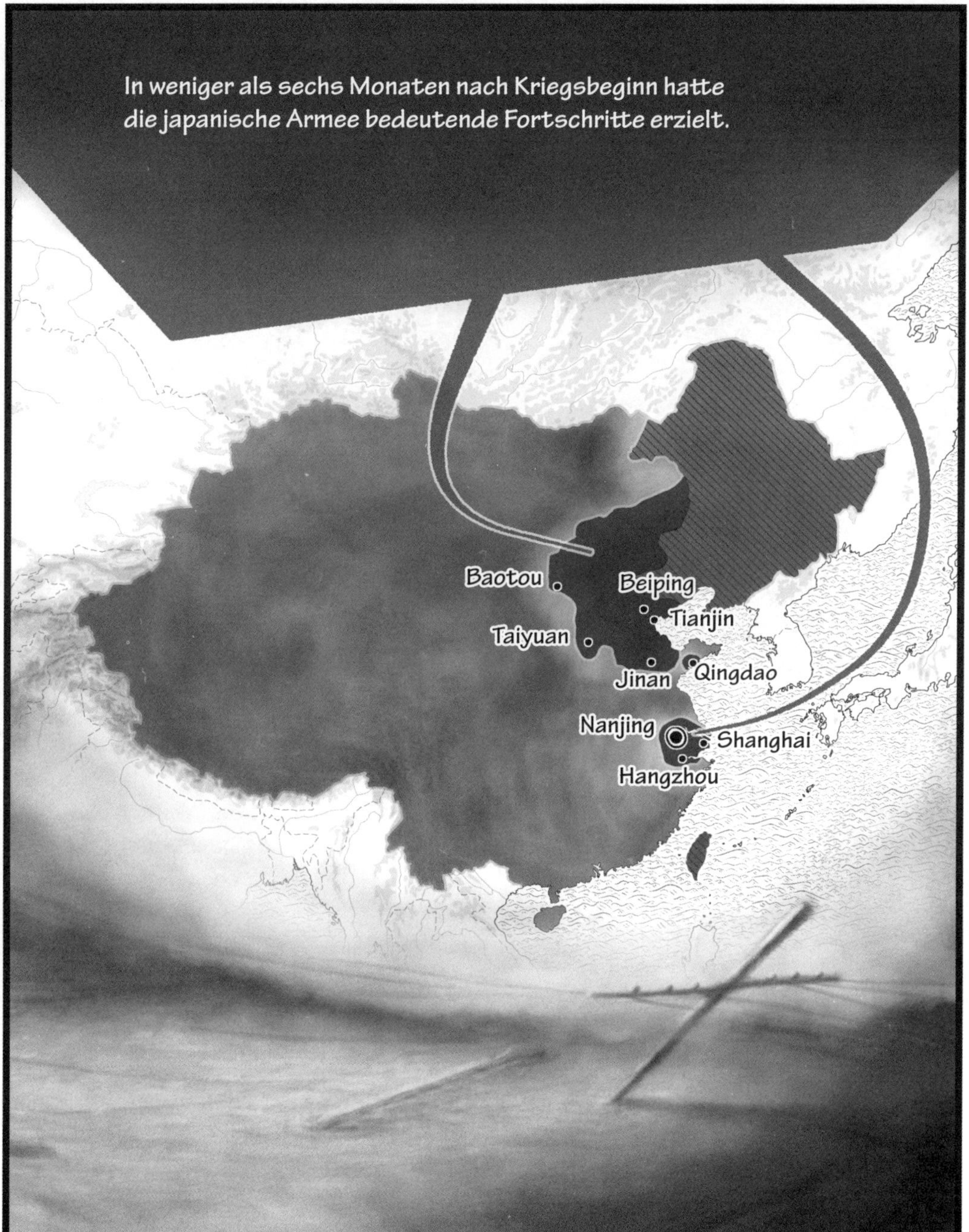
In weniger als sechs Monaten nach Kriegsbeginn hatte die japanische Armee bedeutende Fortschritte erzielt.
Baotou
Beiping
Tianjin
Taiyuan
Jinan
Qingdao
Nanjing
Shanghai
Hangzhou

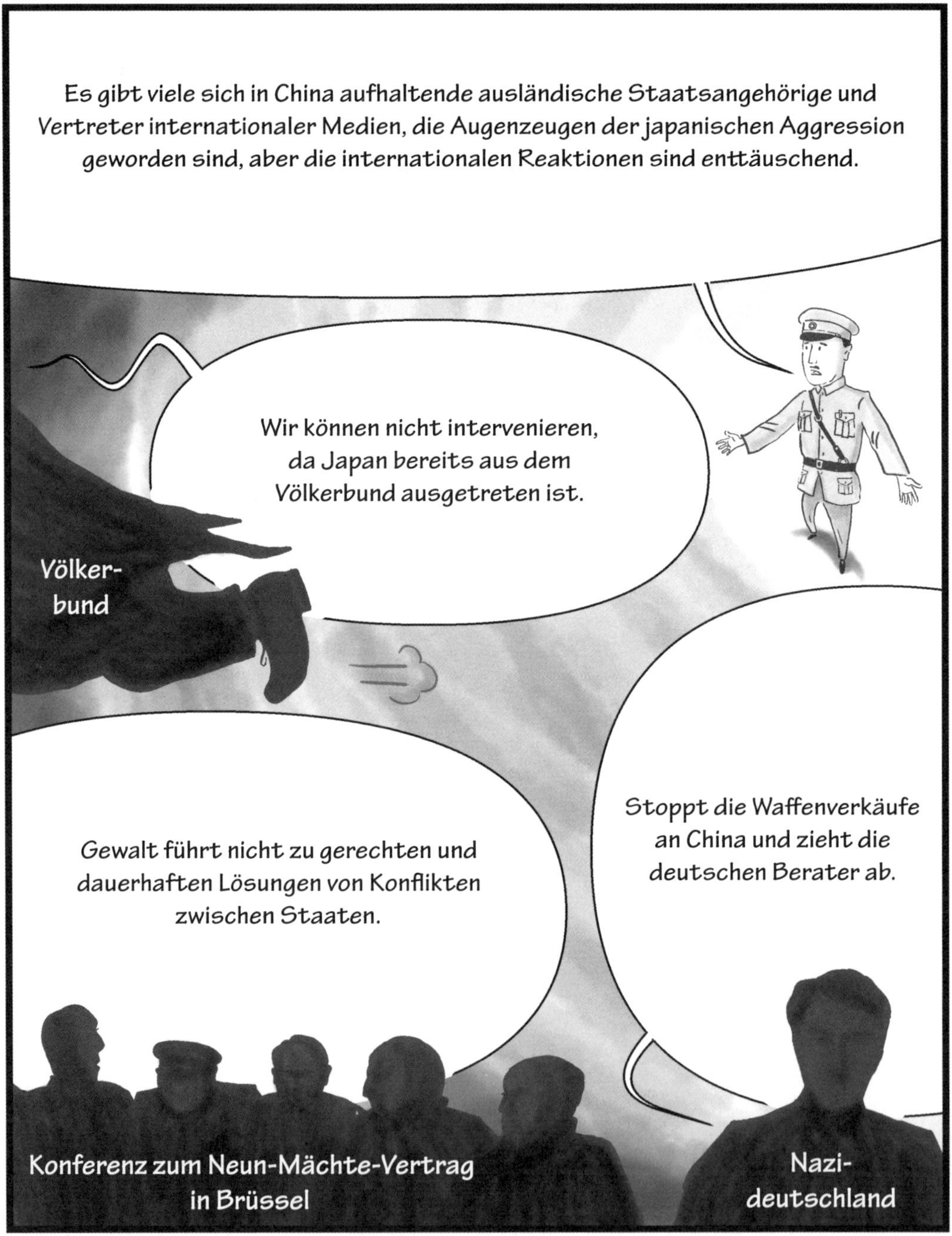
Es gibt viele sich in China aufhaltende ausländische Staatsangehörige und Vertreter internationaler Medien, die Augenzeugen der japanischen Aggression geworden sind, aber die internationalen Reaktionen sind enttäuschend.
Wir können nicht intervenieren, da Japan bereits aus dem Völkerbund ausgetreten ist.
Völkerbund
Gewalt führt nicht zu gerechten und dauerhaften Lösungen von Konflikten zwischen Staaten.
Stoppt die Waffenverkäufe an China und zieht die deutschen Berater ab.
Konferenz zum Neun-Mächte-Vertrag in Brüssel
Nazideutschland

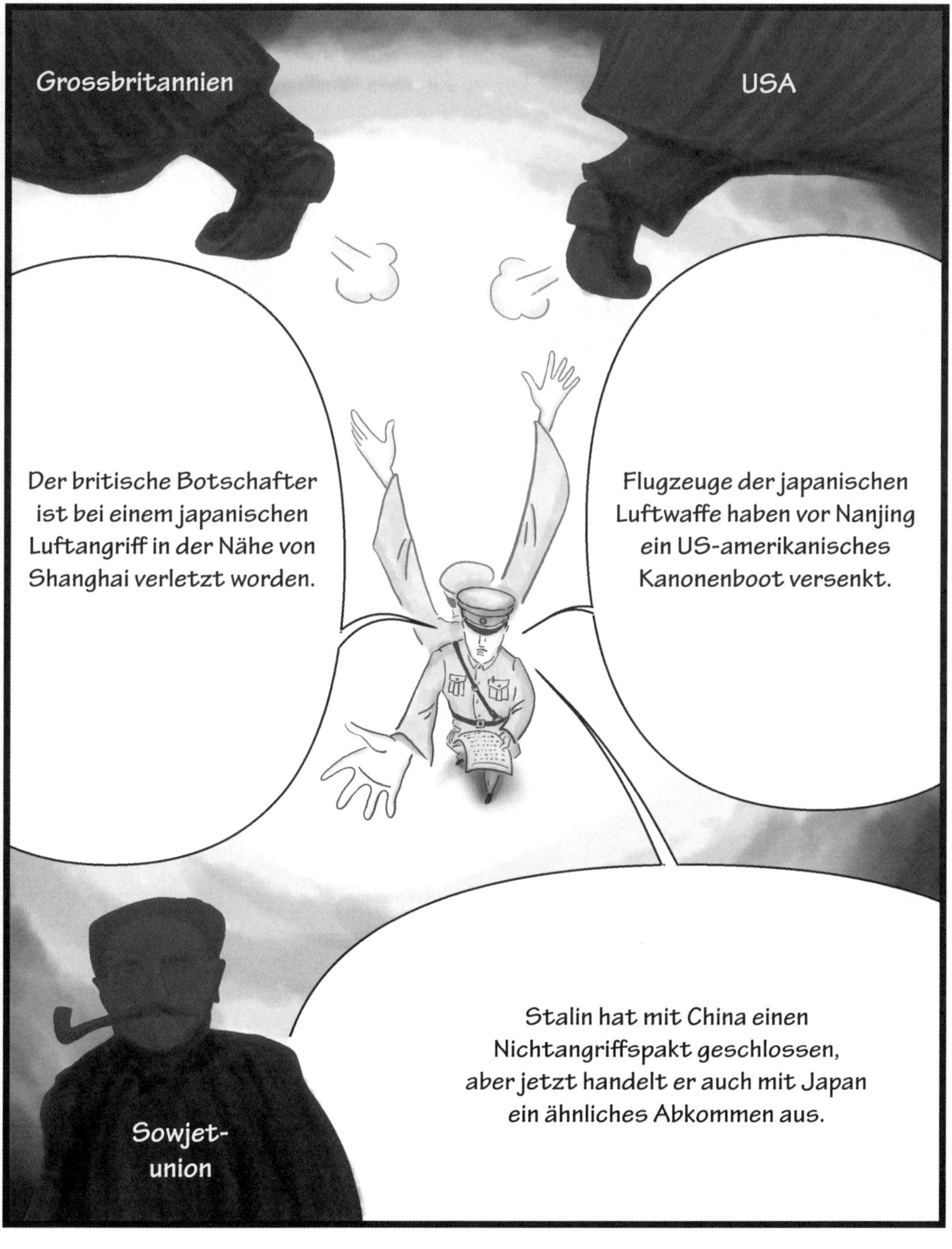
Grossbritannien
USA
Der britische Botschafter ist bei einem japanischen Luftangriff in der Nähe von Shanghai verletzt worden.
Flugzeuge der japanischen Luftwaffe haben vor Nanjing ein US-amerikanisches Kanonenboot versenkt.
Sowjet-union
Stalin hat mit China einen Nichtangriffspakt geschlossen, aber jetzt handelt er auch mit Japan ein ähnliches Abkommen aus.

Der chinesische Widerstand wird in einigen Monaten zum Erliegen kommen.
Die japanische Armee benötigt einen Monat, um eine chinesische Provinz zu erobern. Sie werden also mindestens 18 Monate benötigen, um die restlichen 18 Provinzen einzunehmen, die wir noch kontrollieren.
In 18 Monaten wird sich die Welt jedoch sicherlich verändert haben. Solche Veränderungen werden schliesslich den Untergang Japans herbeiführen.
Warum gelangen die Japaner nicht schon früher zu dieser Einsicht und ziehen ihre Truppen ab?

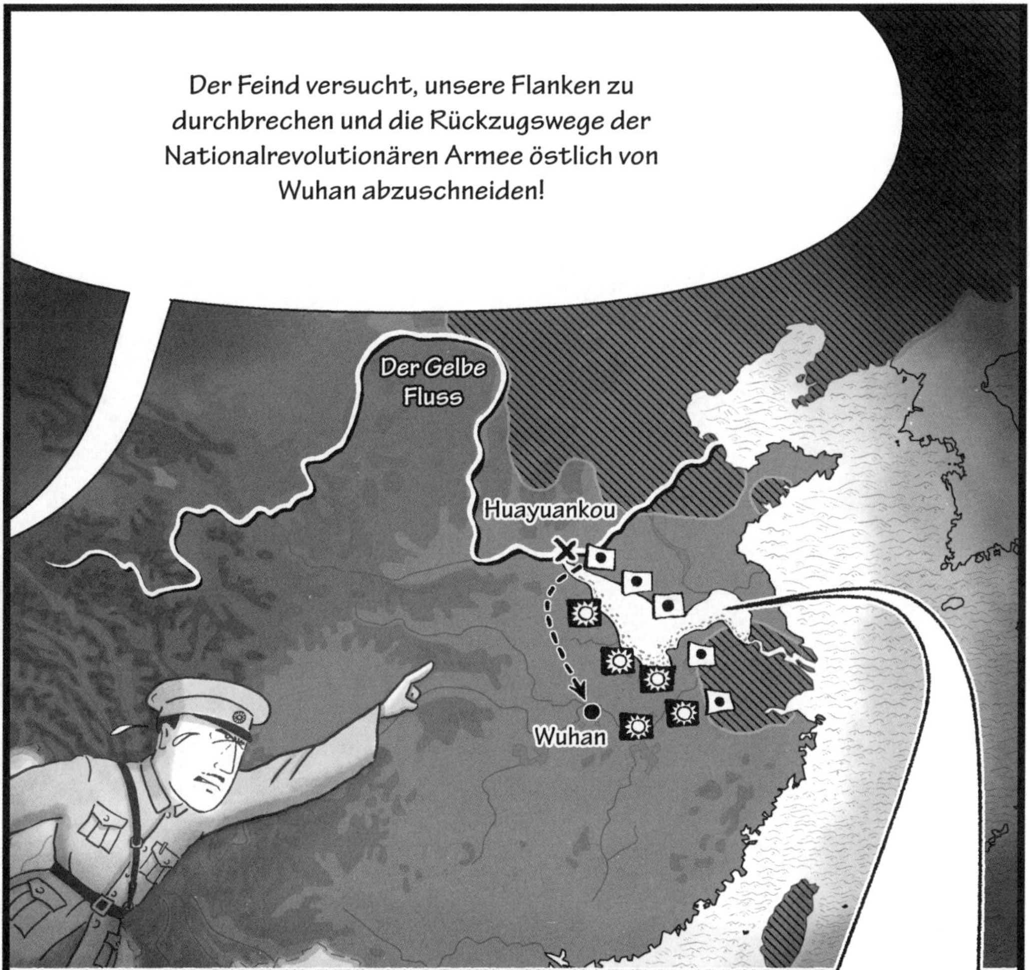


*8. Juni 1938*

Um die japanische Offensive zu verlangsamen, befahl Chiang Kai-shek, den Damm des Gelben Flusses bei Huayuankou zu sprengen.

*Überschwemmungsgebiet des Gelben Flusses*

Fliessgeschwindigkeit des Flutwassers: 3km/h

Wassertiefe: 1 Meter

Die gesamte Ernte und alles Ackerland im Überschwemmungsgebiet wurden vernichtet.
Zwei Millionen Menschen aus 4000 Dörfern wurden obdachlos.
Mindestens 800'000 Menschen starben.

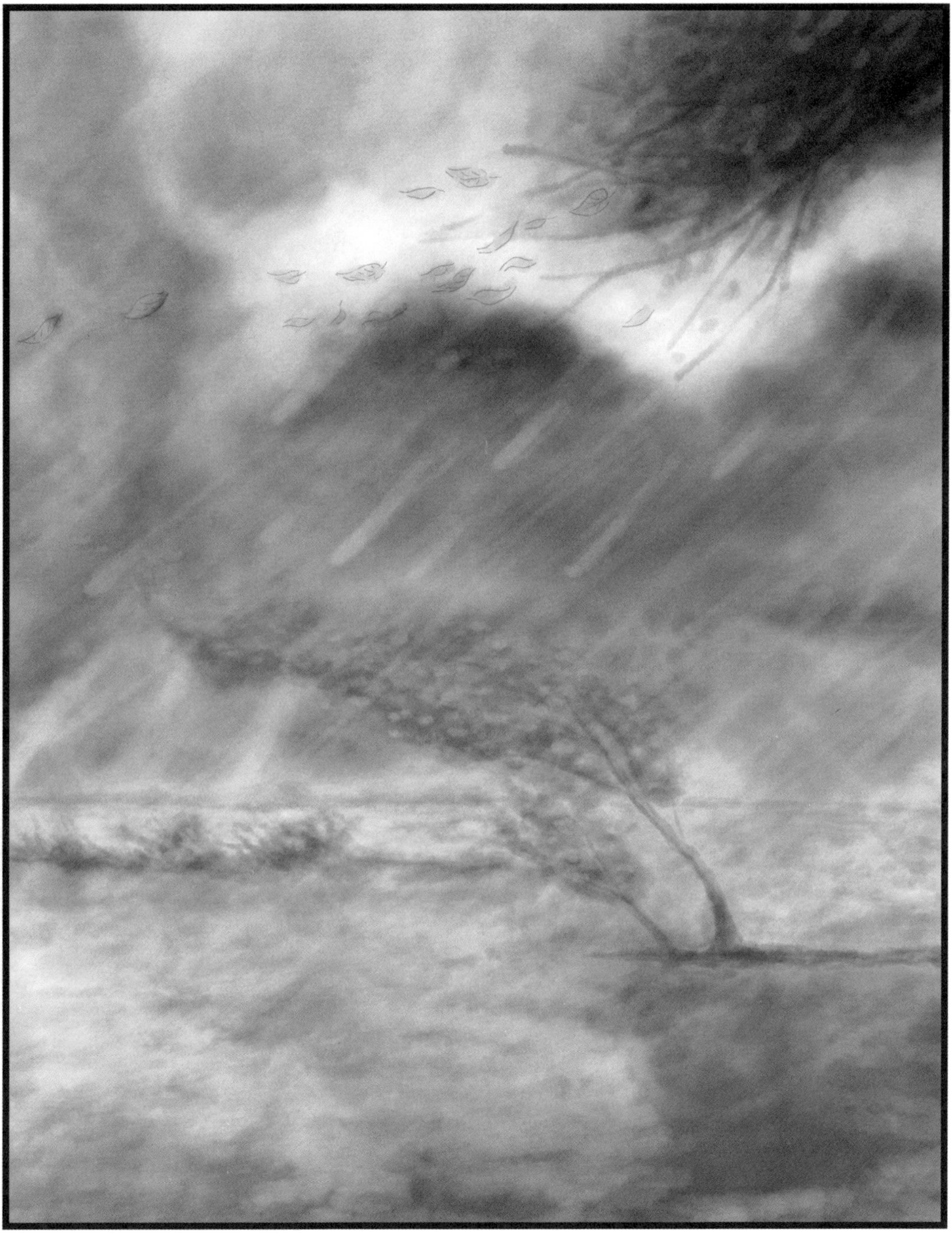

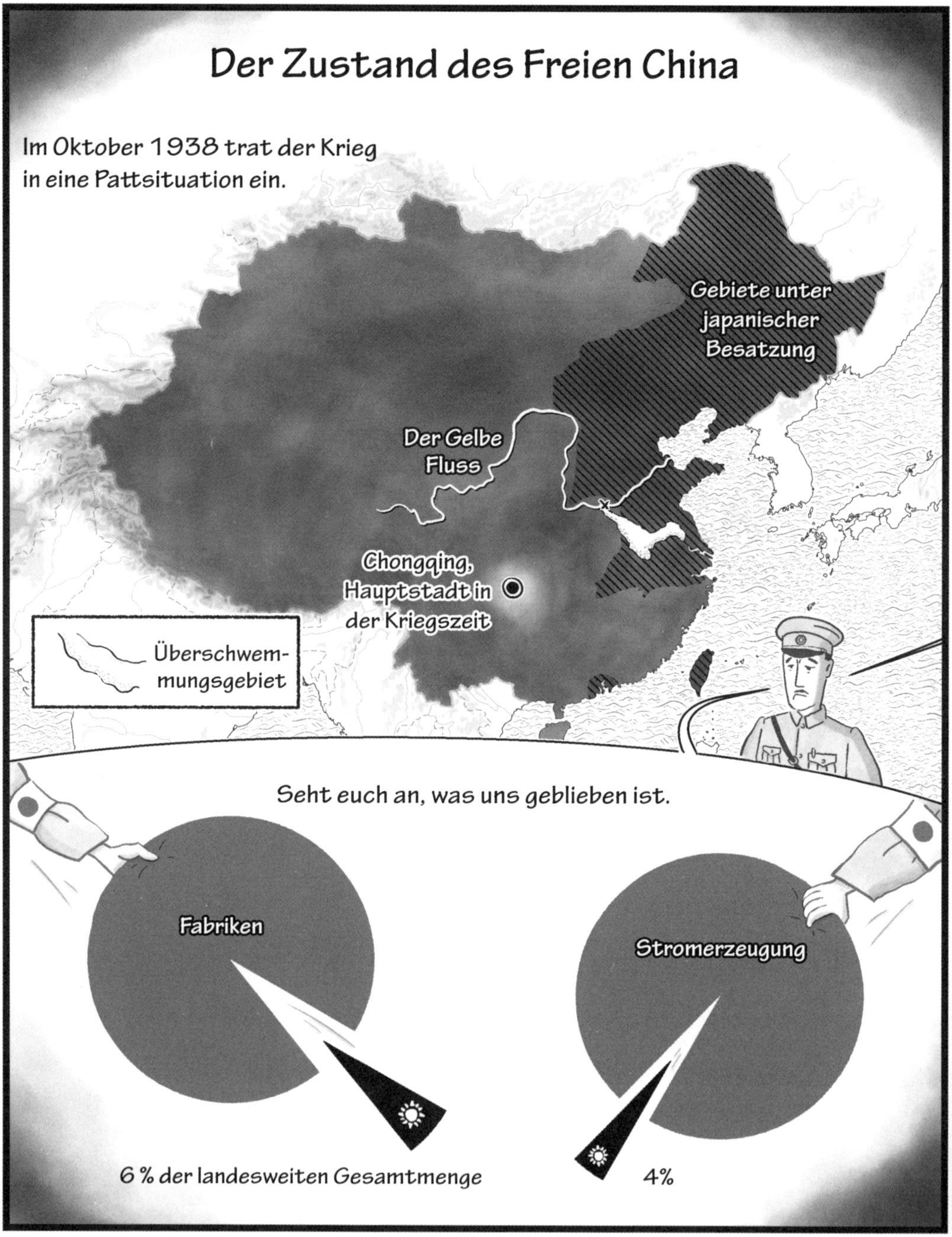
Der Zustand des Freien China
Im Oktober 1938 trat der Krieg in eine Pattsituation ein.
Gebiete unter japanischer Besatzung
Der Gelbe Fluss
Chongqing, Hauptstadt in der Kriegszeit
Überschwemmungsgebiet
Seht euch an, was uns geblieben ist.
Fabriken
Stromerzeugung
6 % der landesweiten Gesamtmenge
4%

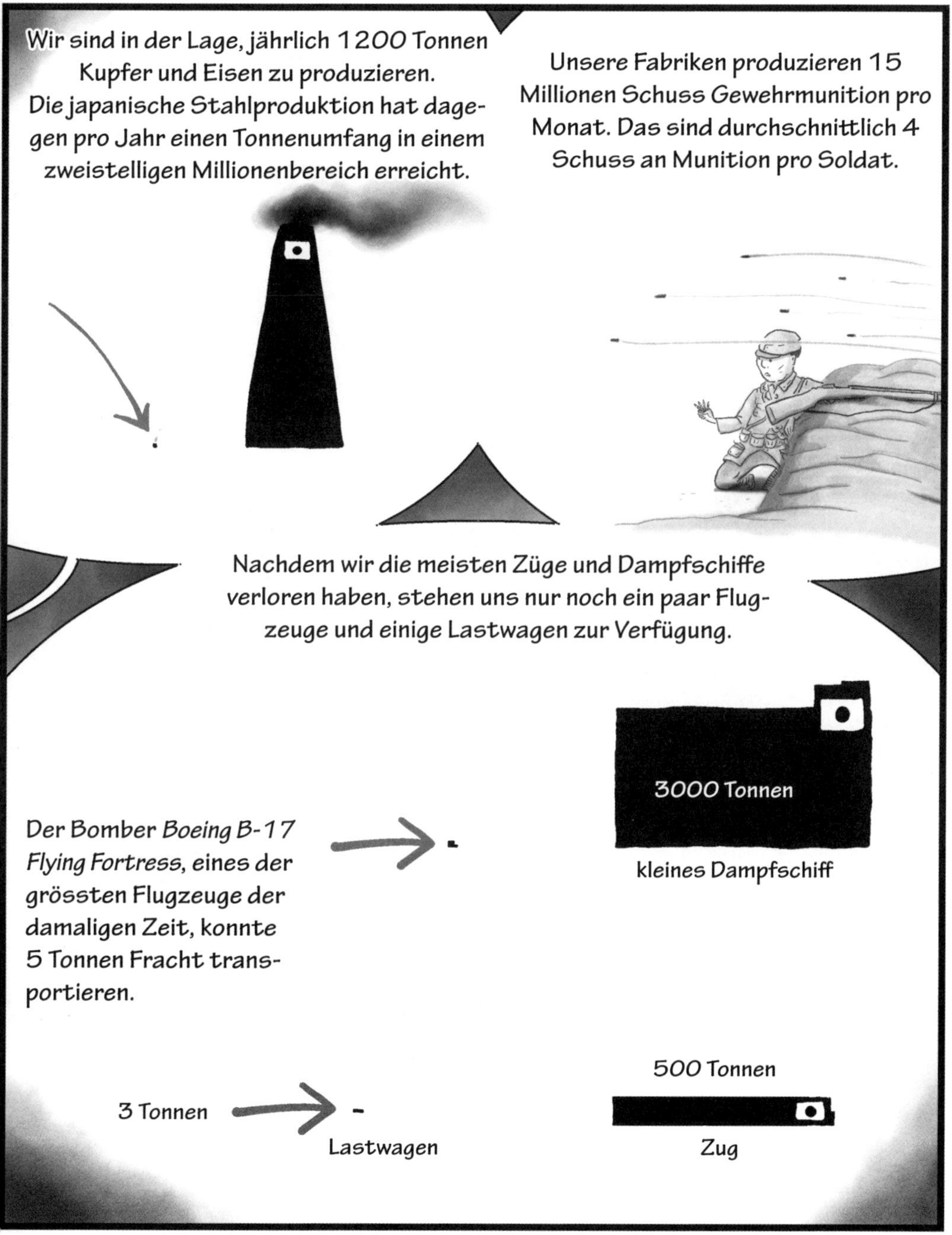
Wir sind in der Lage, jährlich 1200 Tonnen Kupfer und Eisen zu produzieren. Die japanische Stahlproduktion hat dagegen pro Jahr einen Tonnenumfang in einem zweistelligen Millionenbereich erreicht.
Unsere Fabriken produzieren 15 Millionen Schuss Gewehrmunition pro Monat. Das sind durchschnittlich 4 Schuss an Munition pro Soldat.
Nachdem wir die meisten Züge und Dampfschiffe verloren haben, stehen uns nur noch ein paar Flugzeuge und einige Lastwagen zur Verfügung.
3000 Tonnen
kleines Dampfschiff
Der Bomber *Boeing B-17 Flying Fortress*, eines der grössten Flugzeuge der damaligen Zeit, konnte 5 Tonnen Fracht transportieren.
500 Tonnen
3 Tonnen
Lastwagen
Zug

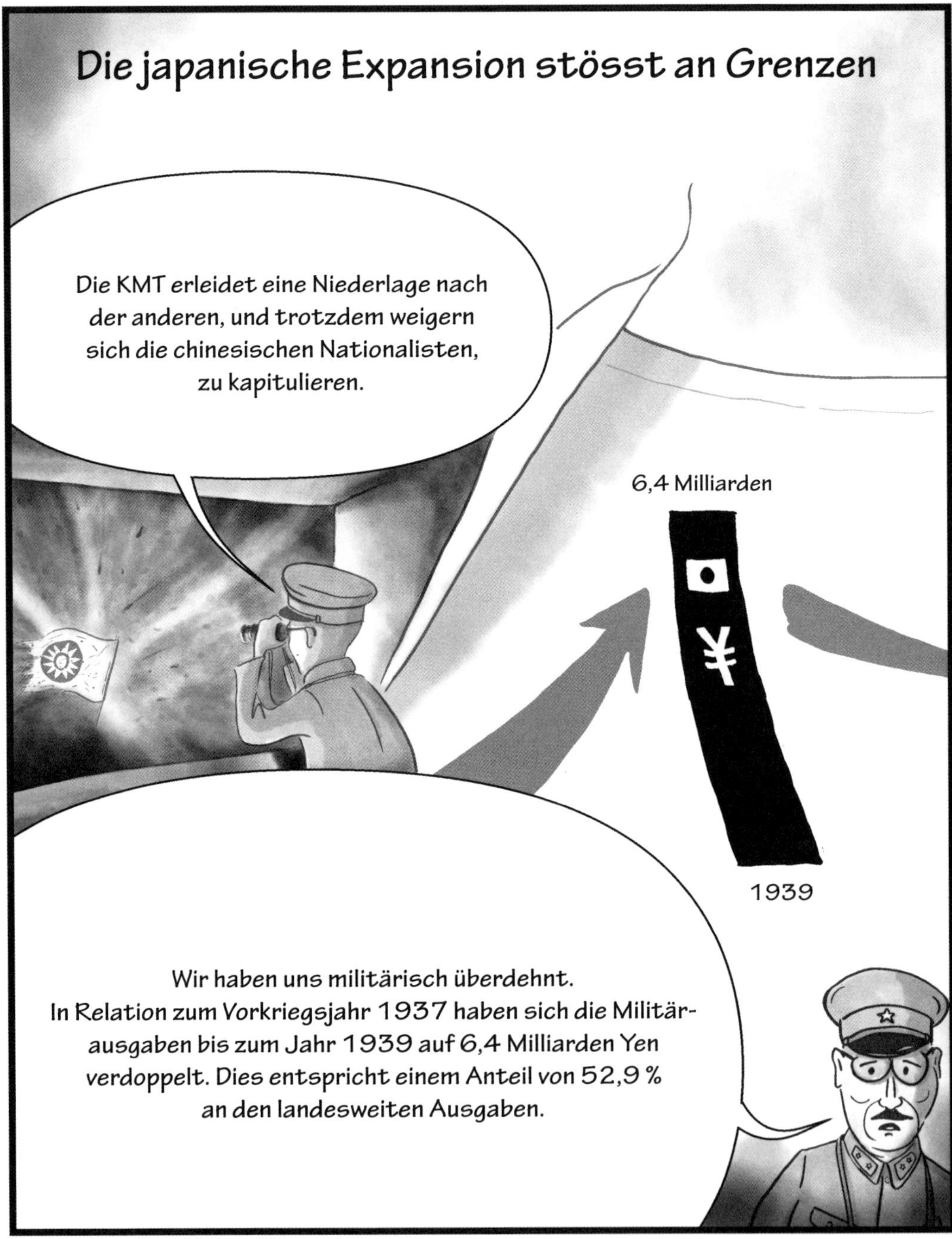
Die japanische Expansion stösst an Grenzen
Die KMT erleidet eine Niederlage nach der anderen, und trotzdem weigern sich die chinesischen Nationalisten, zu kapitulieren.
6,4 Milliarden
¥
1939
Wir haben uns militärisch überdehnt. In Relation zum Vorkriegsjahr 1937 haben sich die Militärausgaben bis zum Jahr 1939 auf 6,4 Milliarden Yen verdoppelt. Dies entspricht einem Anteil von 52,9 % an den landesweiten Ausgaben.

Wir planen, uns aus einigen besetzten Gebieten zurückzuziehen und die jährlichen Militärausgaben damit auf 2,5 Milliarden zu reduzieren.
2,5 Milliarden
¥
Wir wollen nicht nur den Offensiven der japanischen Armee Widerstand entgegensetzen, sondern wir werden auch ihren Rückzug behindern.
Im Winter des Jahres haben Truppen aus 450'000 Soldaten der Nationalrevolutionären Armee 960 Gegenoffensiven gestartet, um die Streitkräfte des Feindes zu binden.

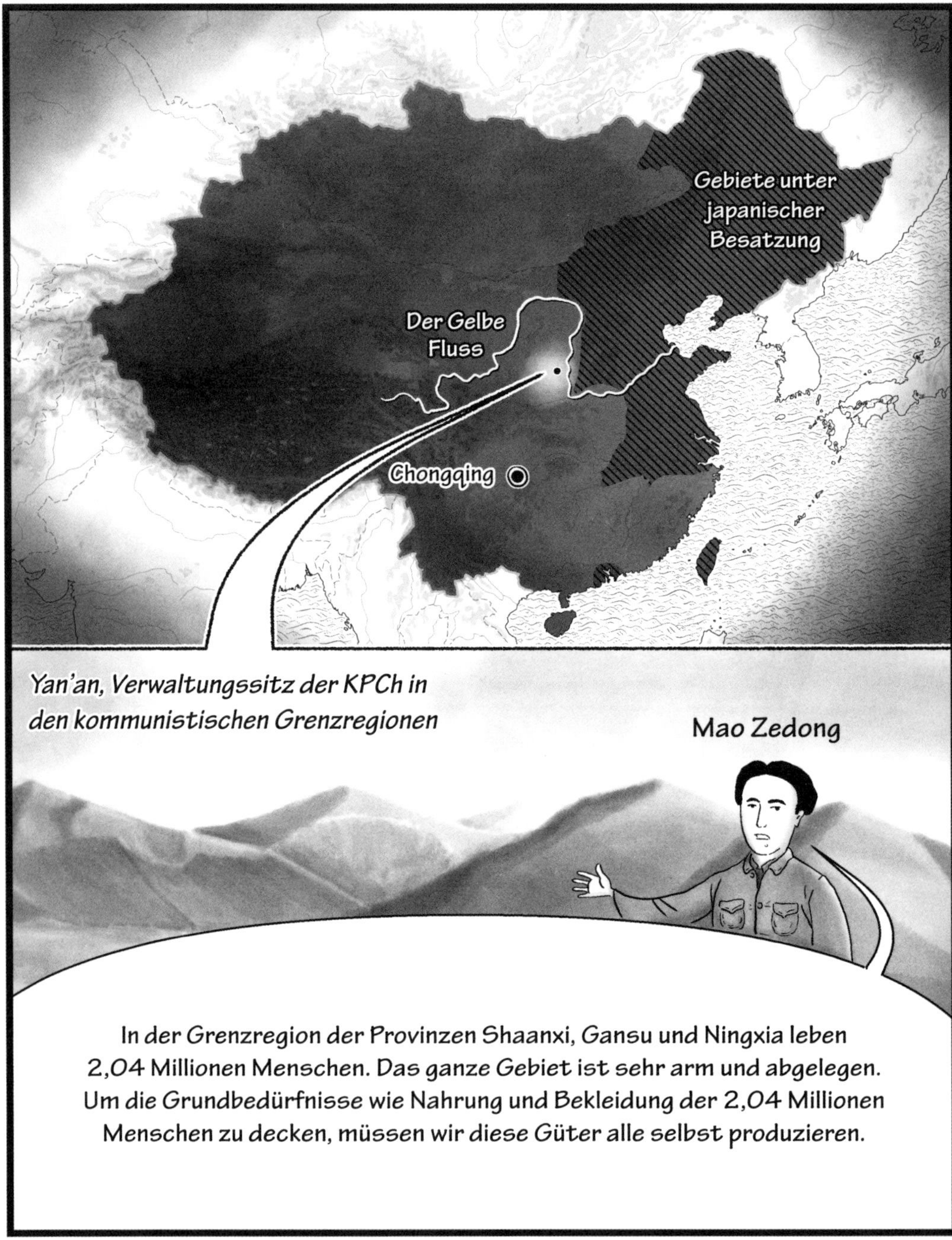
Gebiete unter japanischer Besatzung
Der Gelbe Fluss
Chongqing
Yan'an, Verwaltungssitz der KPCh in den kommunistischen Grenzregionen
Mao Zedong
In der Grenzregion der Provinzen Shaanxi, Gansu und Ningxia leben 2,04 Millionen Menschen. Das ganze Gebiet ist sehr arm und abgelegen. Um die Grundbedürfnisse wie Nahrung und Bekleidung der 2,04 Millionen Menschen zu decken, müssen wir diese Güter alle selbst produzieren.

Jede Schule, jede Regierungsbehörde und jede militärische Einheit ist in der Lage, sich selbst mit Lebensmitteln und Kleidung zu versorgen.

Die grosse Mehrheit der Bauern lebt in Armut und dürstet sehnsuchtsvoll nach Land. Wir könnten Land von Grossgrundbesitzern beschlagnahmen und an die Bauern verteilen.
Aber in Kriegszeiten ist die Konfiszierung von Land kein gangbarer Weg, weil wir uns im Kampf gegen die Japaner auch mit den Grundbesitzern verbünden müssen. Im Moment besteht unsere politische Linie darin, die Grundherren durch Überredung zu einer Senkung der Pachtzinsen zu bewegen.

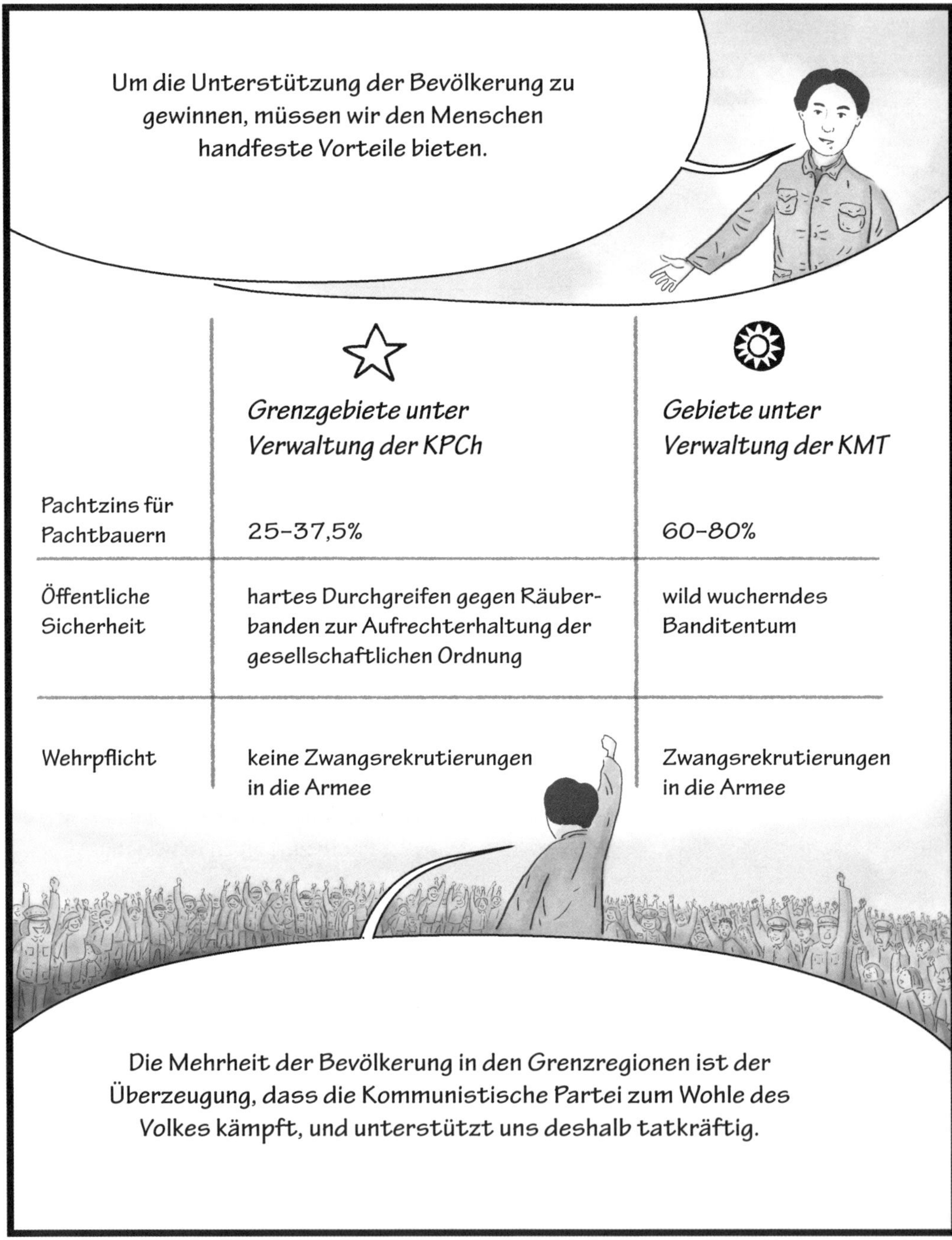
Um die Unterstützung der Bevölkerung zu gewinnen, müssen wir den Menschen handfeste Vorteile bieten.

| | Grenzgebiete unter Verwaltung der KPCh | Gebiete unter Verwaltung der KMT |
|---|---|---|
| Pachtzins für Pachtbauern | 25–37,5% | 60–80% |
| Öffentliche Sicherheit | hartes Durchgreifen gegen Räuberbanden zur Aufrechterhaltung der gesellschaftlichen Ordnung | wild wucherndes Banditentum |
| Wehrpflicht | keine Zwangsrekrutierungen in die Armee | Zwangsrekrutierungen in die Armee |

Die Mehrheit der Bevölkerung in den Grenzregionen ist der Überzeugung, dass die Kommunistische Partei zum Wohle des Volkes kämpft, und unterstützt uns deshalb tatkräftig.

Die japanische Armee führt in den Grenzgebieten, die Widerstand gegen Japan leisten, Säuberungs-operationen unter Anwendung von brachialer Gewalt durch.
Sie brennen Dörfer nieder, plündern die Getreidevorräte und verursachen den Tod von Millionen von Menschen.
Aber sie sind nicht imstande, eine langfristige Besetzung der Grenzgebiete umzusetzen.

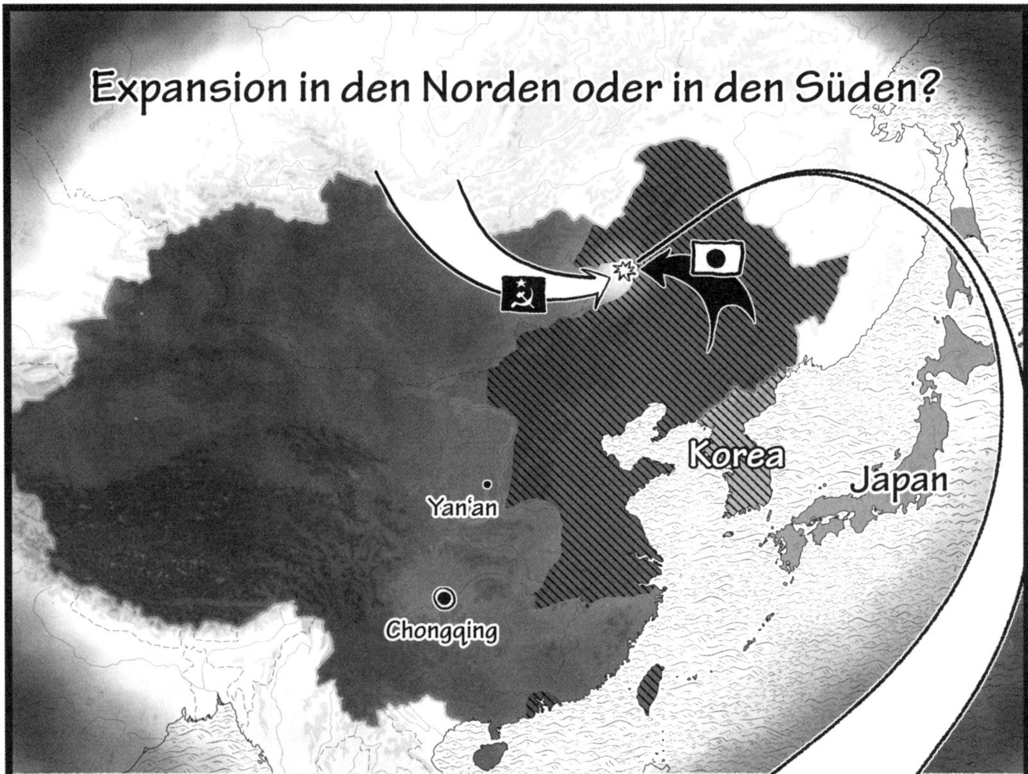

Gerade als die japanische Armee sich bis zur Erschöpfung auf den Kriegsschauplätzen in China abrackert, dringen Trupppen der Sowjetunion in die Äussere Mongolei ein

Der Grenzkonflikt mit der Sowjetunion ist zu einem Krieg eskaliert, in dem mehr als 100‘000 Soldaten involviert sind.

24. August
Um einen Zweifrontenkrieg gegen Japan und Nazideutschland zu vermeiden, habe ich mit Hitler einen Nichtangriffspakt geschlossen.
Stalin
1. September 1939
Deutschland marschierte in Polen ein. Dies markierte den offiziellen Beginn des Zweiten Weltkriegs.
16. September
Da Nazideutschland einer bewaffneten Konfrontation mit der Sowjetunion aus dem Weg geht, intensiviert auch Japan die Verhandlungen mit uns über eine Waffenruhe.
17. September 1939
Einen Tag nach dem Waffenstillstand mit Japan überfällt die Sowjetunion Ostpolen.

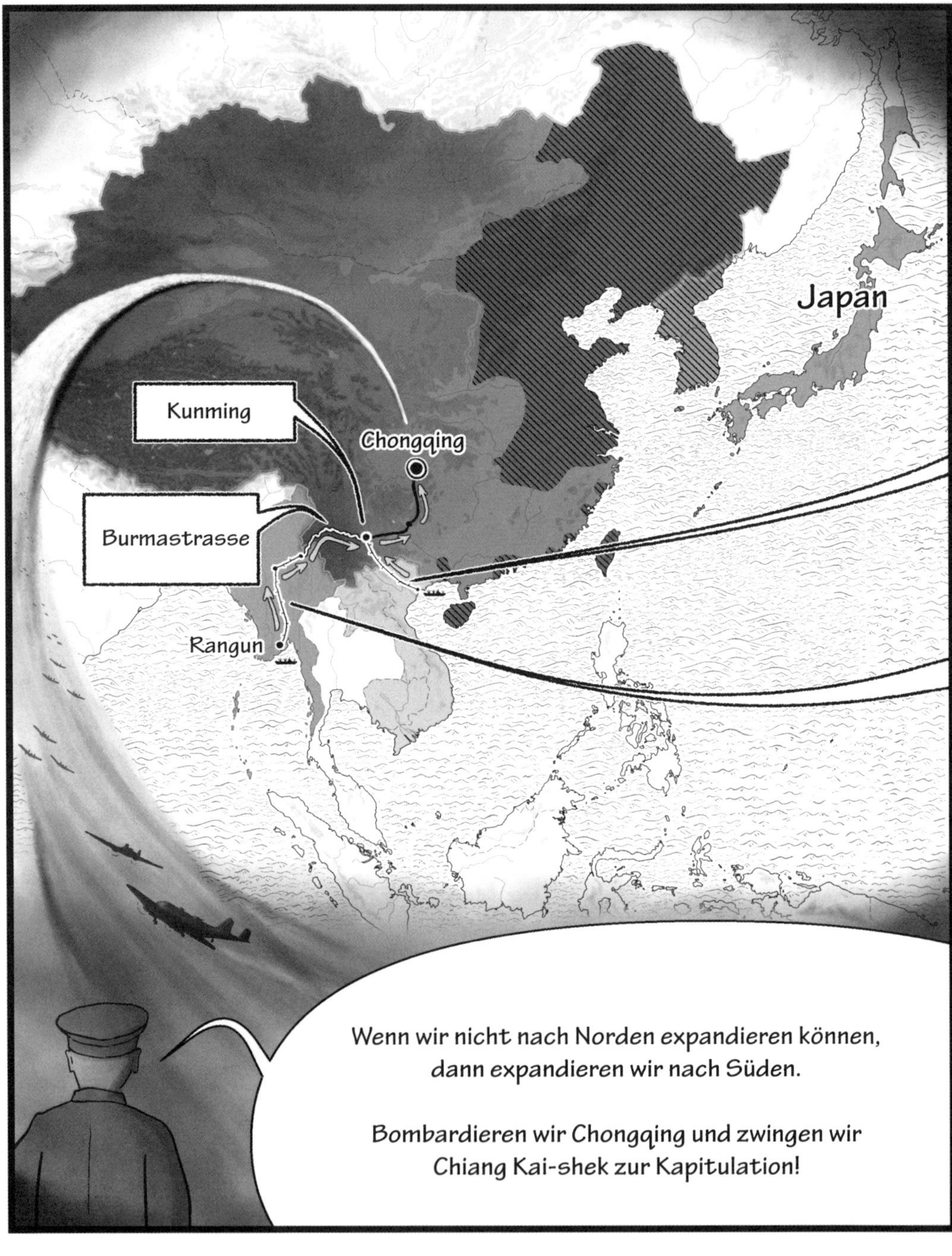
Japan
Kunming
Chongqing
Burmastrasse
Rangun
Wenn wir nicht nach Norden expandieren können, dann expandieren wir nach Süden.
Bombardieren wir Chongqing und zwingen wir Chiang Kai-shek zur Kapitulation!

* Im Rahmen des Leih- und Pachtprogramms (Englisch *Lend-Lease program*, basierend auf dem Leih- und Pachtgesetz / *Lend-Lease Act*) lieferten die USA zwischen 1941 und 1945 militärische Güter und Materialien an Grossbritannien, die unbesetzten Teile Frankreichs, China und die Sowjetunion.

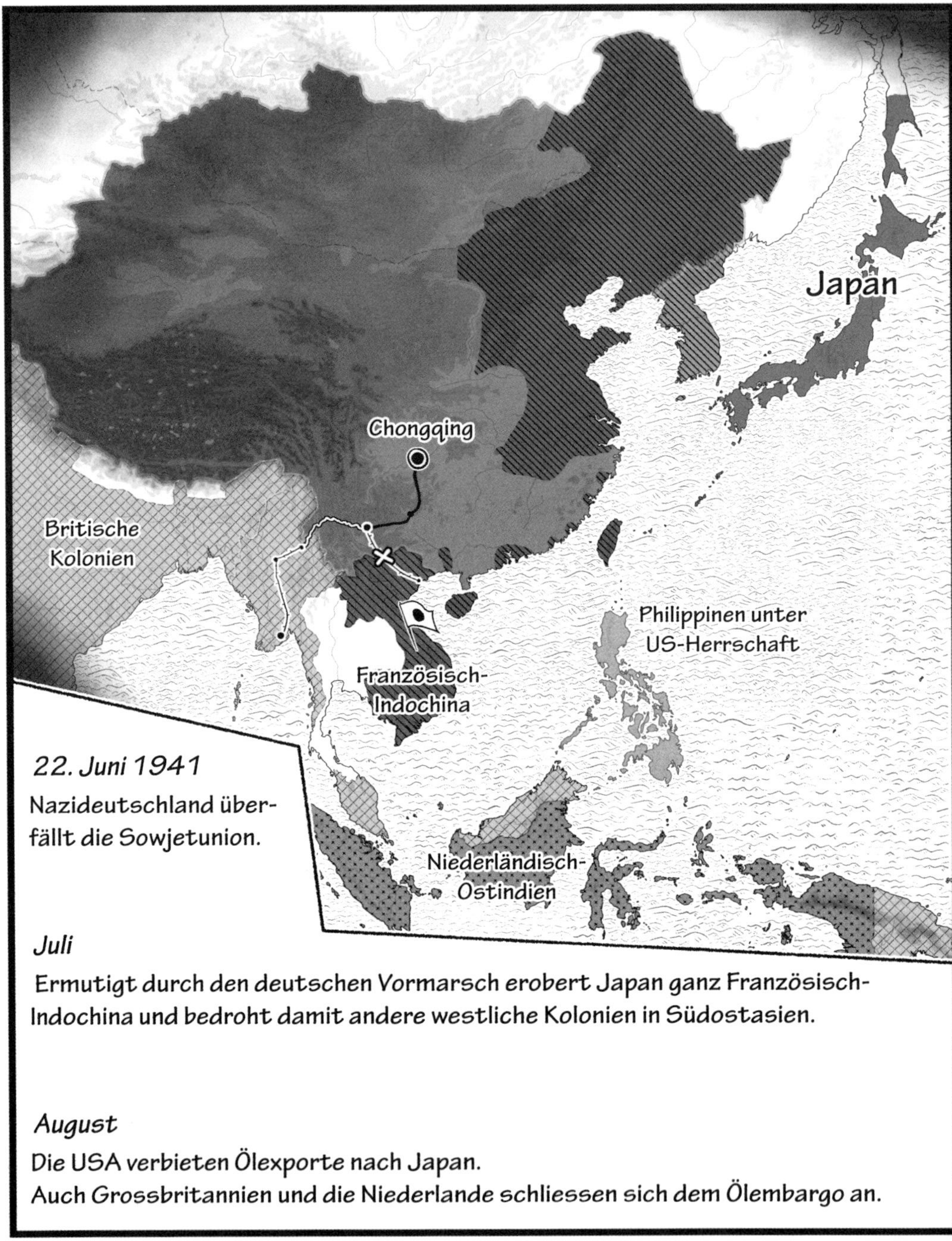


*22. Juni 1941*

Nazideutschland überfällt die Sowjetunion.

*Juli*

Ermutigt durch den deutschen Vormarsch erobert Japan ganz Französisch-Indochina und bedroht damit andere westliche Kolonien in Südostasien.

*August*

Die USA verbieten Ölexporte nach Japan.
Auch Grossbritannien und die Niederlande schliessen sich dem Ölembargo an.

Tokio, Oktober 1941
Aufgrund des Japanisch-Chinesischen Krieges wird Japan immer abhängiger vom Import von Öl und anderen Gütern aus den USA.
Die Marine verbraucht im Kriegseinsatz 400 Tonnen Öl pro Stunde. Bei diesem Tempo werden die Ölvorräte der Marine nur noch für sechs Monate reichen. Auch die landesweiten Ölvorräte Japans reichen nur noch für zwei Jahre. Japan wird in zwei Jahren das Öl ausgehen.
Wir müssen jetzt handeln, bevor es zu spät ist. Südostasien verfügt über die von uns benötigten Ressourcen, insbesondere die Ölfelder in Niederländisch-Ostindien sind von Bedeutung.
Um Südostasien erobern zu können, müssen wir zuerst die US-amerikanische Pazifikflotte zerstören.
Admiral Nagano Osami
(1880 – 1947),
Generalstabschef der japanischen Marine

Sie sprechen so leichtfertig vom Krieg.
Sobald sich Japan im Krieg mit den USA befindet, reicht es nicht mehr aus, Guam und die Philippinen oder gar Hawaii und San Francisco zu besetzen. Um den Sieg sicherzustellen, werden wir in Washington einmarschieren und dem Weissen Haus unsere Friedensbedingungen diktieren müssen.
Ich bin mir nicht sicher, ob wir denn wirklich ausreichend Zuversicht gegenüber dem Ausgang dieser Unternehmung aufbringen können und ob wir auf die Opfer, die wir werden erbringen müssen, wirklich genügend vorbereitet sind.
Isoroku Yamamoto, Admiral der japanischen Marine
Die US-amerikanische Pazifikflotte ist von San Diego nach Pearl Harbor verlegt worden.

7. Dezember 1941
Pearl Harbor

Einige Stunden nach dem Überraschungsangriff auf Pearl Harbor startete die japanische Marine im Verbund mit Bodentruppen einen Angriff auf die auf den Philippinen stationierten US-Streitkräfte.

Innerhalb von fünf Monaten eroberte Japan die Philippinen, Thailand, Niederländisch-Ostindien und mehrere britische Kolonien, darunter Singapur und Hongkong.

Neben der Beschlagnahmung von Erdöl und anderen Ressourcen, die Japan nicht mehr länger von den USA importieren konnte, sollte Japan die letzte Landverbindung nach China, die als Nachschublinie für Lieferungen des US-amerikanischen Leih- und Pachtprogrammes diente, kappen.

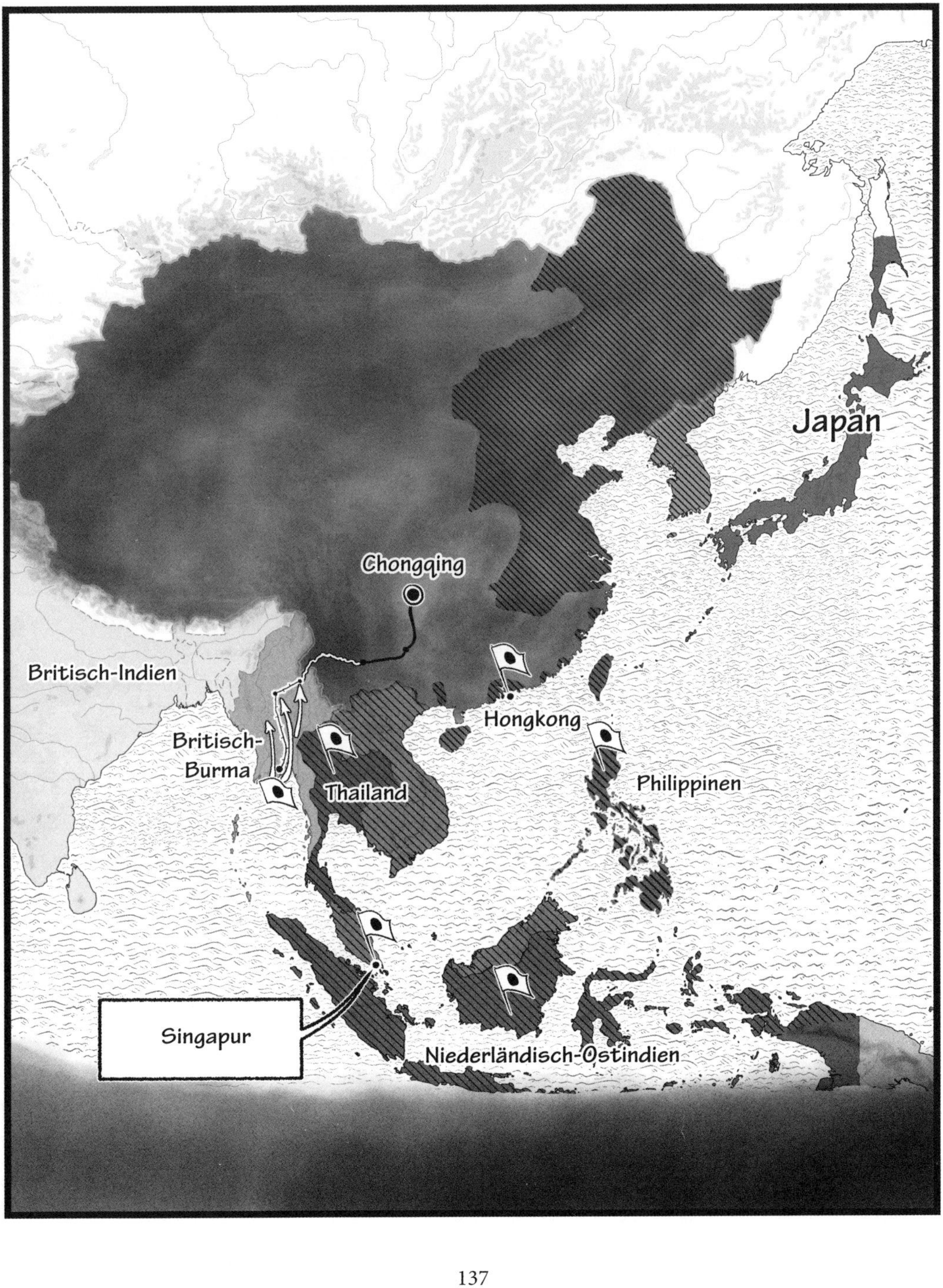
Japan
Chongqing
Britisch-Indien
Hongkong
Britisch-
Burma
Thailand
Philippinen
Singapur
Niederländisch-Ostindien

China hält Truppen aus 1,3 Millionen japanischen Soldaten in Schach. Das sind etwa 67% der gesamten japanischen Streitkräfte. Wenn China fällt, werden sich diese Feinde umwenden und uns im Asien-Pazifik-Raum bekämpfen.
Präsident Franklin D. Roosevelt (FDR)
George C. Marshall (1880 – 1959), Generalstabschef des Heeres der US-Armee
Um den chinesischen Widerstandskampf zu unterstützen, entsende ich General Stilwell nach China, damit er als Generalstabschef unter Chiang Kai-shek dienen soll.
Stilwell ist ein Absolvent der Militärakademie von West Point und ehemaliger Militärattaché der US-Botschaft in China, zudem kann er Chinesisch sprechen.

Rangun ist vor zwei Tagen gefallen.
Wir müssen sofort eine Gegenoffensive starten!
Chongqing
Britisch-
Burma
Rangun
Joseph Stilwell
(1883 - 1946)
Chiang Kai-shek
Japan kontrolliert den Luftraum und sämtliche Seewege. Jetzt Rangun zurückzuerobern ist zu riskant. Wir sollten in die Defensive gehen.
Um die Briten zu unterstützen, die japanische Offensive aufzuhalten, habe ich bereits 80'000 Soldaten der Nationalrevolutionären Armee entsandt.

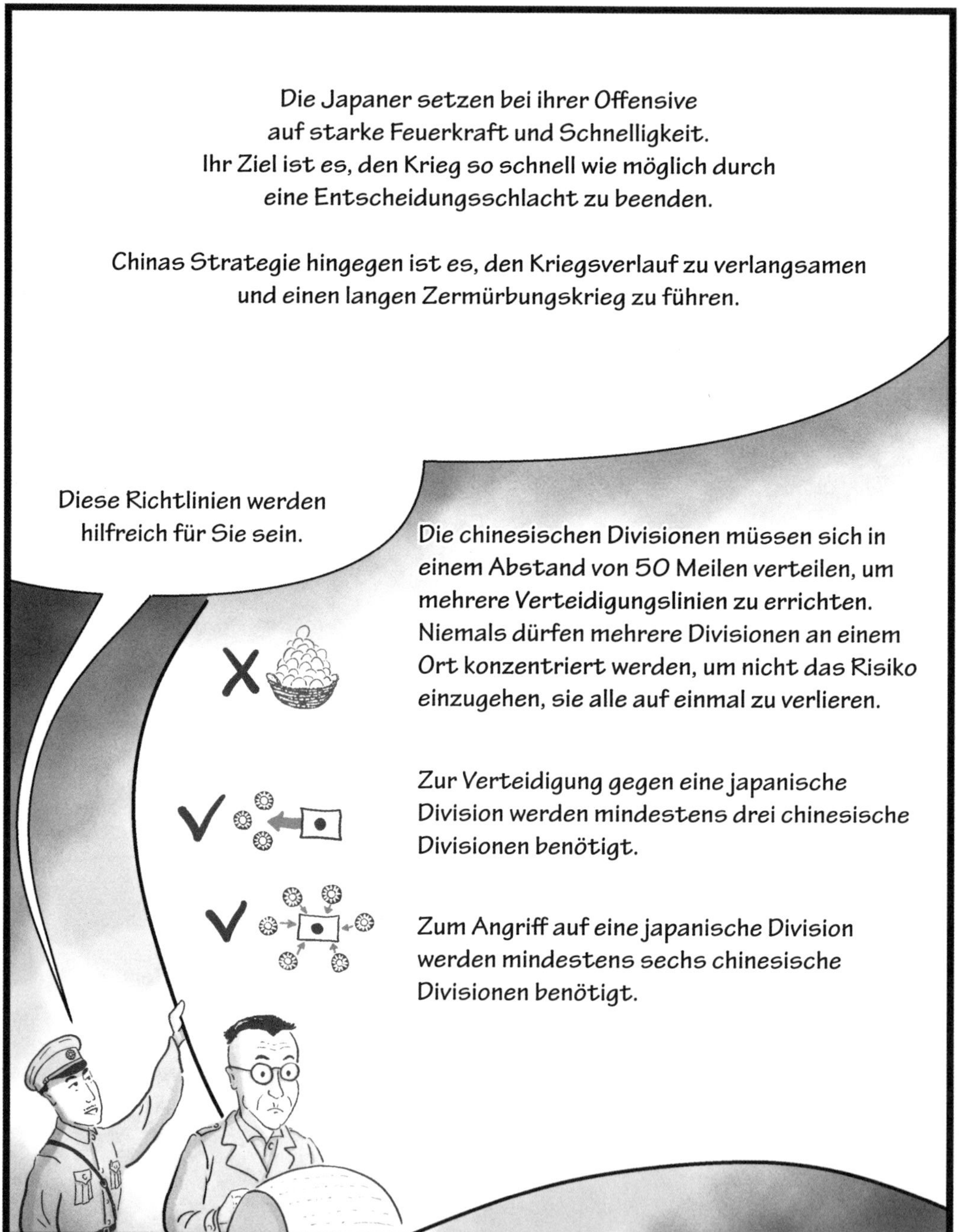
Die Japaner setzen bei ihrer Offensive auf starke Feuerkraft und Schnelligkeit. Ihr Ziel ist es, den Krieg so schnell wie möglich durch eine Entscheidungsschlacht zu beenden.
Chinas Strategie hingegen ist es, den Kriegsverlauf zu verlangsamen und einen langen Zermürbungskrieg zu führen.
Diese Richtlinien werden hilfreich für Sie sein.
Die chinesischen Divisionen müssen sich in einem Abstand von 50 Meilen verteilen, um mehrere Verteidigungslinien zu errichten. Niemals dürfen mehrere Divisionen an einem Ort konzentriert werden, um nicht das Risiko einzugehen, sie alle auf einmal zu verlieren.
Zur Verteidigung gegen eine japanische Division werden mindestens drei chinesische Divisionen benötigt.
Zum Angriff auf eine japanische Division werden mindestens sechs chinesische Divisionen benötigt.

Burma, 22. März 1942
Jetzt sind Sie der neue Befehlshaber des Burma-Feldzuges. Behandeln Sie ihre Soldaten gut, und Ihre Soldaten werden sich Ihnen gegenüber ebenfalls gut verhalten. In Burma gibt es viele Wassermelonen und Kiefern. Man teile jeweils vier Männern eine Wassermelone zu. Stellt aus dem Kieferholz Särge für die im Kampf Gefallenen her, mit denen ihr sie in ihre Heimat zurücktransportiert.
Startet die Gegenoffensive!
Am 25. April traten die alliierten Streitkräfte den allgemeinen Rückzug an, nachdem sie auf breiter Front geschlagen wurden.

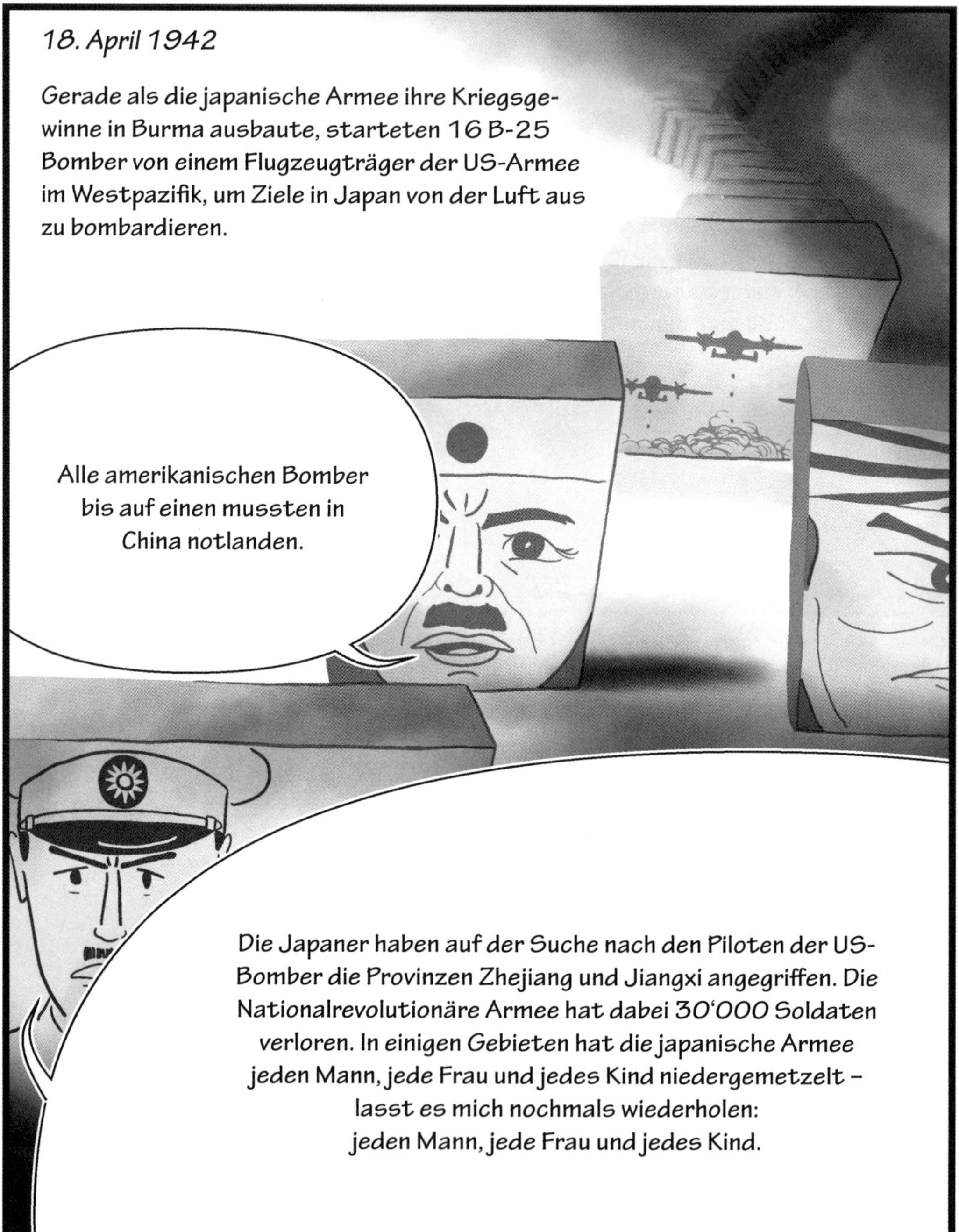
18. April 1942
Gerade als die japanische Armee ihre Kriegsgewinne in Burma ausbaute, starteten 16 B-25 Bomber von einem Flugzeugträger der US-Armee im Westpazifik, um Ziele in Japan von der Luft aus zu bombardieren.
Alle amerikanischen Bomber bis auf einen mussten in China notlanden.
Die Japaner haben auf der Suche nach den Piloten der US-Bomber die Provinzen Zhejiang und Jiangxi angegriffen. Die Nationalrevolutionäre Armee hat dabei 30'000 Soldaten verloren. In einigen Gebieten hat die japanische Armee jeden Mann, jede Frau und jedes Kind niedergemetzelt – lasst es mich nochmals wiederholen: jeden Mann, jede Frau und jedes Kind.

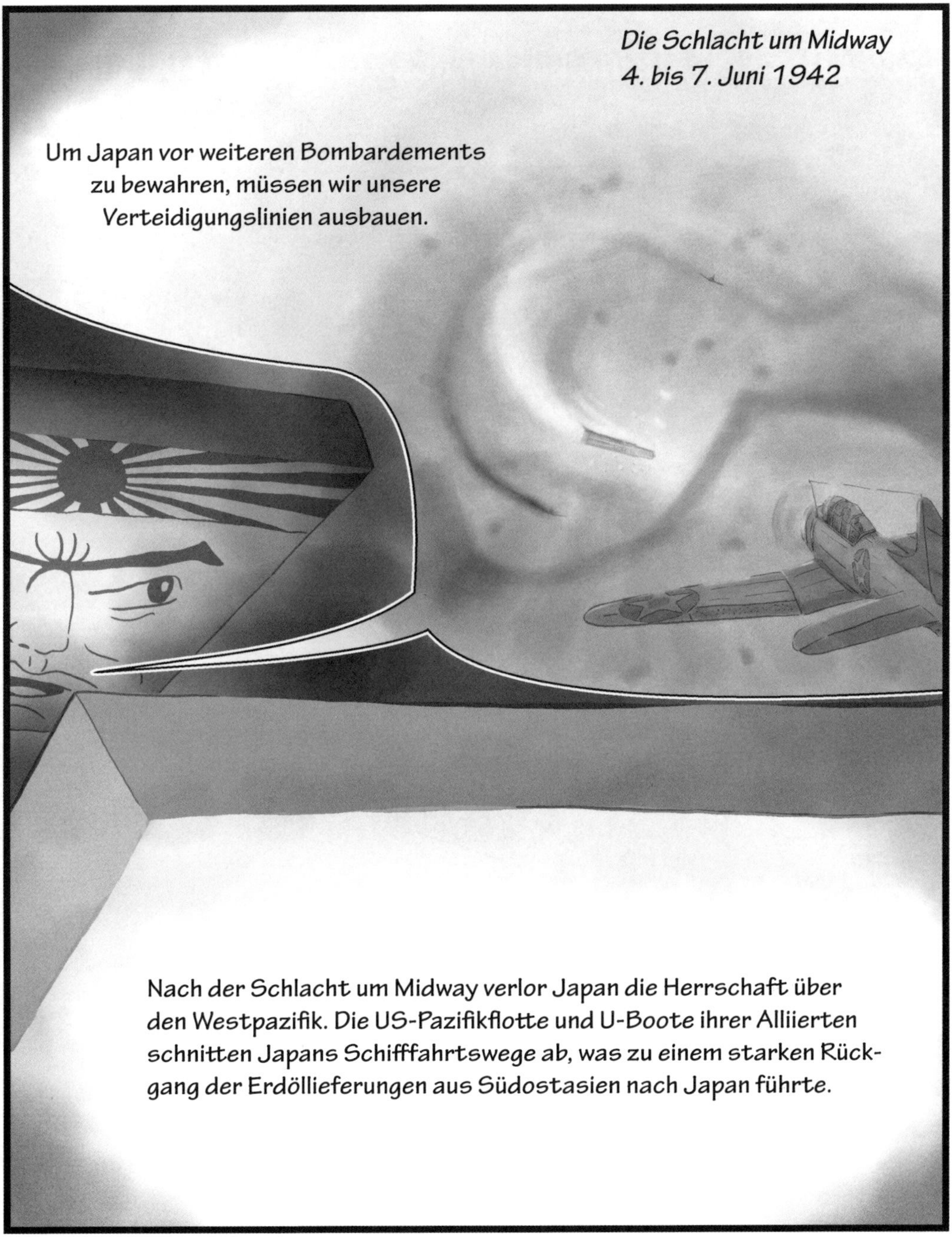
Die Schlacht um Midway
4. bis 7. Juni 1942
Um Japan vor weiteren Bombardements zu bewahren, müssen wir unsere Verteidigungslinien ausbauen.
Nach der Schlacht um Midway verlor Japan die Herrschaft über den Westpazifik. Die US-Pazifikflotte und U-Boote ihrer Alliierten schnitten Japans Schifffahrtswege ab, was zu einem starken Rückgang der Erdöllieferungen aus Südostasien nach Japan führte.

# „Der Buckel“ – Eine Luftbrücke über den Himalaya

Nach dem Verlust der beiden Nachschublinien über Land blieb als einzige Möglichkeit für Unterstützungslieferungen an China die Air Transport Command (ATC), die „Kommandostelle für den Lufttransport“, eine Einheit der US-Luftwaffe, die von Stilwell geleitet wurde.

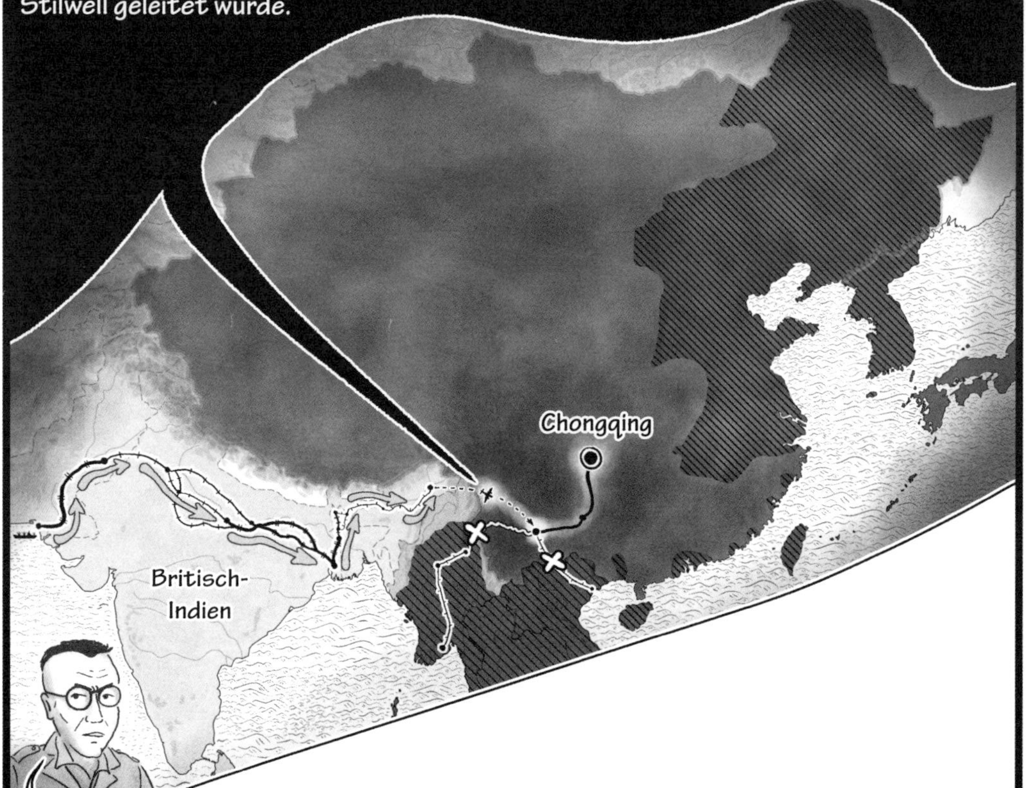


Die Lieferungen werden von den USA aus abgesendet und legen auf dem Seeweg 12‘000 Meilen zurück, bis sie die Häfen an der Westkünste Indiens erreichen. Dann werden sie nochmals 1500 Meilen mit der Eisenbahn nach Ostindien weitertransportiert. Anschliessend müssen sie nochmal auf eine Schmalspurbahn umgeladen werden, um die Flugplätze zu erreichen.

Die „Buckel"-Etappe der Flugstrecke führt über das 4600 Meter über dem Meeresspiegel gelegene Himalaya-Gebirge. Flugzeuge müssen in einer Höhe von 6100 Metern fliegen, wo sie von plötzlich auftretenden Turbulenzen in Stücke gerissen werden können.

Wir haben mit 57 Frachtflugzeugen begonnen. Die Transportkapazität pro Flugzeug beträgt 4 bis 5 Tonnen. Weil es uns an Besatzungsmitgliedern für die Flugzeuge mangelt, die Ausstattung knapp ist, die Flugzeuge schlecht gewartet werden, wir über zu wenige Flugplätze verfügen und das Wetter tückisch ist, kann jedes Flugzeug nur zweimal im Monat einen Hin- und Rückflug durchführen.

Aufgrund dieser Verhältnisse beträgt unsere anfängliche Luftfrachtkapazität nicht mehr als 500 Tonnen pro Monat.
Zum Vergleich: Über die Burmastrasse konnten vor ihrer Unterbrechung früher 20'000 Tonnen pro Monat befördert werden.

Etwa 90 % der Tonnage der „Buckel"-Strecke wird an die von General Claire Lee Chennault* kommandierte Luftwaffeneinheit verteilt.
Der Rest geht an die „chinesischen Expeditionsstreitkräfte" (Chinese Expeditionary Force)**.
So gut wie keine Waffen aus dem Leih- und Pachtprogramm gelangen an die regulären chinesischen Truppen der Nationalrevolutionären Armee.

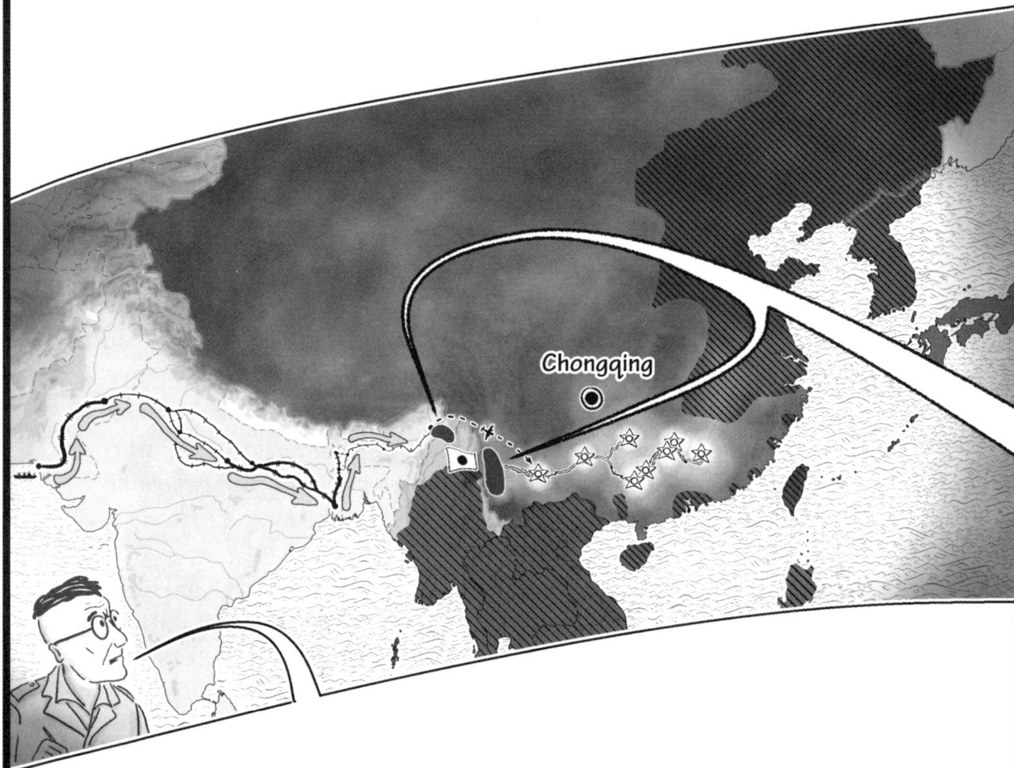


Für jede Gallone an Fracht, die per Lufttransport eingeflogen wird, muss das ATC ein Gallone an Treibstoff aufwenden.
Es müssen jeweils 18 Tonnen an Nachschubmaterial geliefert werden, damit die Luftwaffe in der Lage ist, auch nur eine Gallone an Bomben auf die japanischen Streitkräfte abzuwerfen.

* Chiang Kai-shek ernannte Claire Lee Chennault (1893 – 1958) zum Chefberater der Luftwaffe, um die American Volunteer Group (AVG), eine US-amerikanische Freiwilligengruppe der chinesischen Luftwaffe, aufzustellen, die auch als die Flying Tigers bekannt wurde. Im Juli 1942 wurde die AVG in die Luftwaffe der US-Armee (U. S. Army Air Force / USAAF) eingegliedert.

Stützpunkte der US-Luftwaffe (United States Airforce / USAF) in China

** Die „chinesischen Expeditionsstreitkräfte" (Chinese Expeditionary Force), auch Y-Streitkräfte genannt, hatten in Yunnan 20 Divisionen stationiert.

Die „Chinesische Armee in Indien" (Chinese Army in India / CAI), auch X-Streitkräfte genannt, verfügte über 5 Divisionen, die sich von Burma nach Indien zurückgezogen hatten. Die X-Streitkräfte hatten Zugang zu den in Indien eintreffenden Gütern und Materialien aus dem Leih- und Pachtprogramm.

Die Hauptaufgabe der X- und Y-Streitkräfte bestand in der Rückeroberung Burmas.

Die miserable Lage der Nationalrevolutionären Armee
Die Nationalrevolutionäre Armee benötigt dringend mehr Soldaten, um ihre riesigen Verluste auszugleichen. Unser Nachschub an Soldaten kommt hauptsächlich vom Lande.
Chiang Kai-shek
Geleitet von einem Gemeindevorsteher gehen die Rekrutierungsteams von Haus zu Haus, durchkämmen jeden Haushalt und ziehen aus jeder Familie ein männliches Familienmitglied ein.
Die Reichen können sich durch Geldzahlungen vom Wehrdienst freikaufen.

Wir haben nicht genug Männer zusammen-bekommen.
Einige sind geflohen.
Die hier sind zu krank, um zu laufen.
Macht nichts. Je weniger Leute wir jetzt haben, desto weniger muss ich unterwegs für ihre Verpflegung bezahlen.

Wenn wir uns unserem Truppenstützpunkt nähern, werden wir immer noch genügend Bauern einfangen können, um die Quote zu erfüllen.

Die Blockade durch die japanische Armee hat dazu geführt, dass die Nationalrevolutionäre Armee unter einer extremen Güterknappheit leidet.
Die tägliche Kost eines Soldaten besteht aus 700 Gramm Reis mit ein wenig eingelegtem Gemüse, Salz oder Chili.
Die Soldaten nehmen ihre zwei täglichen Mahlzeiten jeweils in einer Gruppe aus einem gemeinsamen Topf ein.
Die Mahlzeit dauert rund drei Minuten.
Die Stärkeren nehmen sich das meiste, während die Schwächeren weniger zu essen bekommen.
Fast die Hälfte der Soldaten ist unterernährt, und auf einige tausend Soldaten kommt nur ein Arzt.
Die Verluste in einem Jahr aufgrund von Unterernährung und Krankheiten machen manchmal mehr als 40% der Soldaten einer Division aus.

Uniformen sind Mangelware. Manche Soldaten tragen drei Jahre lang dieselbe Kleidung.
Die Armee kann keine Schuhe und Socken zur Verfügung stellen. Den Soldaten bleibt nichts anderes übrig, als ihre eigenen Strohsandalen zu flechten.
Fünf Männer teilen sich eine Decke.
In unserem Zug haben die Soldaten keine Zahnbürsten, keine Seife, keine Handtücher und kein Toilettenpapier.
Der ganze Zug teilt sich ein einziges rauhes Tuch für die Gesichtswäsche. Wenn eine Person eine Augeninfektion hat, stecken sich fast alle an.

Ein Divisionskommandeur ist finanziell für alle Ausgaben seiner Truppen verantwortlich. Sein Budget ist immer knapp und Kosten wie die Reparatur der militärischen Ausrüstung, der Ersatz und die Wäsche der Kleidung oder medizinische Notfälle in den Familien seiner Untergebenen sind darin nicht enthalten.

Die meisten Divisionskommandeure lösen das Problem, indem sie nach oben überhöhte Soldatenzahlen melden.

Eine Division sollte eigentlich aus 10‘000 Soldaten bestehen. Der Kommandeur erhält von der Regierung den Sold für 10‘000 Soldaten, aber tatsächlich verfügt seine Division nur über 5000 Soldaten.

Auf dem Papier verfügen wir über 300 Divisionen mit 3 Millionen Soldaten. In der Realität besitzen die meisten Divisionen aber nur die Hälfte der gemeldeten Truppenstärke.
Ich erlaube der Armee, Kooperativen zu gründen, um den Versorgungsmangel zu beheben und damit das Leben der Offiziere und Soldaten zu verbessern. Aber viele Offiziere nehmen die Kooperativen als Vorwand, um sich als Unternehmer zu betätigen. Sie machen diese Geschäfte zu ihrer Haupttätigkeit. Einige treiben sogar Handel mit den Japanern!
Auch einige Soldaten haben damit begonnen, ihr eigenes Süppchen zu kochen.
Ich bin ein Gefreiter ersten Ranges und mein Sold beträgt 174 Yuan im Jahr. Die Hälfte meines Soldes geht für Lebensmittelrationen drauf. Lokale Räuberbanden haben mir 7000 Yuan dafür geboten, wenn ich das leichte Maschinengewehr meines Zuges stehle und es an sie unter der Hand verkaufe. Das sind 40 Jahre meines Soldes!

# Gipfeltreffen der Alliierten

Ende 1943 hielten die Alliierten zwei Konferenzen zur Koordinierung ihrer Kriegsplanung ab.

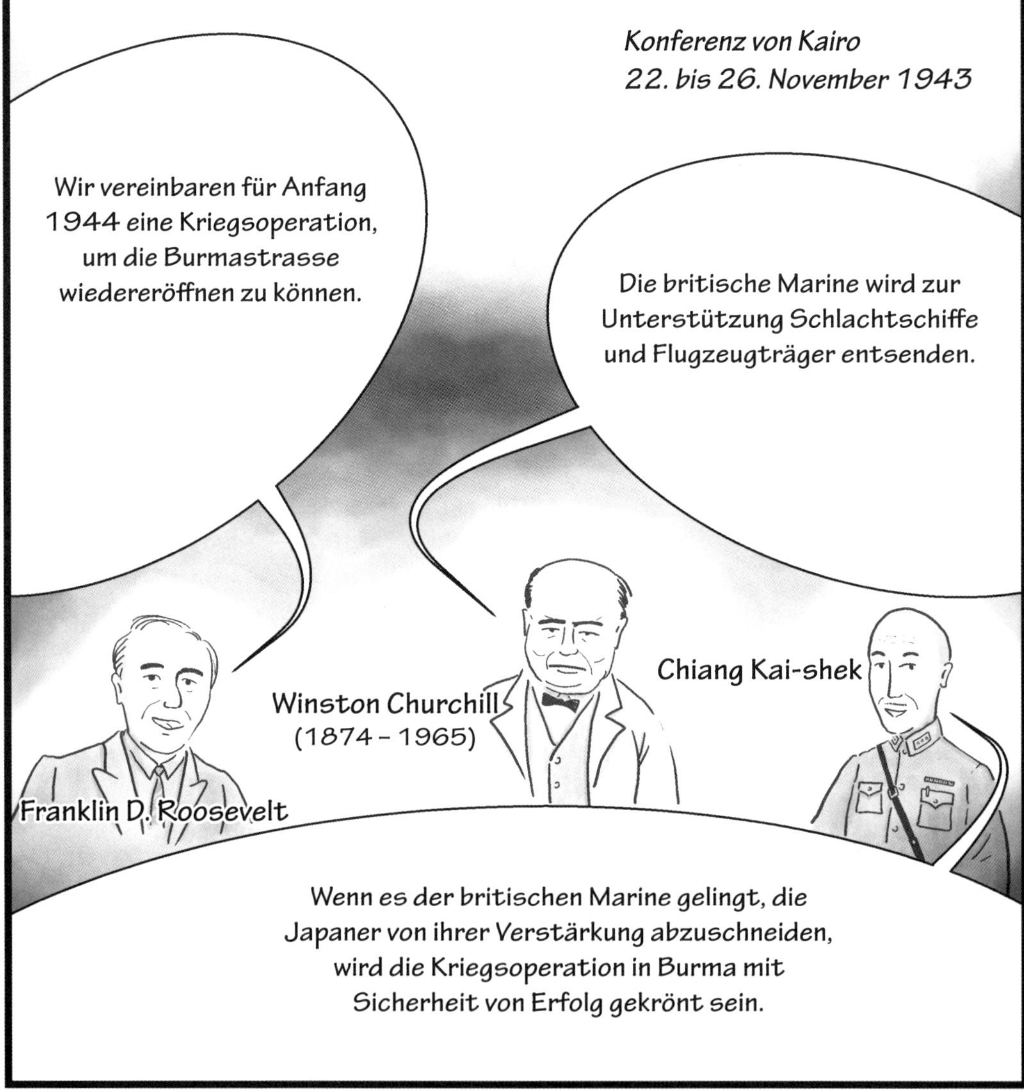

Konferenz von Teheran
28. November bis 1. Dezember 1943
Die westlichen Alliierten werden 1944 eine Invasion in Nordfrankreich starten, um eine zweite Kriegsfront gegen Deutschland in Europa zu eröffnen.
Als Gegenleistung wird die Sowjetunion innerhalb von sechs Monaten nach der Niederlage Deutschlands Japan den Krieg erklären.
Stalin
Franklin D. Roosevelt
Churchill
Jetzt, da Russland zugesichert hat, in den Krieg gegen Japan einzutreten, ist China nicht mehr wichtig.
Richten Sie Chiang Kai-shek aus, dass angesichts der bevorstehenden Invasion Frankreichs Grossbritannien keine britischen Schiffe für die Kriegsoperation in Burma entbehren kann.

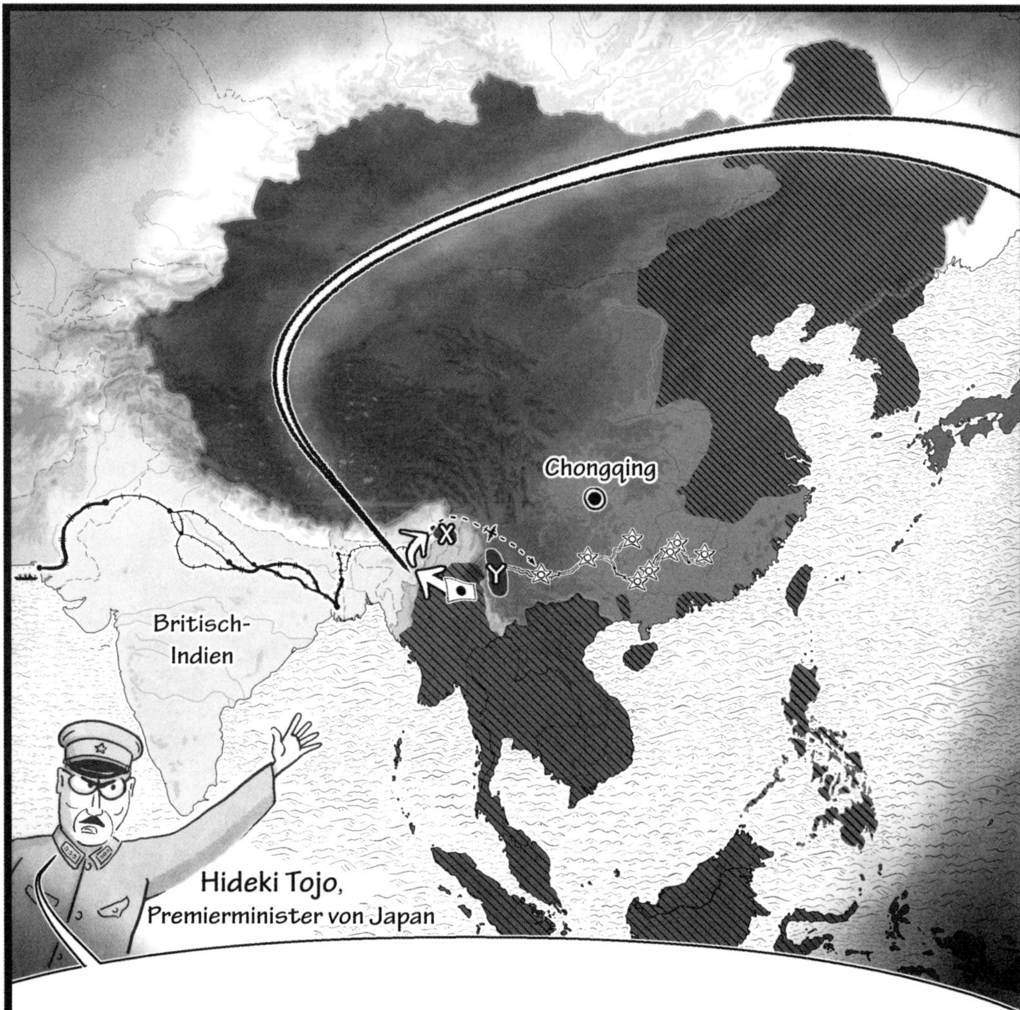


Die Streitkräfte der Alliierten versuchen, die Kontrolle über die Burmastrasse wiederzuerlangen. Wir müssen dem Feind zuvorkommen! Starten wir einen Überraschungsangriff auf die Nachschubbasen der Alliierten in Indien und kappen wir die Luftbrücke über die „Buckel"-Route nach China!

Operation U-Go (Operation C)
15. März bis 9. Juli 1944
Drei Divisionen der japanischen Armee aus etwa 80'000 Soldaten, die Proviant für acht Wochen mit sich führten, fielen in Indien ein.
Die X-Streitkräfte sind in Kriegsoperationen gegen den Feind verwickelt. Wir brauchen jetzt zur Verstärkung die Y-Streitkräfte!
Stilwell
Grossbritannien hat uns Unterstützung durch ihre Marine versprochen, ist dann aber wortbrüchig geworden. Diese Situation ist unvorteilhaft für unsere Seite. Ich kann das Risiko nicht eingehen, die Y-Truppen in die Schlacht zu werfen.

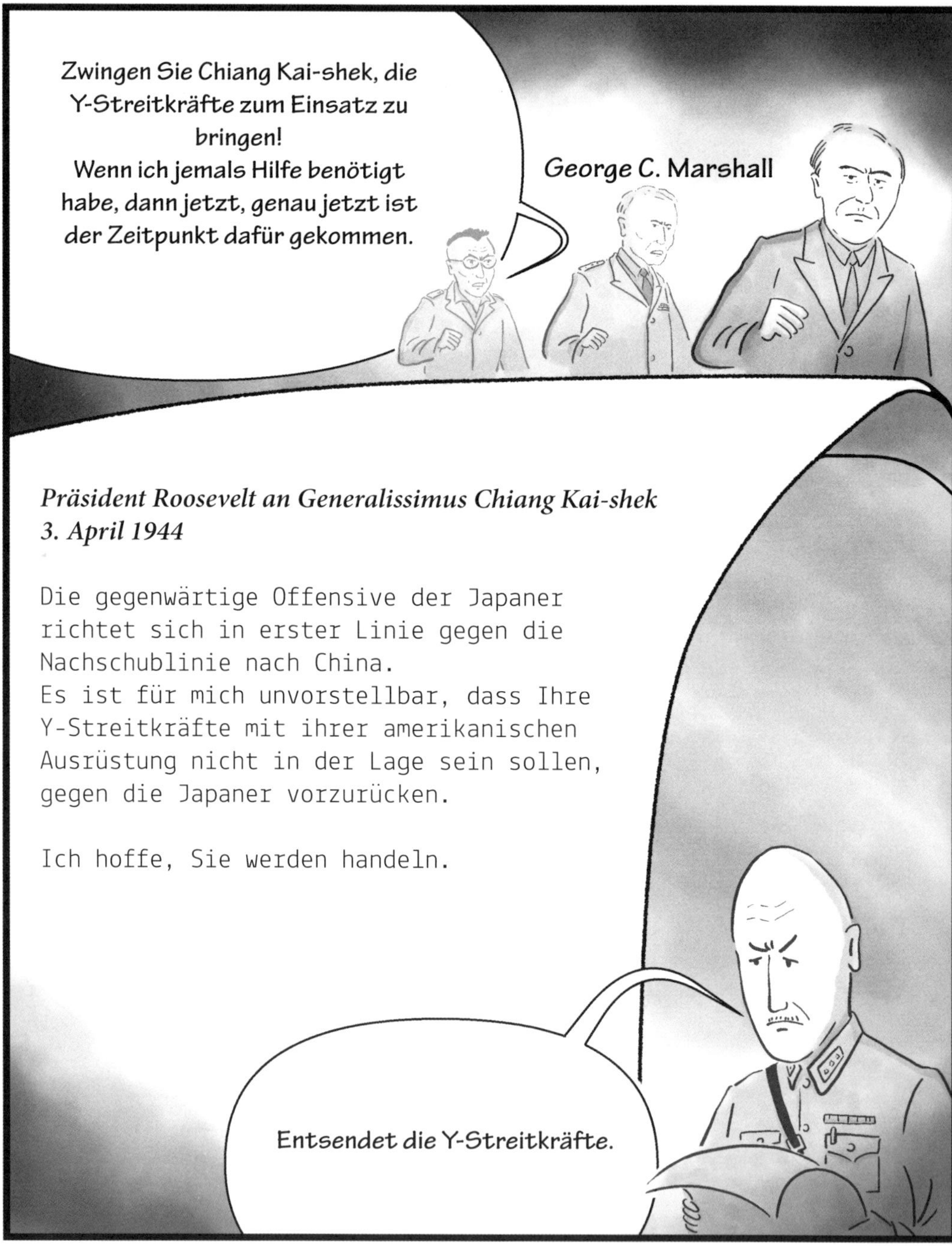
Zwingen Sie Chiang Kai-shek, die Y-Streitkräfte zum Einsatz zu bringen!
Wenn ich jemals Hilfe benötigt habe, dann jetzt, genau jetzt ist der Zeitpunkt dafür gekommen.
George C. Marshall
Präsident Roosevelt an Generalissimus Chiang Kai-shek
3. April 1944
Die gegenwärtige Offensive der Japaner richtet sich in erster Linie gegen die Nachschublinie nach China.
Es ist für mich unvorstellbar, dass Ihre Y-Streitkräfte mit ihrer amerikanischen Ausrüstung nicht in der Lage sein sollen, gegen die Japaner vorzurücken.
Ich hoffe, Sie werden handeln.
Entsendet die Y-Streitkräfte.

Operation Ichi-Go (Operation Nr. 1)
17. April bis 10. Dezember 1944
X
Y
Während die Operation U-Go (Operation C) noch im Gange war, startete die japanische Armee mit 510'000 beteiligten Soldaten die Operation Ichi-Go (Operation Nr. 1).
Es handelte sich um die grösste Bodenoffensive in der japanischen Geschichte.

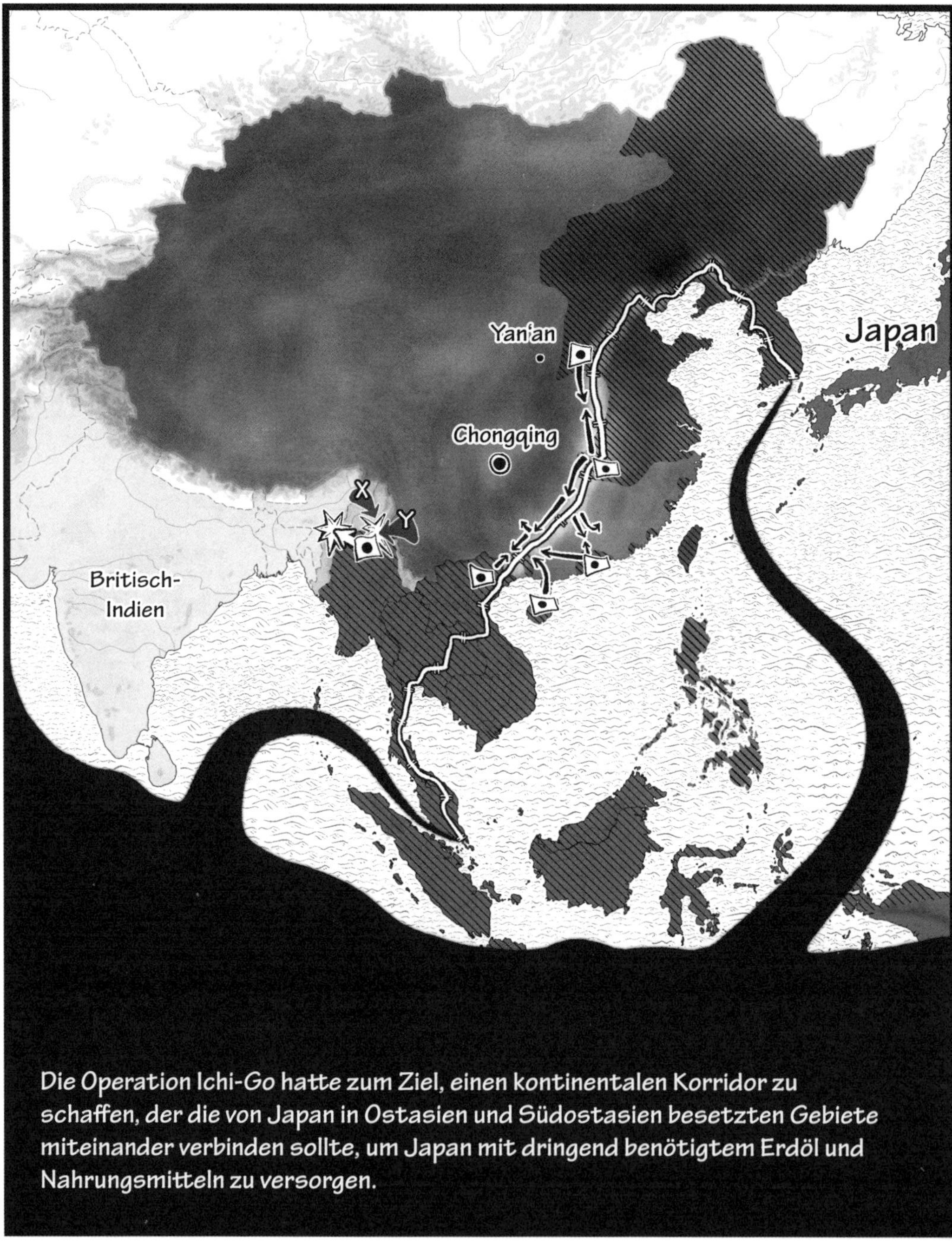


Die Operation Ichi-Go hatte zum Ziel, einen kontinentalen Korridor zu schaffen, der die von Japan in Ostasien und Südostasien besetzten Gebiete miteinander verbinden sollte, um Japan mit dringend benötigtem Erdöl und Nahrungsmitteln zu versorgen.

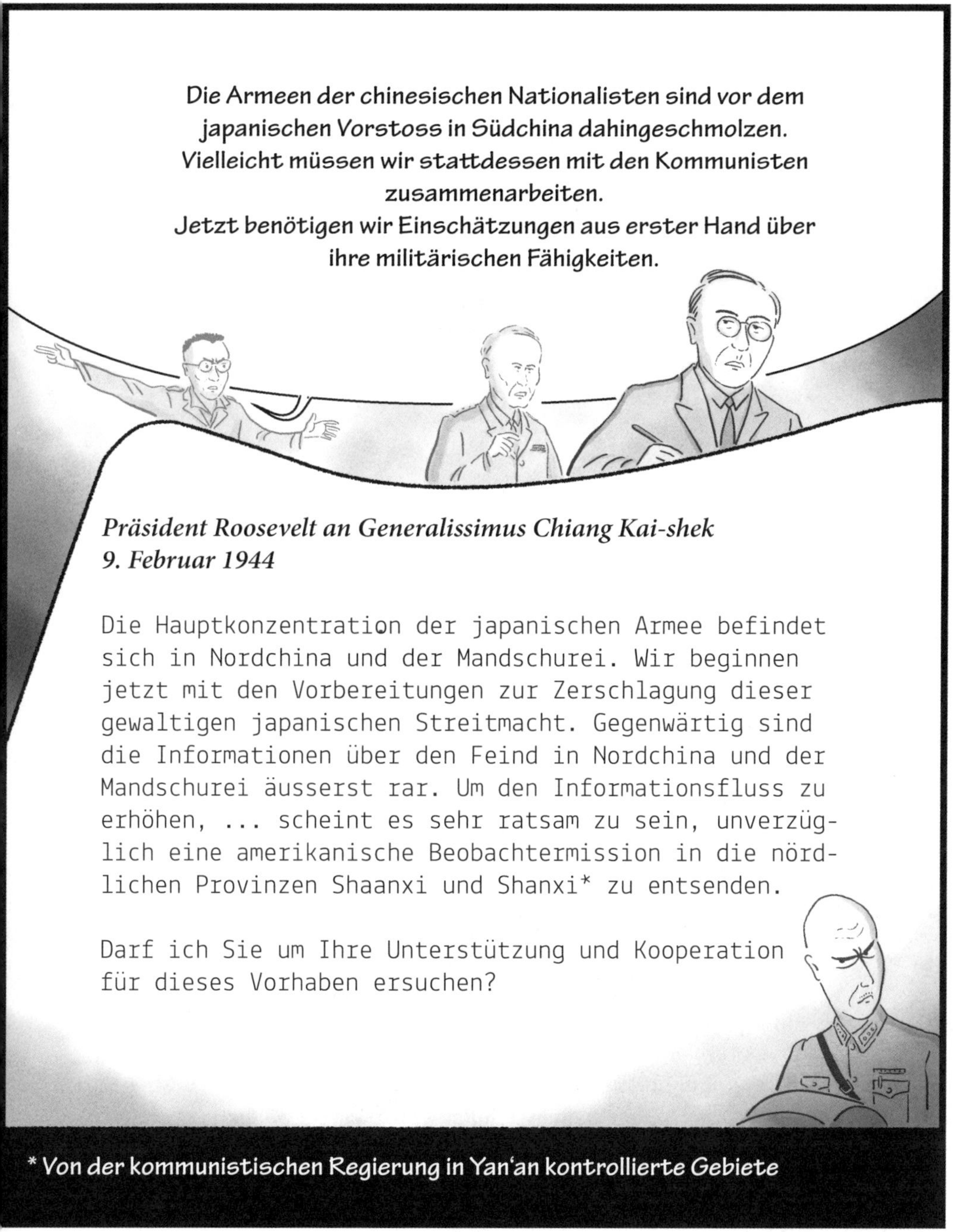
Die Armeen der chinesischen Nationalisten sind vor dem japanischen Vorstoss in Südchina dahingeschmolzen.
Vielleicht müssen wir stattdessen mit den Kommunisten zusammenarbeiten.
Jetzt benötigen wir Einschätzungen aus erster Hand über ihre militärischen Fähigkeiten.
Präsident Roosevelt an Generalissimus Chiang Kai-shek
9. Februar 1944
Die Hauptkonzentration der japanischen Armee befindet sich in Nordchina und der Mandschurei. Wir beginnen jetzt mit den Vorbereitungen zur Zerschlagung dieser gewaltigen japanischen Streitmacht. Gegenwärtig sind die Informationen über den Feind in Nordchina und der Mandschurei äusserst rar. Um den Informationsfluss zu erhöhen, ... scheint es sehr ratsam zu sein, unverzüglich eine amerikanische Beobachtermission in die nördlichen Provinzen Shaanxi und Shanxi* zu entsenden.
Darf ich Sie um Ihre Unterstützung und Kooperation für dieses Vorhaben ersuchen?
* Von der kommunistischen Regierung in Yan'an kontrollierte Gebiete

Am 23. Juni 1944 stimmte Chiang Kai-shek widerwillig der Entsendung einer Beobachtergruppe der US-Armee nach Yan'an zu.
Yan'an erinnert uns an den Süden der USA während des Amerikanischen Bürgerkrieges. Deshalb bezeichnen wir unsere Gruppe selber als die „Dixie-Mission".
John Service (1909 – 1999) war ein US-Diplomat, der als politischer Berater von Stilwell diente. Er wurde in China in eine Missionarsfamilie hineingeboren und sprach fliessend Chinesisch.
Ich brauche einen Sieg, um dem US-Präsidenten Roosevelt zu beweisen, dass die Nationalrevolutionäre Armee auch ohne die chinesischen Kommunisten den Kriegssieg davontragen kann. Durch einen meiner Schüler werde ich persönlich die Schlacht von Hengyang anleiten.

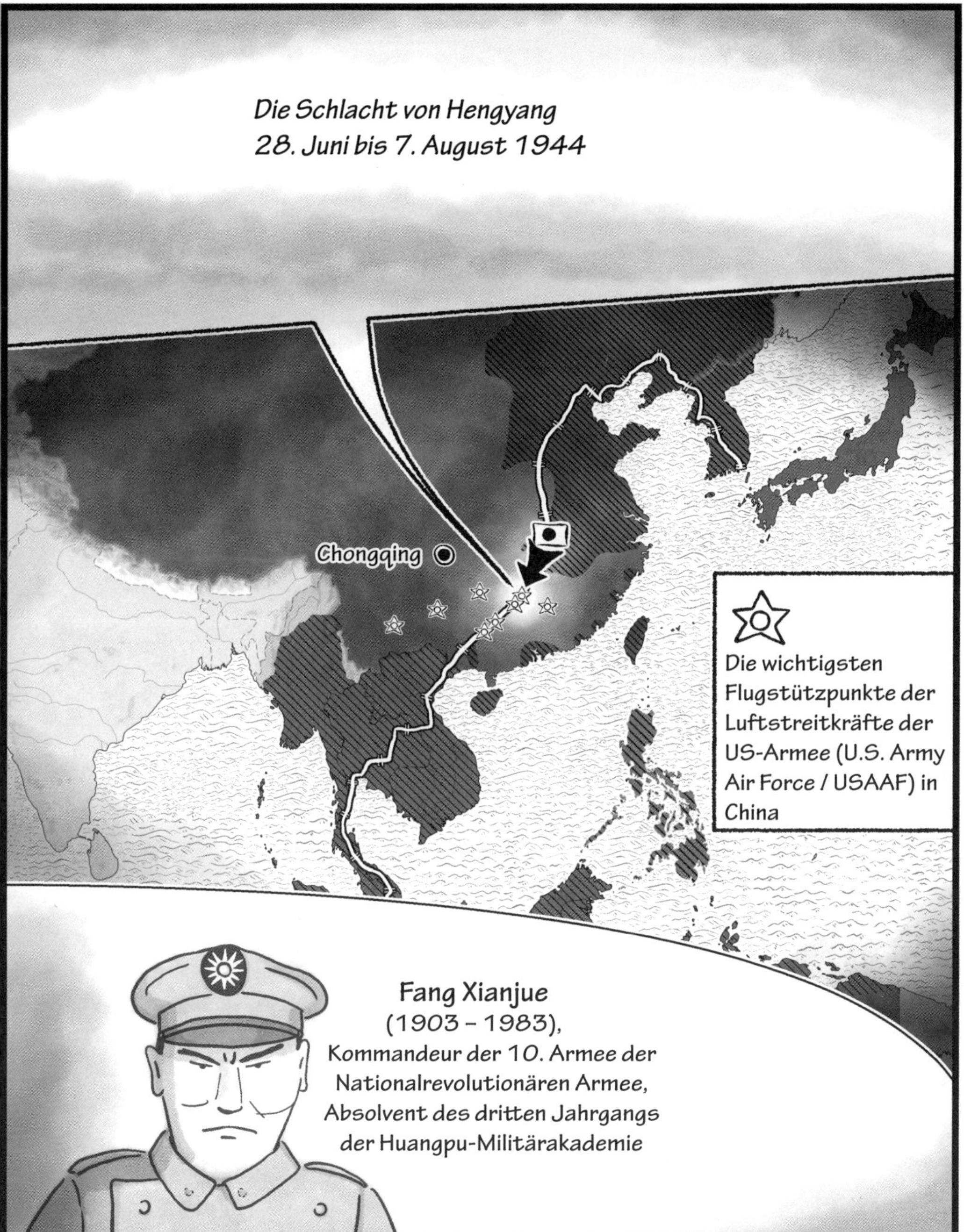
Die Schlacht von Hengyang
28. Juni bis 7. August 1944
Chongqing
Die wichtigsten Flugstützpunkte der Luftstreitkräfte der US-Armee (U.S. Army Air Force / USAAF) in China
Fang Xianjue
(1903 – 1983),
Kommandeur der 10. Armee der Nationalrevolutionären Armee,
Absolvent des dritten Jahrgangs der Huangpu-Militärakademie

28. Juni bis 2. Juli,
erster japanischer Angriff auf Hengyang

Truppenstärke der japanischen Armee:
80‘000 – 100‘000
Truppenstärke der NRA:
20‘000

Yan'an, Juli 1944
John Service
Mao Zedong
Der Kontrast zwischen den von den Kommunisten der KPCh und den chinesischen Nationalisten der KMT administrierten Regionen ist sehr augenfällig. Die Truppen der Kommunisten befinden sich nun in einer sehr guten körperlichen Verfassung. Fälle von Unterernährung sind fast vollständig verschwunden.

Uns plagen noch viele Probleme.
Wir verfügen nicht über genügend Munition.
Unsere Waffen sind veraltet, und die Kaliber und Modelle sind uneinheitlich.
Uns mangelt es an Erfahrung im Umgang mit neuartiger Ausrüstung.
Beispielsweise bleibt uns keine andere Wahl, als erbeutete Lastwagen zu zerstören, weil niemand von unseren Leuten weiss, wie man sie fährt.
Aber wir haben auch unsere Stärken.
Unsere kleinen Einheiten ziehen mit leichter Ausrüstung in die Schlacht und bewegen sich schnell. Sie sind gut an die Guerillakriegsführung angepasst.

*Präsident Roosevelt an Generalissimus Chiang Kai-shek*
*6. Juli 1944*

Die kritische Situation in China erfordert die Übertragung der Vollmacht zur Koordinierung aller militärischen Ressourcen in China, einschliesslich der kommunistischen Streitkräfte, an eine einzige Person.

Ich empfehle dringend, Stilwell als Ihnen direkt Unterstehender das Kommando über alle chinesischen und amerikanischen Streitkräfte zu übertragen.

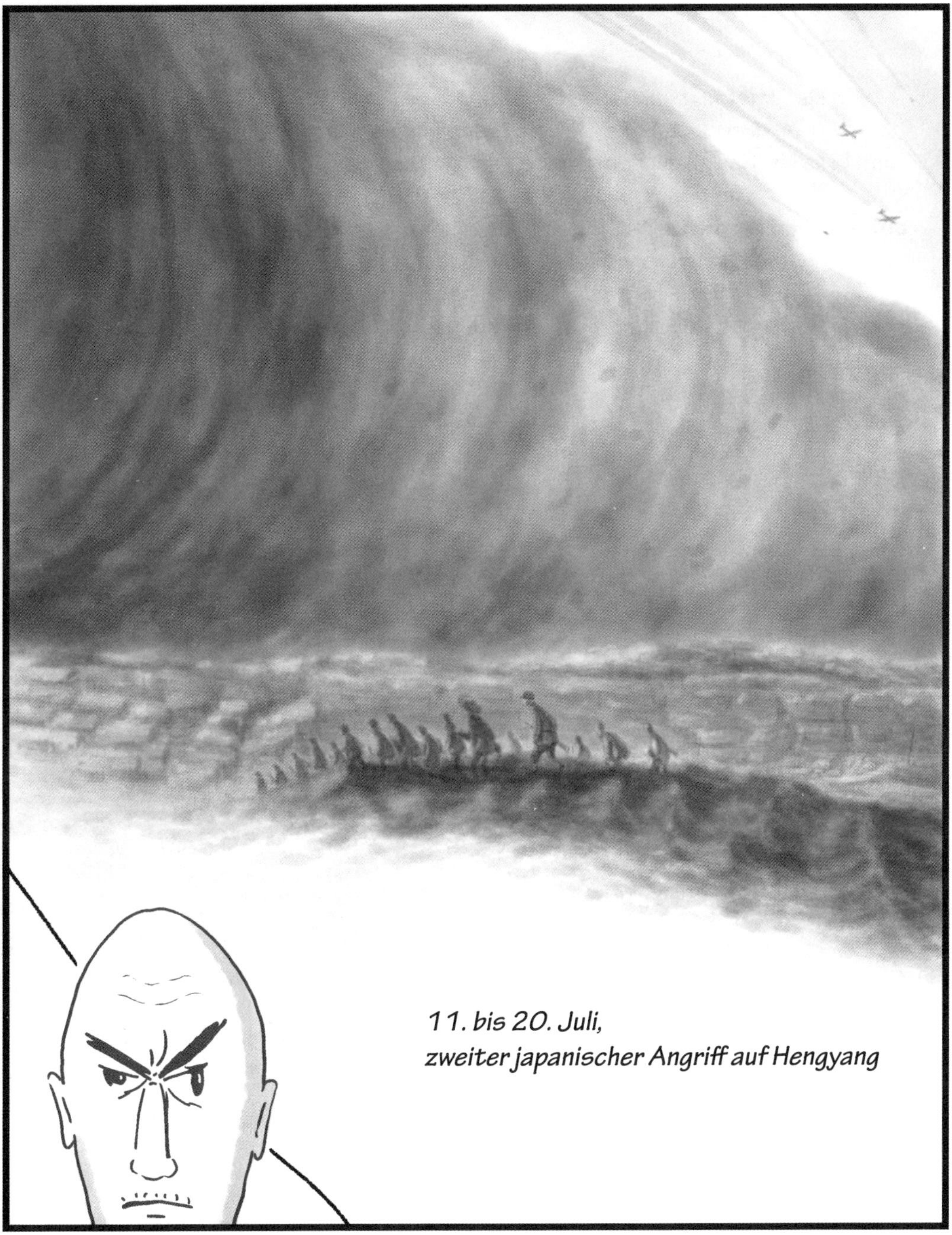
11. bis 20. Juli,
zweiter japanischer Angriff auf Hengyang

Mittels abgefangener Telegramme und Funksprüche der Nationalrevolutionären Armee ist es uns gelungen, sämtliche für Hengyang bestimmte Verstärkungstruppen von Hengyang abzuschneiden sowie ein ganzes Bataillon des Feindes, das versucht hat, aus der Belagerung auszubrechen, in einen Hinterhalt zu locken.
Wir sind imstande, jede Nacht 30 bis 40 Tonnen an Nachschubmaterial an die Front zu liefern.

* Chiang Kai-shek und andere Führungspersonen der KMT, die sich der Ernennung von Stilwell widersetzten.

Präsident Roosevelt an Generalissimus Chiang Kai-shek
15. Juli 1944
Ich fordere Sie erneut auf, alle Schritte zu unternehmen, um den Weg für die Übernahme des Kommandos durch General Stilwell zum frühestmöglichen Zeitpunkt zu ebnen.
Sollte unser gemeinsames Ziel, Japan zu bekämpfen, unglücklicherweise durch Ihre Entscheidungen abgewürgt werden, gäbe es für die Vereinigten Staaten und China nur begrenzte Möglichkeiten für eine weitere Zusammenarbeit.
Möge der Herr mir einen Sieg in der Schlacht von Hengyang schenken. Ich werde für ihn ein riesiges eisernes Kreuz auf dem Gipfel des Berges Heng errichten, um ihm für seine Güte zu danken.

„Wir begrüssen die Demokratie!"
Was die lange Tradition Chinas betrifft, so trennen wir die Spreu vom Weizen – wir behalten das Beste und entfernen das Schlechte. In gleicher Weise verfahren wir mit westlichem Gedankengut.
Die französische Philosophie des 18. Jahrhunderts
Darwinismus
Demokratie am Beispiel von Washington und Lincoln
Der Materialismus von Feuerbach
Marxismus aus Deutschland
Leninismus aus Russland
Mao Zedong
John Service

Wir streben eine rasche Industrialisierung an, um die wirtschaftliche Situation der Bevölkerung zu verbessern. Wir erkennen an, dass dies durch Kapitalismus und in grossem Umfang durch Hilfe durch das Ausland erreicht werden muss.
Wir glauben, dass es sich bei den Vereinigten Staaten von Amerika, und nicht etwa bei der Sowjetunion, um den einzige Staat handelt, der imstande ist, diese wirtschaftliche Hilfe zu gewähren.
Die Sowjetunion ist nicht in der Lage, China in derart grossem Umfang Hilfe zu leisten, da sie grosse Kriegsschäden erlitten hat und selbst mit dem eigenen Wiederaufbau beschäftigt sein wird.

Mit ihren gewaltigen Ressourcen sind die Vereinigten Staaten von Amerika logischerweise das Land, das am besten in der Lage ist, Hilfe zu leisten.
Die USA werden bei uns mehr Bereitschaft zur Zusammenarbeit vorfinden als bei den chinesischen Nationalisten der KMT. Wir fürchten den Einfluss der amerikanischen Demokratie nicht, sondern begrüssen ihn.
China und die Vereinigten Staaten von Amerika können und müssen zusammenarbeiten.*
* Das Gespräch basiert auf einem Bericht mit dem Titel „Interview mit Mao Tse-tung, 23. August 1944", das von John Service für das US-Aussenministerium (United States Department of State) verfasst wurde.

3. bis 7. August,
japanische Generaloffensive gegen Hengyang,
es ist der dritte und letzte japanische Angriff

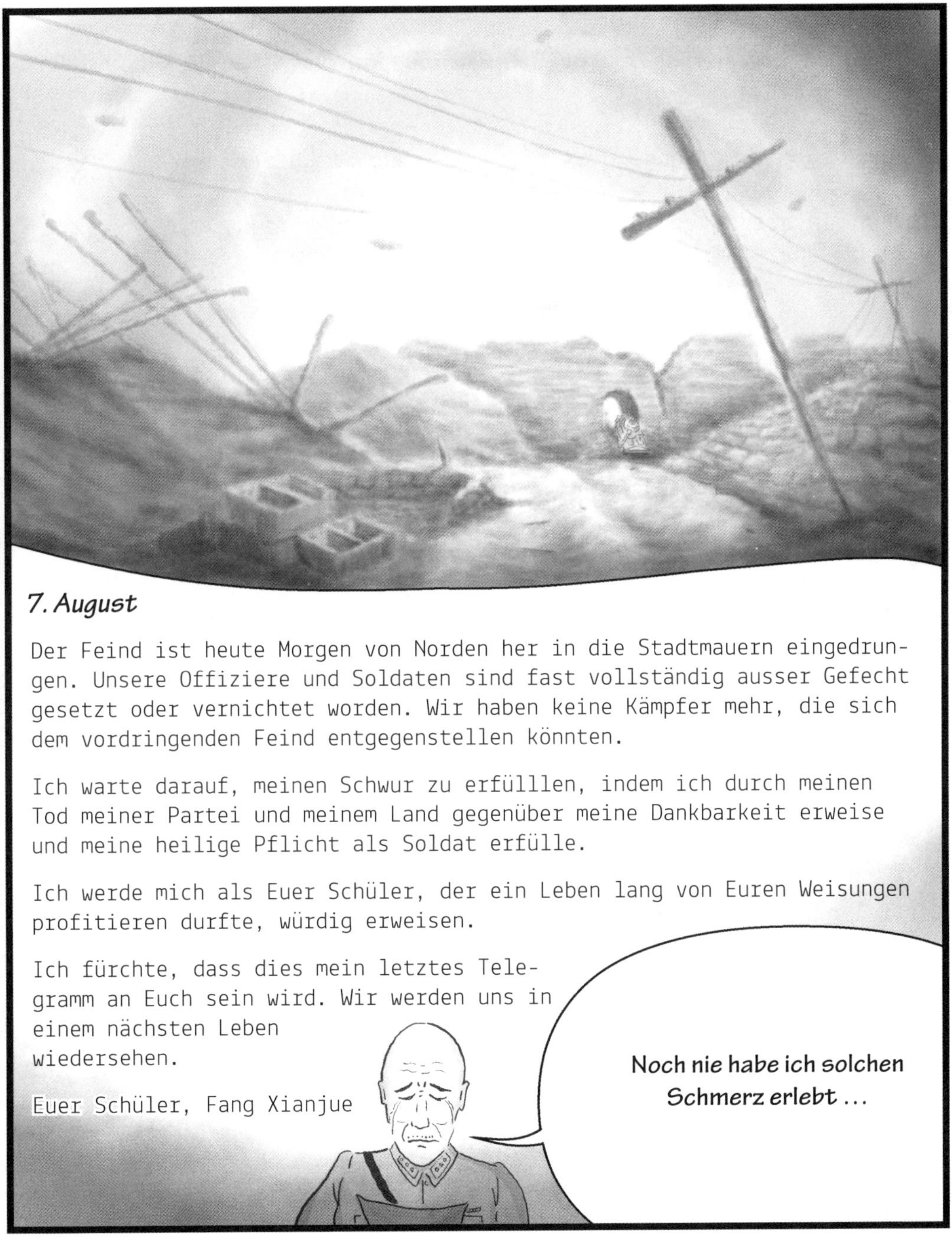
7. August
Der Feind ist heute Morgen von Norden her in die Stadtmauern eingedrungen. Unsere Offiziere und Soldaten sind fast vollständig ausser Gefecht gesetzt oder vernichtet worden. Wir haben keine Kämpfer mehr, die sich dem vordringenden Feind entgegenstellen könnten.
Ich warte darauf, meinen Schwur zu erfülllen, indem ich durch meinen Tod meiner Partei und meinem Land gegenüber meine Dankbarkeit erweise und meine heilige Pflicht als Soldat erfülle.
Ich werde mich als Euer Schüler, der ein Leben lang von Euren Weisungen profitieren durfte, würdig erweisen.
Ich fürchte, dass dies mein letztes Telegramm an Euch sein wird. Wir werden uns in einem nächsten Leben wiedersehen.
Euer Schüler, Fang Xianjue
Noch nie habe ich solchen Schmerz erlebt …

*Präsident Roosevelt an Generalissimus Chiang Kai-shek*
*5. August 1944*
Ich bin der Meinung, dass die kritische Situation in Ihrem Kriegsgebiet ein sofortiges Handeln hinsichtlich der Einsetzung von Stilwell erfordert, andernfalls wird es zu spät sein.
Verluste in der Verteidigungsschlacht von Hengyang (Gefallene und Verwundete)
Kaiserliche Japanische Armee: 19'380
Nationalrevolutionäre Armee: 16'400

Kaiserliche Konferenz, Tokio
19. August 1944
Es fehlt uns noch eine weitere entscheidende Schlacht, dann wird China seinen Widerstand aufgeben.
Kaiser Hirohito
Nachdem ich vom Verlauf der Schlacht um Hengyang erfahren habe, bin ich zur Auffassung gelangt, dass es absolut unwahrscheinlich ist, dass China seinen Widerstand je einstellen wird.
Ursprünglich hatten wir geplant, 10 Divisionen in China einzusetzen. Jetzt stecken 36 Divisionen und 41 Brigaden schon so lange auf dem Schlachtfeld fest ….

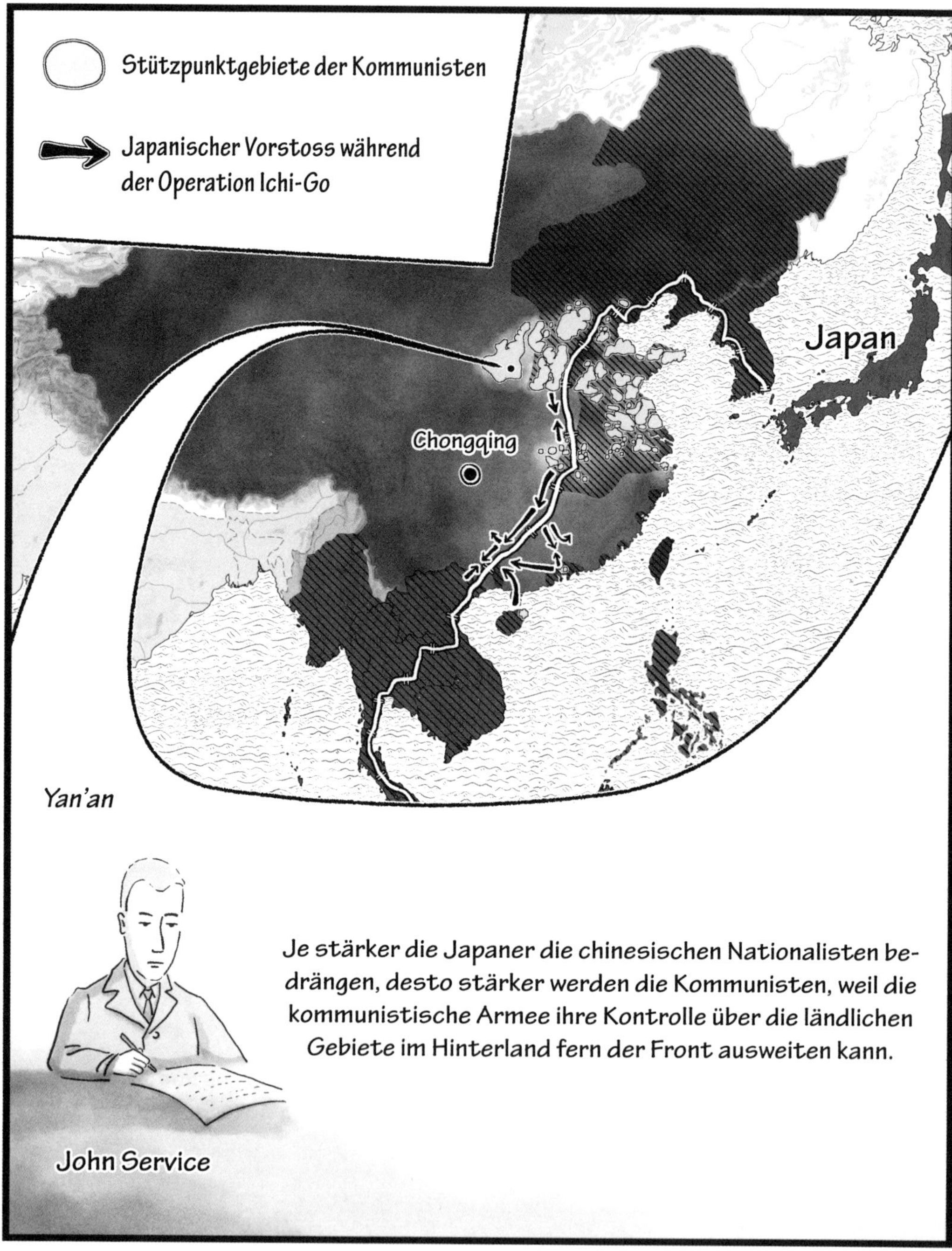
Stützpunktgebiete der Kommunisten
Japanischer Vorstoss während der Operation Ichi-Go
Japan
Chongqing
Yan'an
Je stärker die Japaner die chinesischen Nationalisten bedrängen, desto stärker werden die Kommunisten, weil die kommunistische Armee ihre Kontrolle über die ländlichen Gebiete im Hinterland fern der Front ausweiten kann.
John Service

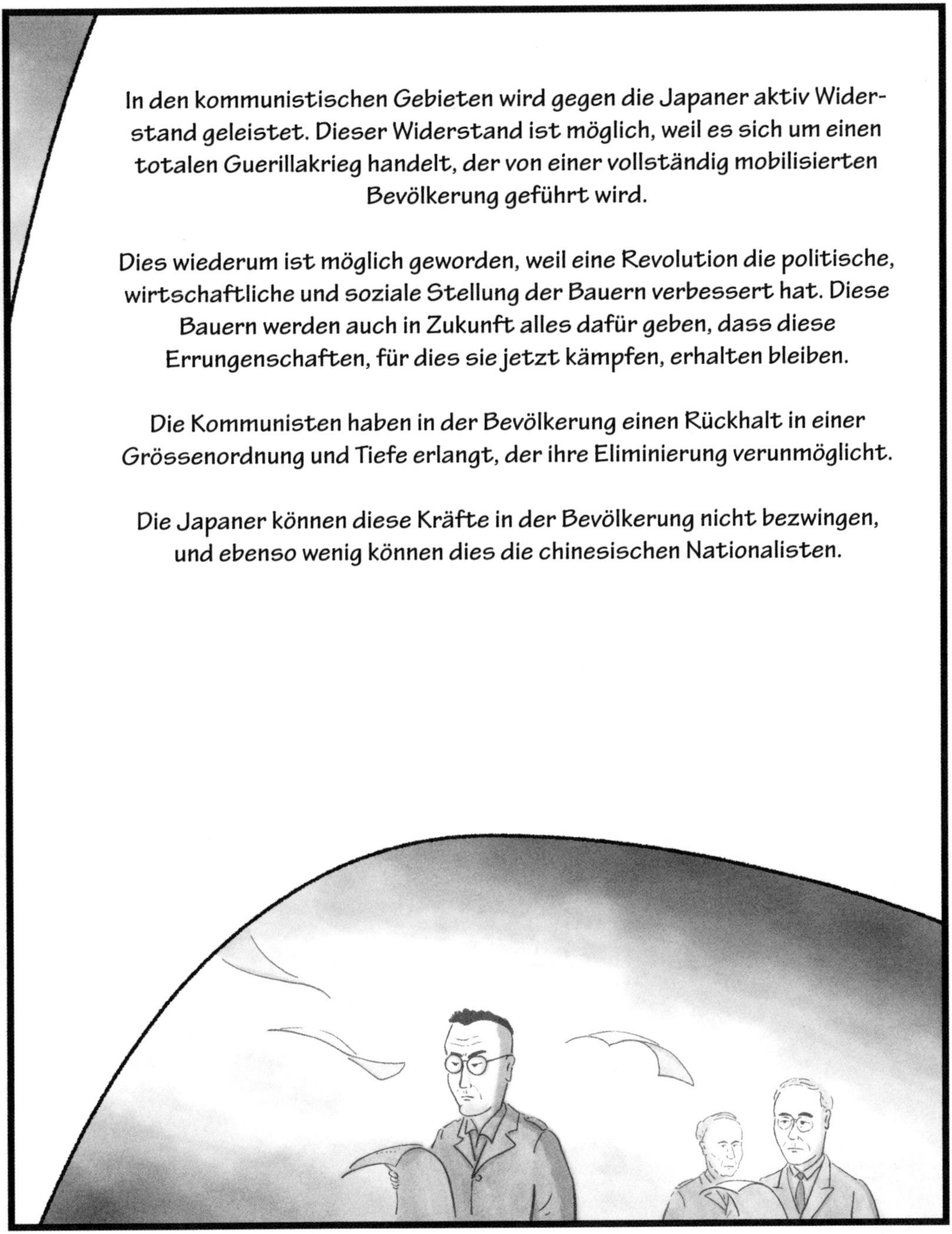
In den kommunistischen Gebieten wird gegen die Japaner aktiv Widerstand geleistet. Dieser Widerstand ist möglich, weil es sich um einen totalen Guerillakrieg handelt, der von einer vollständig mobilisierten Bevölkerung geführt wird.
Dies wiederum ist möglich geworden, weil eine Revolution die politische, wirtschaftliche und soziale Stellung der Bauern verbessert hat. Diese Bauern werden auch in Zukunft alles dafür geben, dass diese Errungenschaften, für dies sie jetzt kämpfen, erhalten bleiben.
Die Kommunisten haben in der Bevölkerung einen Rückhalt in einer Grössenordnung und Tiefe erlangt, der ihre Eliminierung verunmöglicht.
Die Japaner können diese Kräfte in der Bevölkerung nicht bezwingen, und ebenso wenig können dies die chinesischen Nationalisten.

Wenn die Nationalisten bei den politischen und wirtschaftlichen Reformen nicht so weit gehen wie die Kommunisten, dann werden die Kommunisten innerhalb weniger Jahre die dominierende Kraft in China sein.

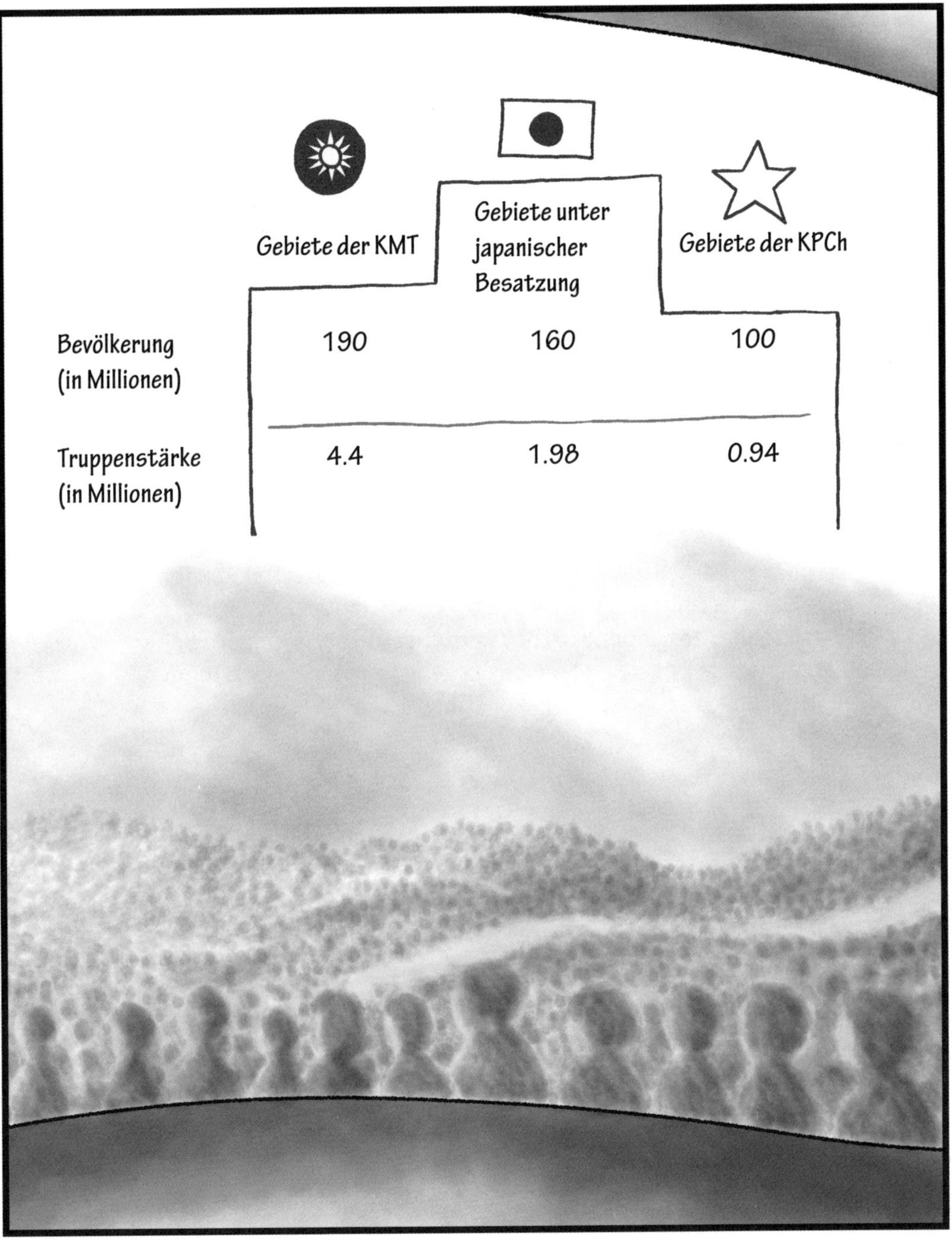
Gebiete der KMT
Gebiete unter japanischer Besatzung
Gebiete der KPCh
Bevölkerung (in Millionen)
190
160
100
Truppenstärke (in Millionen)
4.4
1.98
0.94

*Präsident Roosevelt an Generalissimus Chiang Kai-shek*
*23. August 1944*
Ich dränge in der Angelegenheit der Ernennung Stilwells so sehr auf ein Handeln, weil ich das Gefühl habe, dass es bei einer weiteren Verzögerung zu spät sein könnte, um eine militärische Katastrophe abzuwenden, die für China und die Pläne von uns Alliierten für eine baldige Niederschlagung Japans tragisch wäre ...
Ich glaube nicht, dass die Streitkräfte, die unter General Stilwells Kommando kommen, eine Einschränkung erfahren sollten, ausser hinsichtlich ihrer Einsatzfähigkeit für die Verteidigung Chinas und zur Bekämpfung der Japaner. Solange der Feind uns einer möglichen Katastrophe entgegentreibt, erscheint es ausgesprochen unvernünftig, die Hilfe von irgendjemandem abzulehnen, der willens ist, Japaner zu töten ...

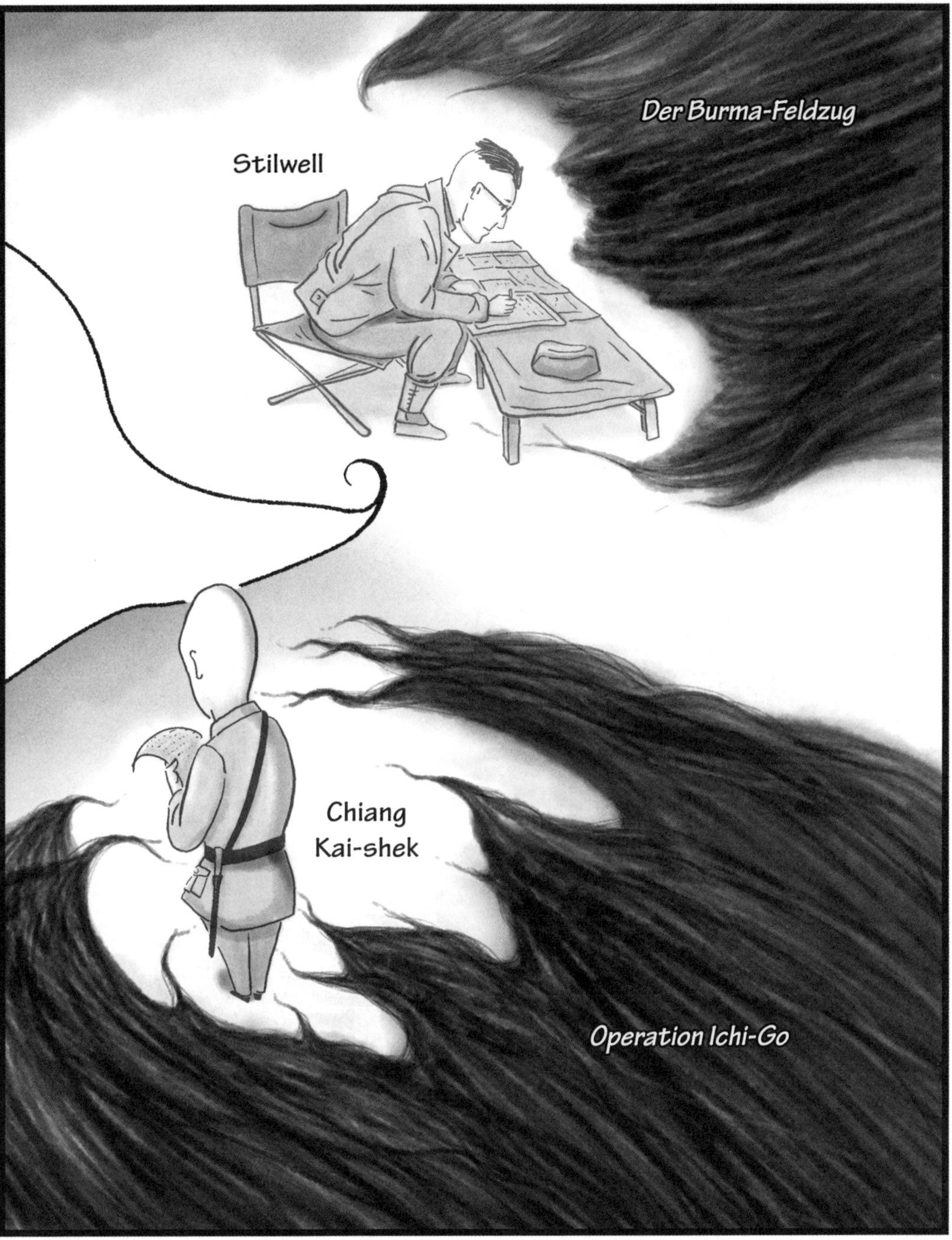
Der Burma-Feldzug
Stilwell
Chiang
Kai-shek
Operation Ichi-Go

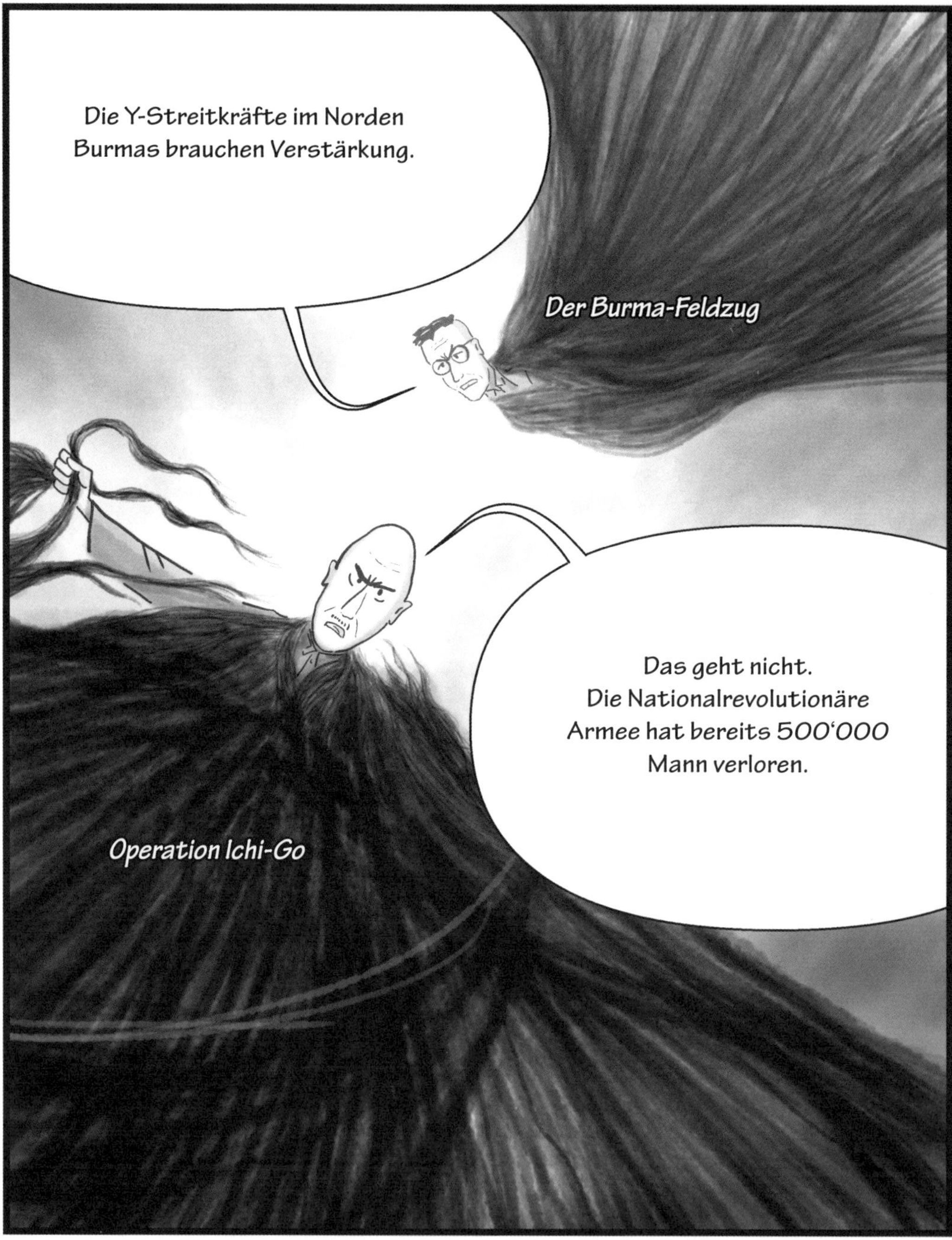
Die Y-Streitkräfte im Norden Burmas brauchen Verstärkung.
Der Burma-Feldzug
Das geht nicht. Die Nationalrevolutionäre Armee hat bereits 500'000 Mann verloren.
Operation Ichi-Go

*John Service an General Stilwell:*

Die Operation Ichi-Go hat die militärische Inkompetenz der KMT-Regierung weiter enthüllt und könnte ihren Zusammenbruch auslösen.

Die Kommunisten werden besser in der Lage sein, das Land für den Kampf gegen Japan zu mobilisieren.
Wir müssen einen eventuellen Einsatz der kommunistischen Armeen in die Planung einbeziehen.

Wir brauchen den Widerstand Chiangs nicht zu fürchten, denn ein amerikanischer Sieg ist sicher und seine einzige Hoffnung für sein politisches Überleben.

*Präsident Roosevelt an Generalissimus Chiang Kai-shek*
*18. September 1944*

Wenn Sie Ihre Divisionen in Nordburma nicht mit mehr Soldaten ausstatten und es versäumen, den Y-Streitkräften Verstärkung zu senden, dann verlieren wir jede Chance, die Landverbindung mit China zu öffnen und und setzen unmittelbar die Luftbrücke über die «Buckel»-Route aufs Spiel. Dafür müssen Sie bereit sein, selbst die Konsequenzen zu tragen und die persönliche Verantwortung zu übernehmen.

Ich habe Sie in den letzten Monaten immer wieder dazu aufgefordert, drastische Massnahmen zu ergreifen, um die Katastrophe abzuwenden, die auf China und auf Sie zukommt. Jetzt, während Sie General Stilwell immer noch nicht das Kommando über alle Streitkräfte in China übertragen haben, steht uns in Südchina der Verlust eines Gebiets von kritischer Wichtigkeit bevor, was möglicherweise katastrophale Folgen nach sich ziehen könnte …

Es scheint uns allen hier vollkommen offenkundig zu sein, dass alle Ihre und unsere Bemühungen, China zu retten, durch weitere Verzögerungen zunichte gemacht werden.

Markieren Sie diesen Tag rot im Kalender des Lebens.
Endlich, endlich, endlich hat FDR Klartext geredet, und zwar jede Menge davon, mit einem Knallfrosch in jedem Satz.
...aber abgesehen davon, dass er grün wurde und es ihm die Sprache verschlug, zuckte er nicht einmal mit der Wimper. Er sagte nur...
Ich habe verstanden.

Das ist die grösste Demütigung, die ich jemals im Leben ertragen musste.
Das Kommando über alle Streitkräfte an einen Ausländer abzugeben, kommt der Aufgabe der nationalen Souveränität gleich!
Das ist eine neue Form von Imperialismus. Wenn wir ihre Forderungen akzeptieren, werden wir zu ihren Marionetten.
Teilen Sie Roosevelt mit, dass Stilwell gehen muss! Wir werden diesen Widerstandskrieg alleine weiterkämpfen, wenn es sein muss.

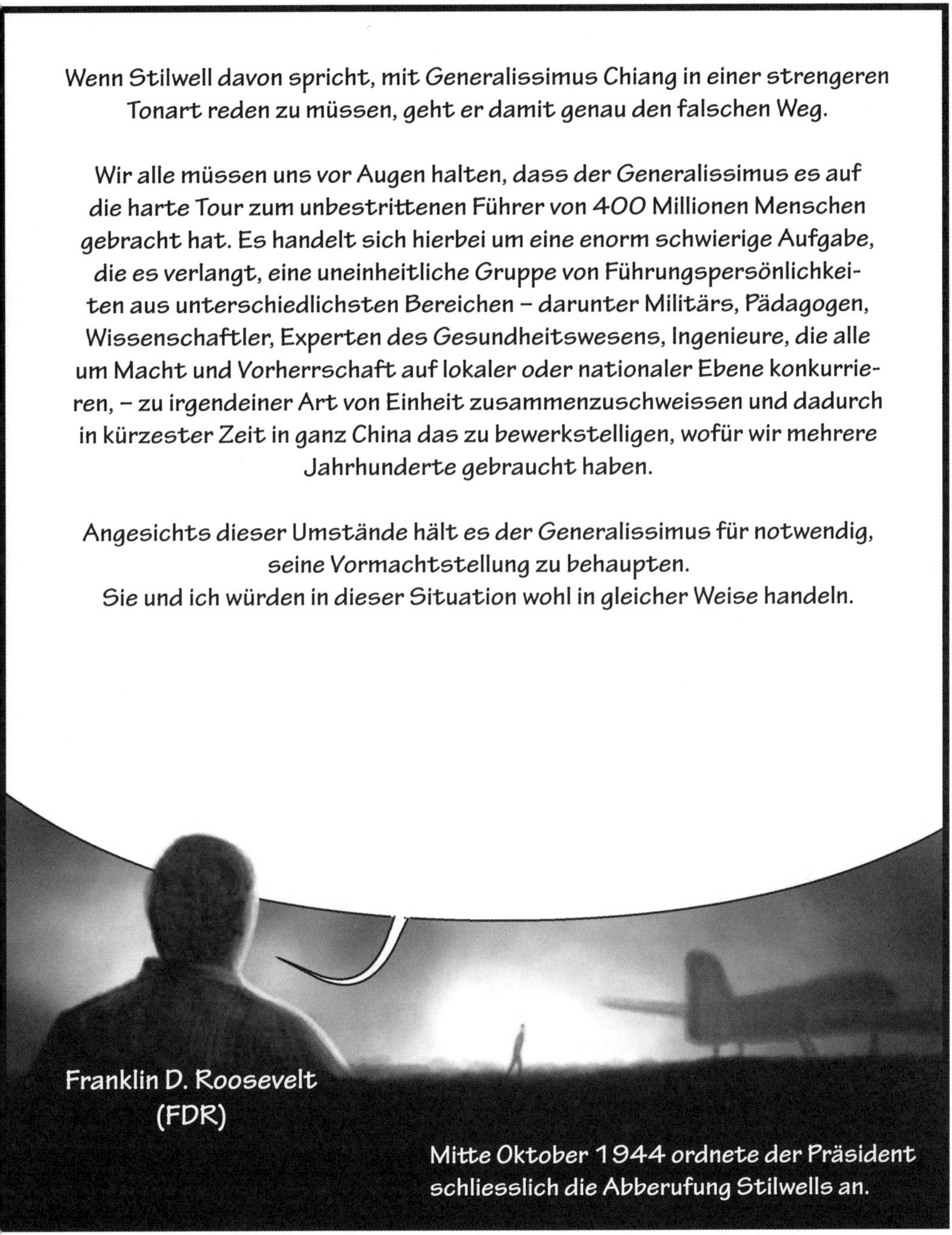
Wenn Stilwell davon spricht, mit Generalissimus Chiang in einer strengeren Tonart reden zu müssen, geht er damit genau den falschen Weg.
Wir alle müssen uns vor Augen halten, dass der Generalissimus es auf die harte Tour zum unbestrittenen Führer von 400 Millionen Menschen gebracht hat. Es handelt sich hierbei um eine enorm schwierige Aufgabe, die es verlangt, eine uneinheitliche Gruppe von Führungspersönlichkeiten aus unterschiedlichsten Bereichen – darunter Militärs, Pädagogen, Wissenschaftler, Experten des Gesundheitswesens, Ingenieure, die alle um Macht und Vorherrschaft auf lokaler oder nationaler Ebene konkurrieren, – zu irgendeiner Art von Einheit zusammenzuschweissen und dadurch in kürzester Zeit in ganz China das zu bewerkstelligen, wofür wir mehrere Jahrhunderte gebraucht haben.
Angesichts dieser Umstände hält es der Generalissimus für notwendig, seine Vormachtstellung zu behaupten.
Sie und ich würden in dieser Situation wohl in gleicher Weise handeln.
Franklin D. Roosevelt (FDR)
Mitte Oktober 1944 ordnete der Präsident schliesslich die Abberufung Stilwells an.

Die strategische Zielsetzung der USA auf den Kriegsschauplätzen im Pazifikraum bestand darin, Japan in kürzester Zeit mit möglichst wenigen Opfern an US-amerikanischen Soldaten zu besiegen.

Im Falle eines Angriffs der USA auf die japanischen Hauptinseln wären die US-amerikanischen Opferzahlen nach Schätzungen um eine Million angestiegen. Eine Methode zur Reduzierung der US-amerikanischen Opferzahlen bestand darin, die japanische Armee so weitgehend wie möglich innerhalb des chinesisches Territoriums zu dezimieren.

Die USA leisteten China Hilfe, um sicherzustellen, dass der chinesische Widerstandskampf am Laufen blieb, gleichzeitig schlossen sie aber die Möglichkeit der Entsendung von US-amerikanischen Bodentruppen kategorisch aus.

Stilwell war fest entschlossen, die japanische Armee zu besiegen. Um den Krieg zu gewinnen, musste Stilwell die Nationalrevolutionäre Armee der KMT mit US-amerikanischen Waffen ausrüsten und aus Bauernsoldaten eine moderne Armee formen.

Stilwell hatte damit eine äusserst schwierige Aufgabe auf sich genommen. Die chinesische Armee war ein Teil der chinesischen Gesellschaft. Ohne gesamtgesellschaftliche Reformen kamen Reformen des Militärwesens nicht vom Fleck. Stilwell beaufsichtige die Militärhilfe an China, aber das Land verfügte nicht über moderne politische Strukturen, um moderne Streitkräfte zu lenken. Aus der Sicht Chiang Kai-sheks musste Militärhilfe, die nicht unter der Kontrolle seiner Regierung stand, zwangsläufig noch mehr Warlords hervorbringen und zu noch mehr Separatismus führen.

Aber aus der Sicht von Stilwell waren Chiangs Bedenken und Sorgen irrelevant. Nach Stilwells Meinung gab es, wenn Chiang den Kriegssieg nicht herbeiführen konnte, noch andere Persönlichkeiten, die diese Aufgabe bewerkstelligen konnten.

Sowohl Stilwell als auch Chiang dienten auf ihre eigene Art ihren jeweiligen Ländern mit Mut und Hingabe. Aber verschiedene Länder nehmen unterschiedliche Standpunkte ein und verfolgen unterschiedliche Prioritäten. Dies führte zu einer unüberbrückbaren Kluft zwischen den beiden Männdern.

Die Konferenz von Jalta
Sowjetische Krim, 4. bis 11. Februar 1945
Stalin wird einen Freundschafts- und Bündnisvertrag mit Chiang Kai-shek unterzeichnen und die Kommunistische Partei Chinas dazu auffordern, Chiangs Führung zu akzeptieren. Chinas Problem ist gelöst!
Am 12. April 1945, zwei Monate nach der Konferenz von Jalta, verstarb Präsident Franklin D. Roosevelt.
Vizepräsident Harry Truman (1884 –1972) wurde neuer Präsident der Vereinigten Staaten von Amerika.

Berlin, 8. Mai 1945
Nach den letzten Gefechten zwischen weniger als 3 Millionen deutschen Soldaten und mehr als 10 Millionen Soldaten der Alliierten kapitulierte Deutschland.

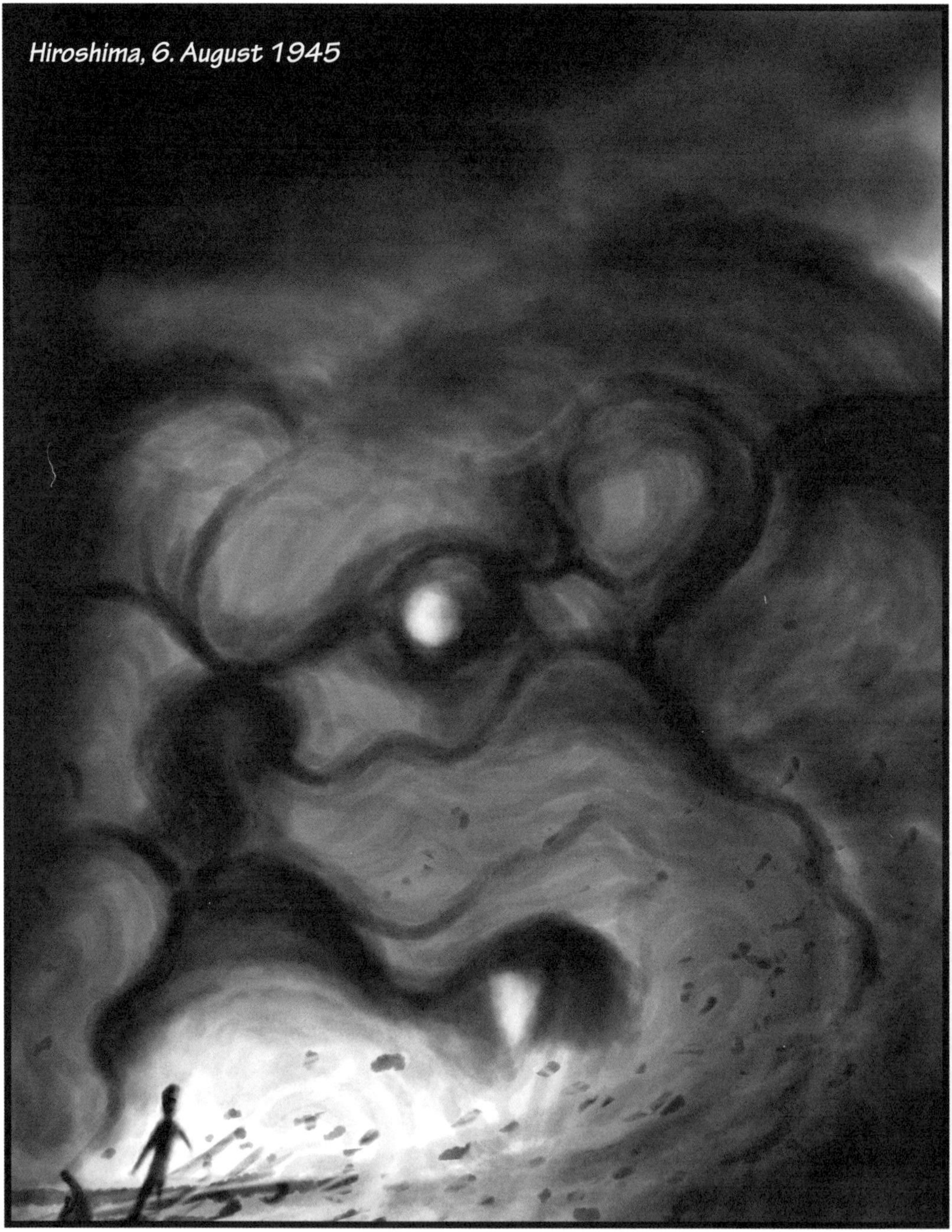
Hiroshima, 6. August 1945

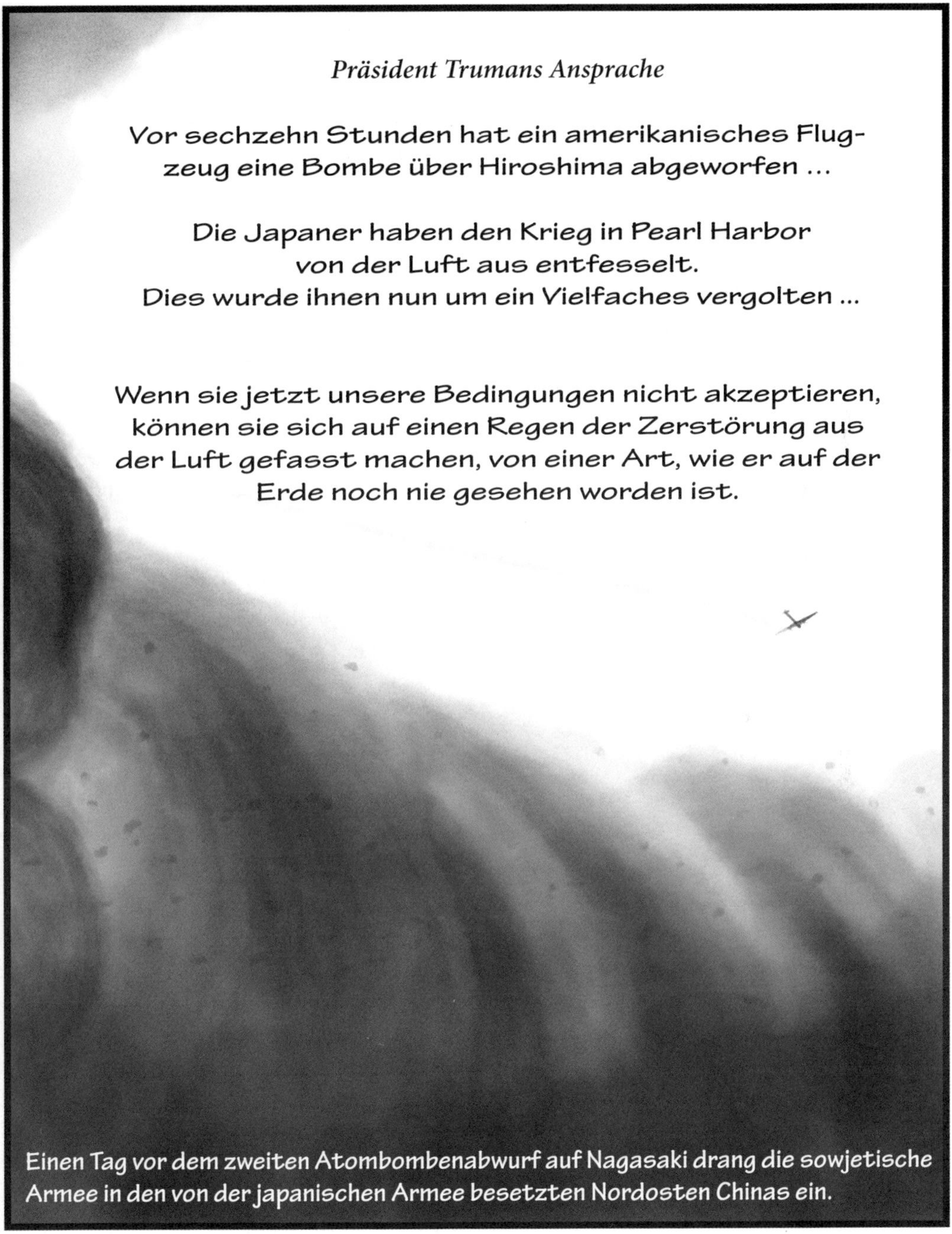
Präsident Trumans Ansprache
Vor sechzehn Stunden hat ein amerikanisches Flugzeug eine Bombe über Hiroshima abgeworfen ...
Die Japaner haben den Krieg in Pearl Harbor von der Luft aus entfesselt. Dies wurde ihnen nun um ein Vielfaches vergolten ...
Wenn sie jetzt unsere Bedingungen nicht akzeptieren, können sie sich auf einen Regen der Zerstörung aus der Luft gefasst machen, von einer Art, wie er auf der Erde noch nie gesehen worden ist.
Einen Tag vor dem zweiten Atombombenabwurf auf Nagasaki drang die sowjetische Armee in den von der japanischen Armee besetzten Nordosten Chinas ein.

*Tokio, 15. August 1945*

*Kaiser Hirohitos Radioansprache zur Verlesung des kaiserlichen Waffenstillstandsedikts*

An Unsere guten und treuen Untertanen:

Wir haben Unsere Regierung angewiesen, den Regierungen der Vereinigten Staaten von Amerika, Grossbritanniens, Chinas und der Sowjetunion mitzuteilen, dass Unser Reich die Bestimmungen ihrer gemeinsamen Erklärung* akzeptiert.

In der Tat erklärten Wir den USA und Grossbritannien den Krieg, da es Unser aufrichtiger Wunsch war, Japans Selbsterhaltung und die Stabilisierung Ostasiens zu gewährleisten ...

Trotz des Besten, das von allen geleistet wurde, ... hat sich die Kriegssituation nicht unbedingt zum Vorteil Japans entwickelt, während die allgemeinen Entwicklungen der Welt sich unseren Interessen entgegenentwickelt haben.

* Die Potsdamer Erklärung, in der die offiziellen Bedingungen der USA, Grossbritanniens und Chinas für die Kapitulation Japans festgelegt wurden, wurde im deutschen Potsdam am 26. Juli 1945 veröffentlicht.

Darüber hinaus hat der Feind begonnen, eine neue und ungeheuer grausame Bombe einzusetzen, deren Zerstörungskraft wahrhaft unermesslich ist und viele unschuldige Leben fordert.
Eine Fortsetzung des Kampfes würde nicht nur zum endgültigen Zusammenbruch und zur Vernichtung der japanischen Nation führen, sondern auch zur vollständigen Auslöschung der menschlichen Zivilisation.

*Chongqing, 15. August 1945*

## *Radioansprache von Chiang Kai-shek zum Kriegssieg*

Heute haben wir den Sieg davongetragen.
Die Wahrheit, dass die Gerechtigkeit über Macht triumphieren muss,
wurde endlich abschliessend bewiesen!

Für den Weltfrieden, der vor uns in Erscheinung getreten ist,
sind wir den Märtyrern unter den Armeeangehörigen zu Dank verpflichtet,
die während des von der ganzen Nation geleisteten Widerstandskrieges
treu und mutig ihr Leben hingegeben haben.
Zudem müssen wir unseren Verbündeten danken, die gemeinsam an unserer
Seite für Frieden und Gerechtigkeit gekämpft haben.
Und Christen in aller Welt sind im Dank vereint
an unseren gerechten und barmherzigen Gott.

Ich bin der Überzeugung, dass die gesamte Menschheit und die Angehörigen unseres Volkes darauf hoffen, dass dieser Krieg der letzte Krieg gewesen sein möge, an dem die zivilisierten Länder dieser Welt teilgenommen haben. Wenn dieser Krieg der letzte Krieg in der Geschichte der Menschheit gewesen sein wird, dann werden wir alle, obschon die Angehörigen unseres Volkes Leid in Form von unbeschreiblicher Grausamkeit und Demütigung ertragen mussten, bestimmt nicht mit dem hohen Preis, den wir für den Frieden gezahlt haben, hadern, oder uns darüber grämen, dass dieser Ausgang so lange auf sich hat warten lassen.

2. September 1945
Japan unterzeichnet die bedingungslose Kapitulation.
Der Zweite Weltkrieg ist beendet.
Im Zweiten Weltkrieg starben rund 75 Millionen Menschen, was einem Anteil von 3% an der damaligen Weltbevölkerung entsprach.
= 200'000 Menschen

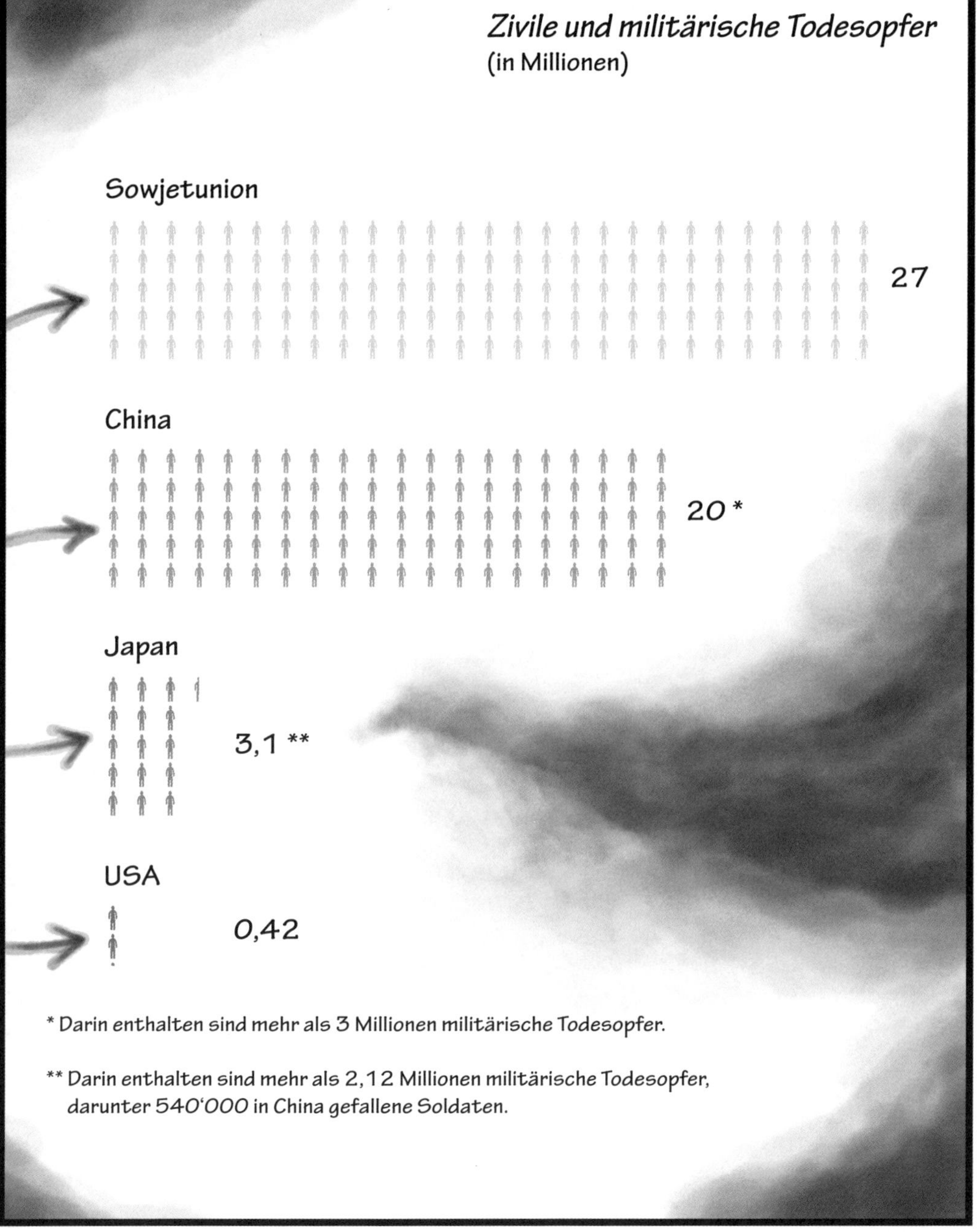


* Darin enthalten sind mehr als 3 Millionen militärische Todesopfer.

** Darin enthalten sind mehr als 2,12 Millionen militärische Todesopfer, darunter 540'000 in China gefallene Soldaten.

Die Verhandlungen von Chongqing
Die chinesische Rote Armee ist sofort nach Nordostchina zu verlegen, um die japanischen Rüstungsgüter zu beschlagnahmen.
USA
Sowjet-union
740'000 Gewehre
18'000 Maschinengewehre
800 Flugzeuge
4000 Artilleriegeschütze
Mit der Unterstützung der USA, die dafür Luft- und Seetransporte durchführte, gelangte auch die Nationalrevolutionäre Armee in den Besitz von Rüstungsgütern, die von 1,23 Millionen japanischen Soldaten stammten, die sich ergeben hatten.

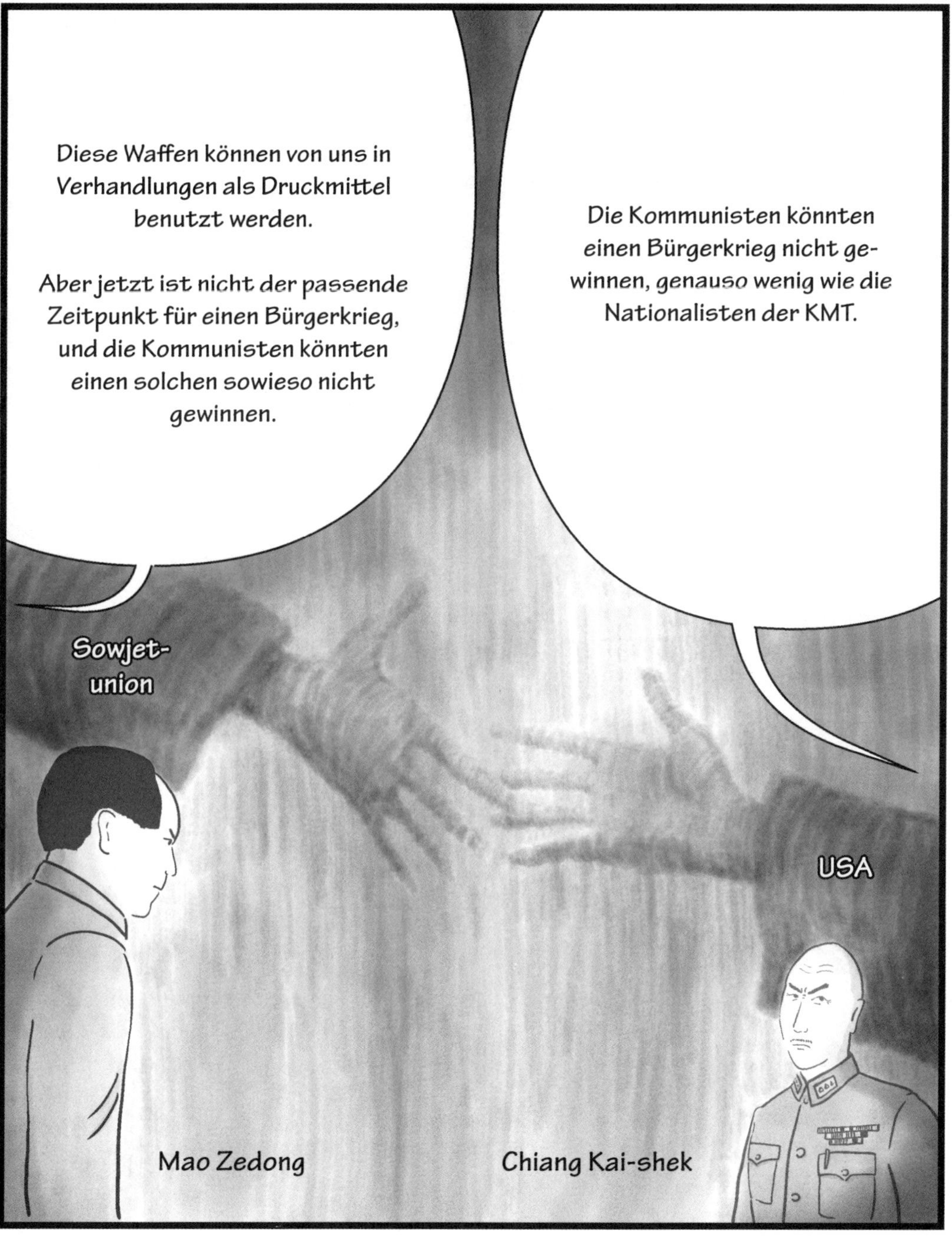
Diese Waffen können von uns in Verhandlungen als Druckmittel benutzt werden.
Aber jetzt ist nicht der passende Zeitpunkt für einen Bürgerkrieg, und die Kommunisten könnten einen solchen sowieso nicht gewinnen.
Die Kommunisten könnten einen Bürgerkrieg nicht gewinnen, genauso wenig wie die Nationalisten der KMT.
Sowjetunion
USA
Mao Zedong
Chiang Kai-shek

Die Verhandlungen von Chongqing
29. August bis 10. Oktober 1945
Es sind fast 20 Jahre vergangen, seit wir uns das letzte Mal in Guangdong kurz vor Beginn des Nordfeldzuges begegnet sind.

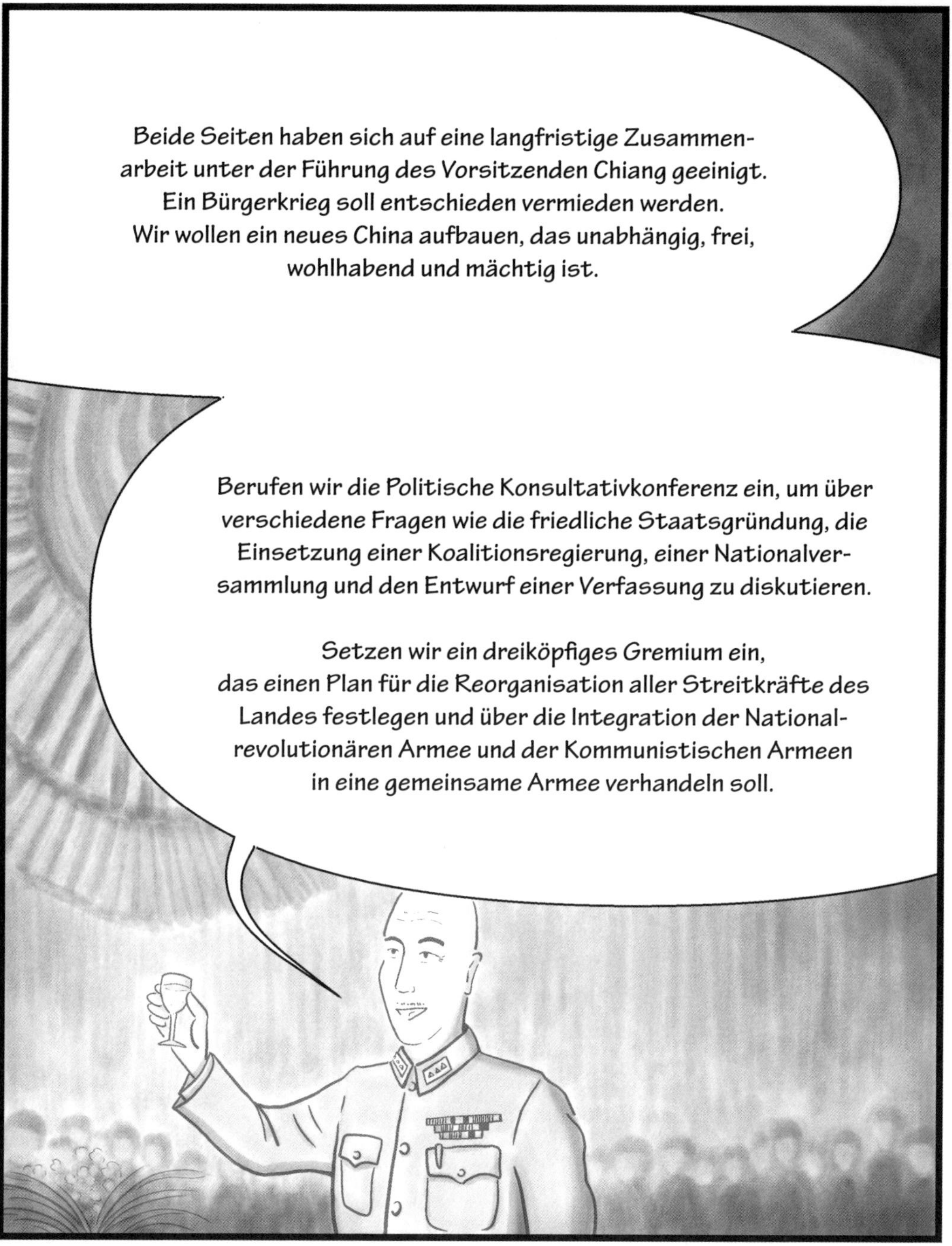
Beide Seiten haben sich auf eine langfristige Zusammenarbeit unter der Führung des Vorsitzenden Chiang geeinigt. Ein Bürgerkrieg soll entschieden vermieden werden. Wir wollen ein neues China aufbauen, das unabhängig, frei, wohlhabend und mächtig ist.
Berufen wir die Politische Konsultativkonferenz ein, um über verschiedene Fragen wie die friedliche Staatsgründung, die Einsetzung einer Koalitionsregierung, einer Nationalversammlung und den Entwurf einer Verfassung zu diskutieren.
Setzen wir ein dreiköpfiges Gremium ein, das einen Plan für die Reorganisation aller Streitkräfte des Landes festlegen und über die Integration der Nationalrevolutionären Armee und der Kommunistischen Armeen in eine gemeinsame Armee verhandeln soll.

Nachdem Mao Chongqing verlassen hatte, kam George C. Marshall nach China, um dem dreiköpfigen Gremium beizutreten.
Zhou Enlai,
Vertreter der KPCh
Zhang Qun,
Vertreter der KMT

13 Monate später
Die Verhandlungen laufen ins Leere. Beide Seiten sehen in der Anwendung von Gewalt den einzigen Weg zur Beseitigung ihrer Differenzen.

Die Generäle der Nationalrevolutionären Armee bereiten sich auf einen Entscheidungskampf gegen die KPCh vor und ignorieren dabei völlig die finanziellen Risiken. Das rasante Anschwellen der Militärausgaben wird zu einem wirtschaftlichen Zusammenbruch führen, der wiederum die Zerstörung der KMT bewirken und die Verbreitung des Kommunismus befördern wird.
Selbst wenn die KMT vor keinen Mitteln zurückschreckte und einen brutalen Krieg entfesselte, so verfügt die KPCh doch mittlerweile über zu starke militärische und gesellschaftliche Kräfte, sie lässt sich bereits nicht mehr besiegen.
Die Nationalrevolutionäre Armee wird in höchstens zehn Monaten den Sieg davontragen. Wir können so lange durchhalten.

Die Vereinigten Staaten von Amerika verspüren den starken Wunsch, China zu helfen. Allerdings kann eine Nation eine Aufgabe von solcher Tragweite nicht aus rein sentimentalen Gründen auf sich nehmen. Entscheidungen von solcher Bedeutung müssen von der höchsten Rücksichtnahme auf die nationalen Interessen diktiert werden.

China verfügt selbst nicht über die Rohstoff- und Industrieressourcen, die es dieser Nation ermöglichen würden, in absehbarer Zeit zu einer erstrangigen Militärmacht aufzusteigen.

Westeuropa hingegen ist eine wichtige Industrieregion in der Welt. Sollte Westeuropa unter einer Diktatur zusammenbrechen, so würde dies eine ernsthafte Bedrohung für unsere nationale Sicherheit darstellen.

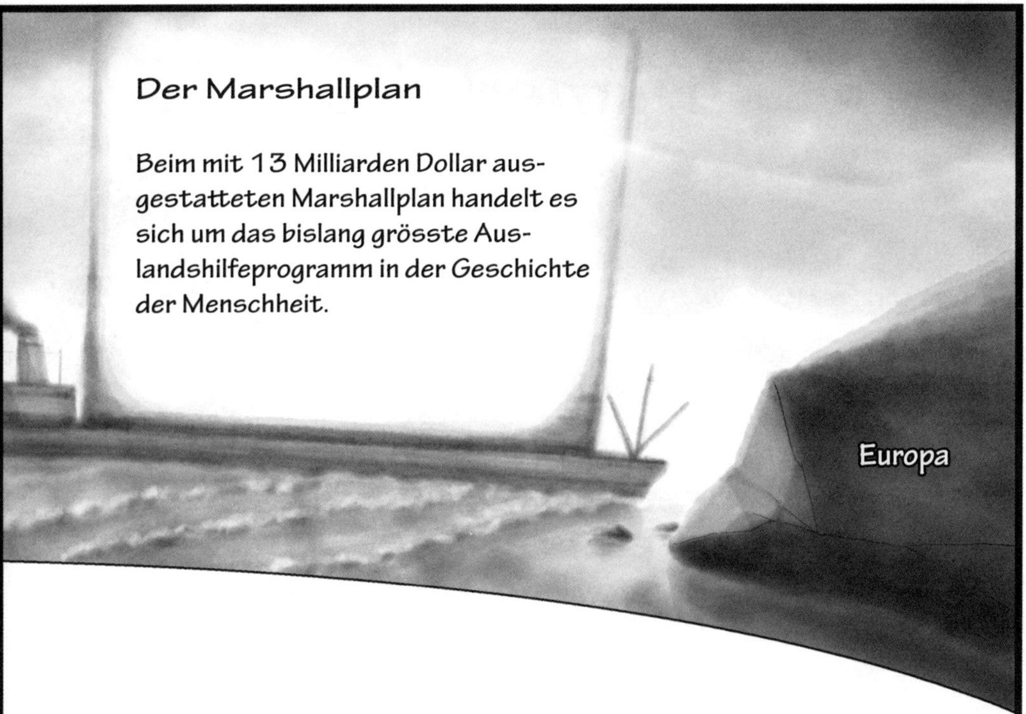


Zudem können wir es uns weder wirtschaftlich noch militärisch erlauben, es der KMT-Regierung zu ermöglichen, ihre Kontrolle über ganz China wiederherzustellen.

Die USA sollten sich auf den wirtschaftlichen Wiederaufbau Europas konzentrieren.
Die Bemühungen werden unser Land Milliarden von Dollar kosten.
Dadurch wird dem amerikanischen Steuerzahler eine grosse Last auferlegt. Es wird heute notwendig sein, Opfer zu bringen, damit wir morgen in Frieden und Sicherheit leben können.

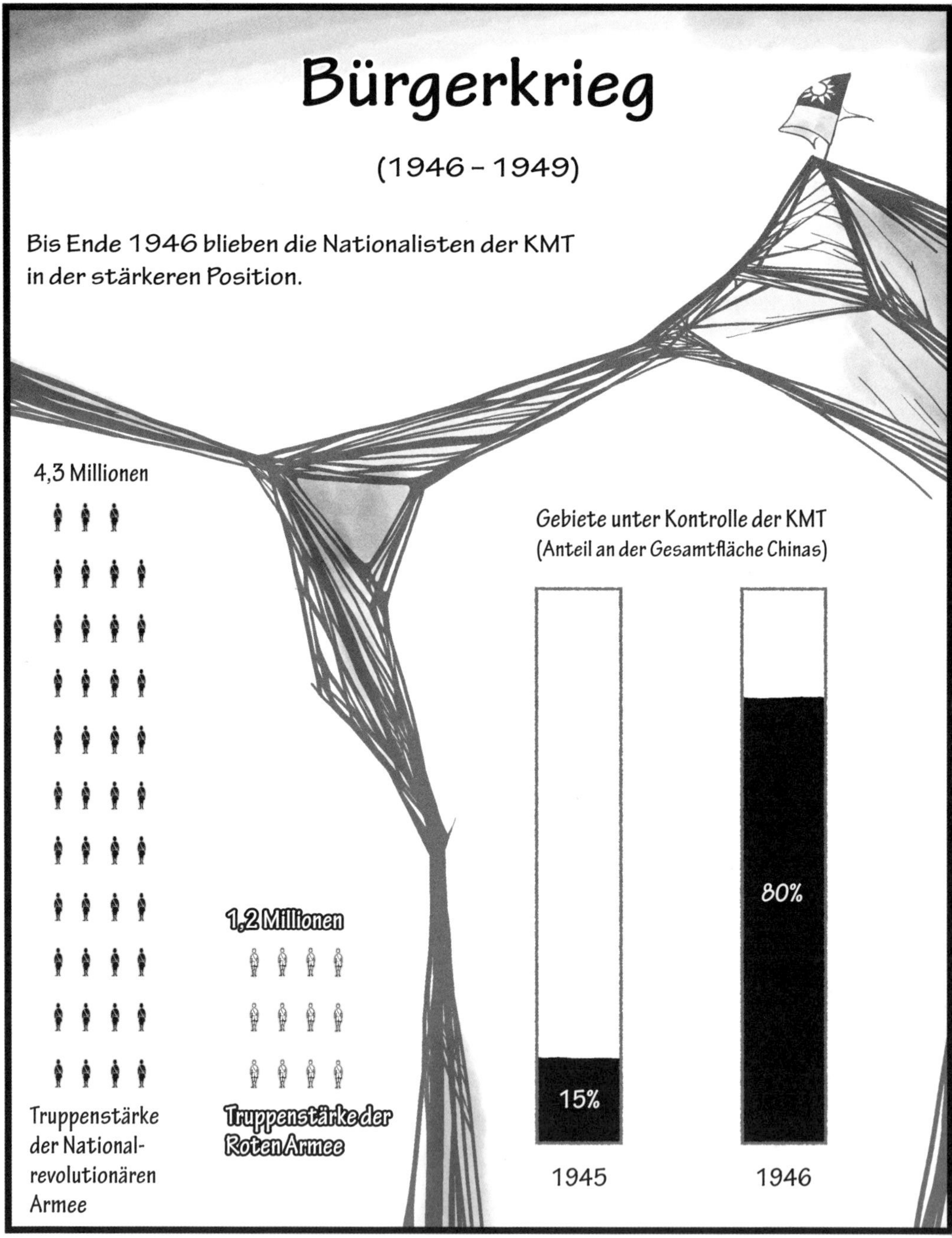
Bürgerkrieg
(1946 – 1949)
Bis Ende 1946 blieben die Nationalisten der KMT in der stärkeren Position.
4,3 Millionen
Truppenstärke der Nationalrevolutionären Armee
1,2 Millionen
Truppenstärke der Roten Armee
Gebiete unter Kontrolle der KMT (Anteil an der Gesamtfläche Chinas)
15%
80%
1945
1946

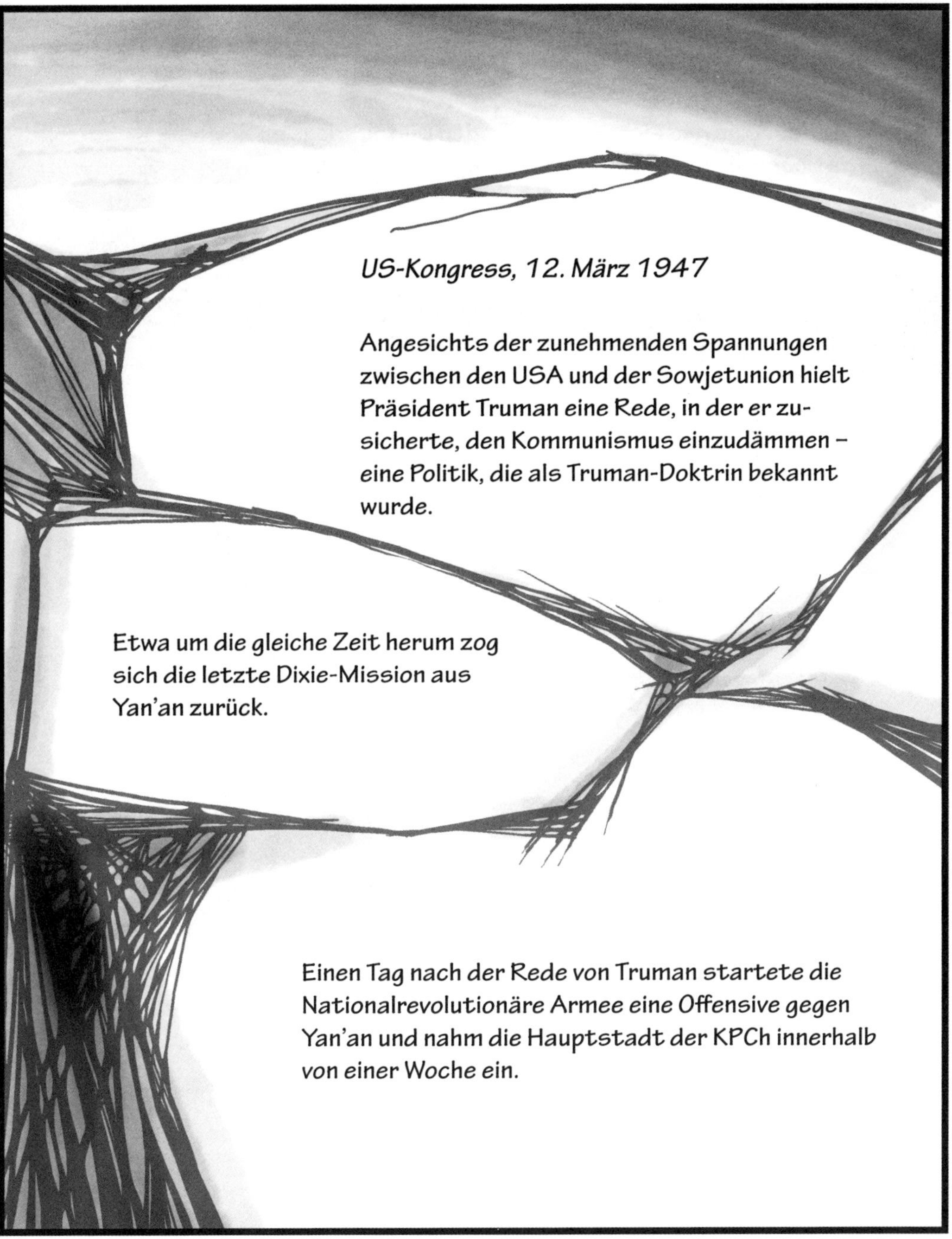
*US-Kongress, 12. März 1947*
Angesichts der zunehmenden Spannungen zwischen den USA und der Sowjetunion hielt Präsident Truman eine Rede, in der er zusicherte, den Kommunismus einzudämmen – eine Politik, die als Truman-Doktrin bekannt wurde.
Etwa um die gleiche Zeit herum zog sich die letzte Dixie-Mission aus Yan'an zurück.
Einen Tag nach der Rede von Truman startete die Nationalrevolutionäre Armee eine Offensive gegen Yan'an und nahm die Hauptstadt der KPCh innerhalb von einer Woche ein.

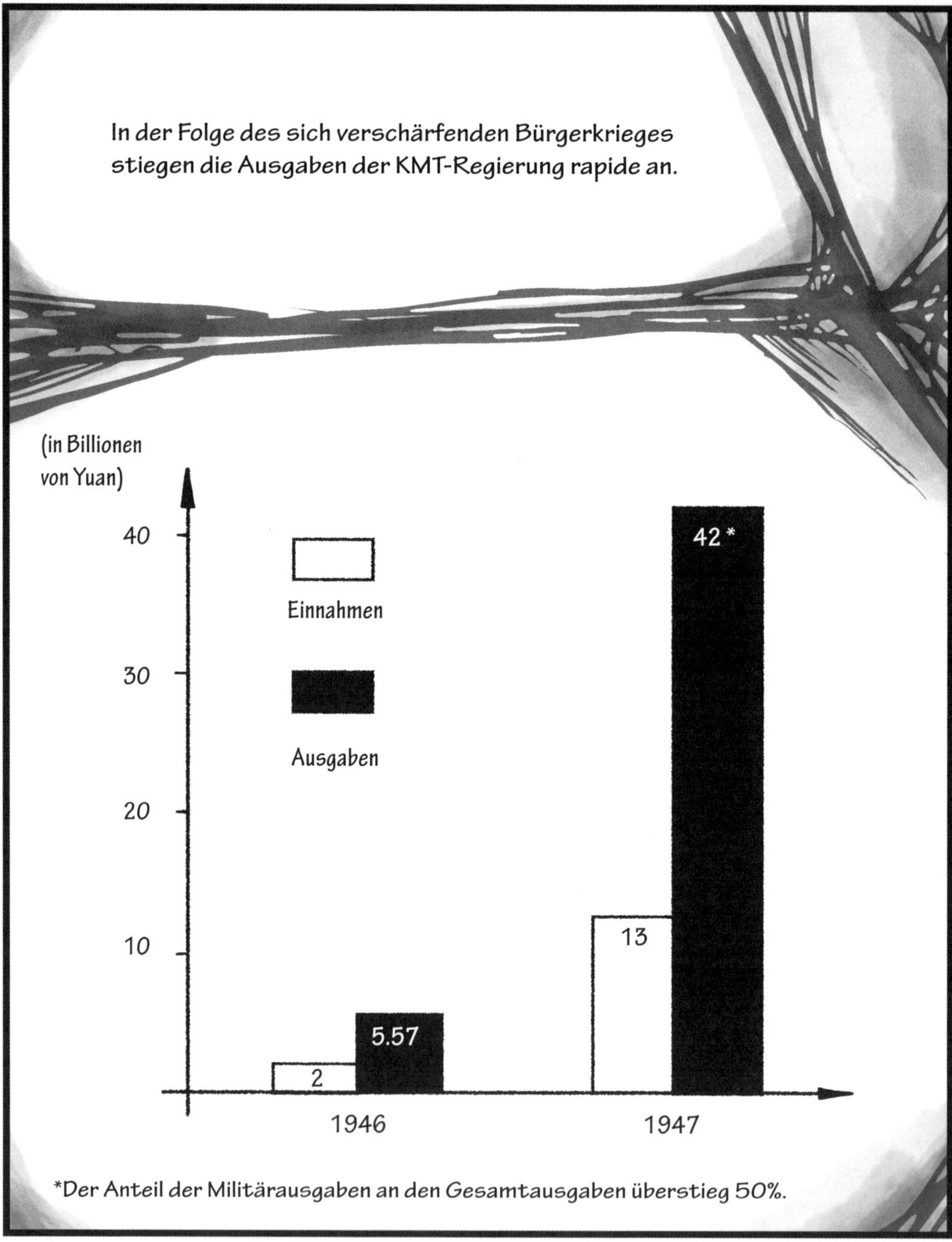
In der Folge des sich verschärfenden Bürgerkrieges stiegen die Ausgaben der KMT-Regierung rapide an.
(in Billionen von Yuan)
40
30
20
10
Einnahmen
Ausgaben
2
5.57
13
42 *
1946
1947
*Der Anteil der Militärausgaben an den Gesamtausgaben überstieg 50%.

Die KMT-Regierung deckte das Defizit durch die vermehrte Ausgabe von Banknoten. Im Jahr 1947 setzte eine Hyperinflation ein, in deren Folge in den Städten Unruhen ausbrachen.

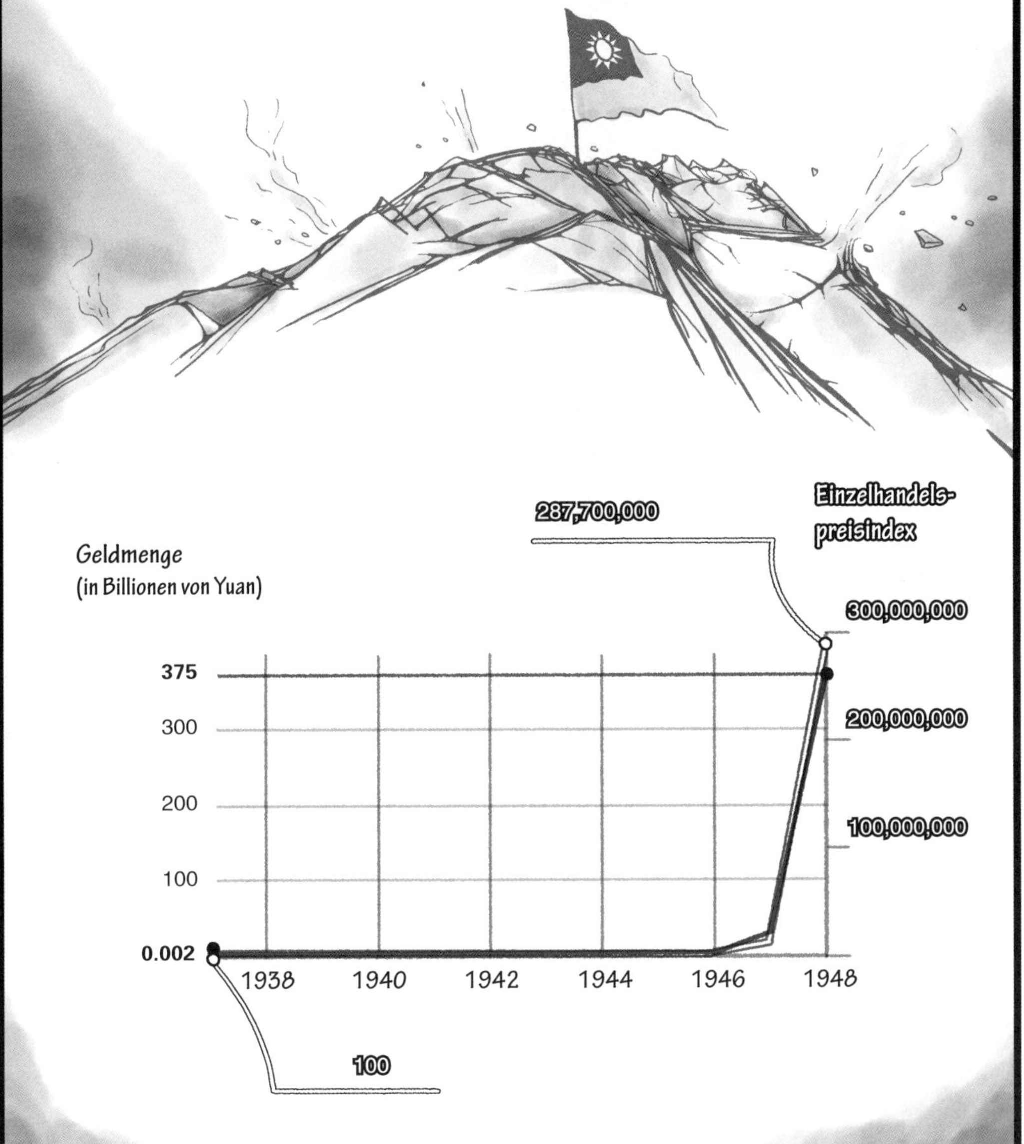

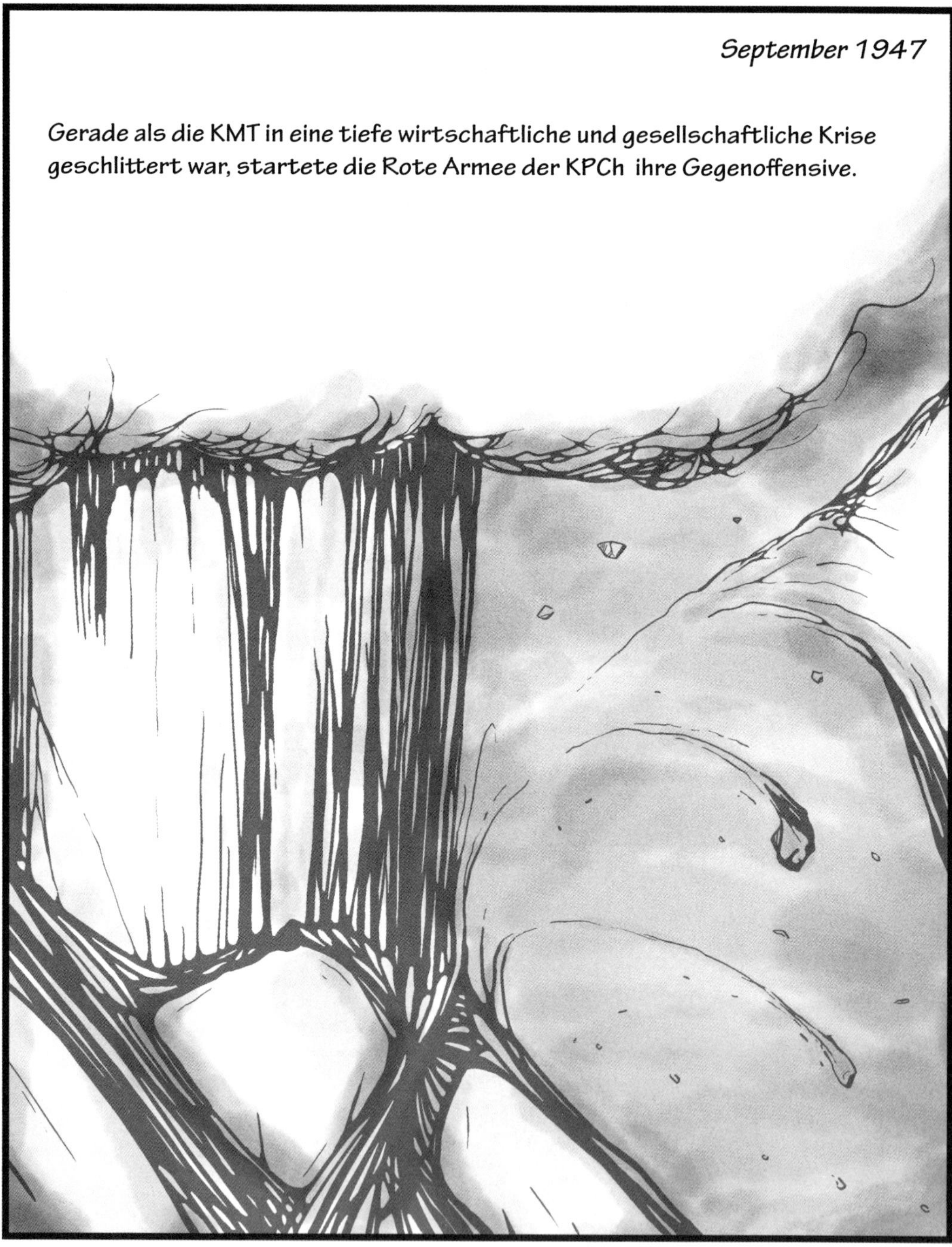
September 1947
Gerade als die KMT in eine tiefe wirtschaftliche und gesellschaftliche Krise geschlittert war, startete die Rote Armee der KPCh ihre Gegenoffensive.

Truppen der Nationalrevolutionären Armee mit Millionen von Soldaten liefen in dichter Folge ins feindliche Lager über. Überläufer der NRA machten letztendlich rund 70% der nun vier Millionen Soldaten starken Roten Armee aus.

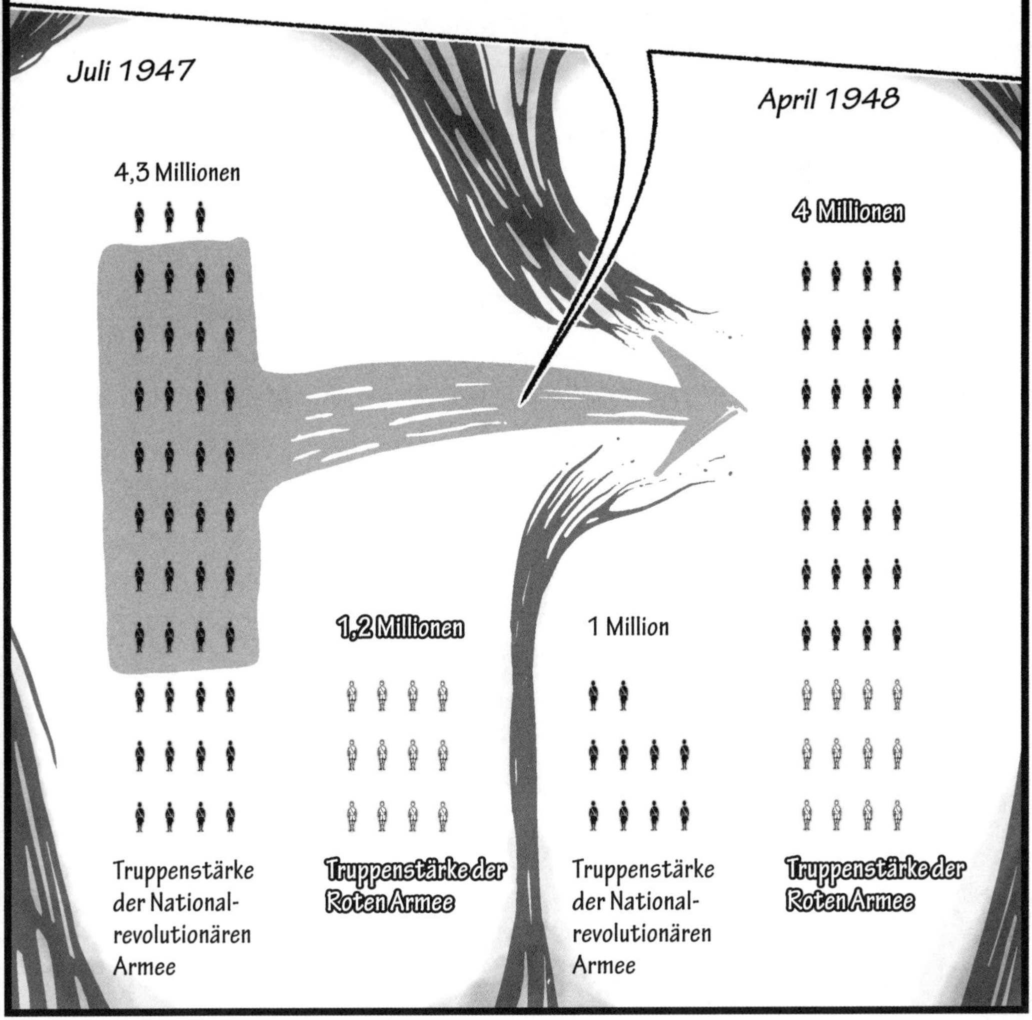

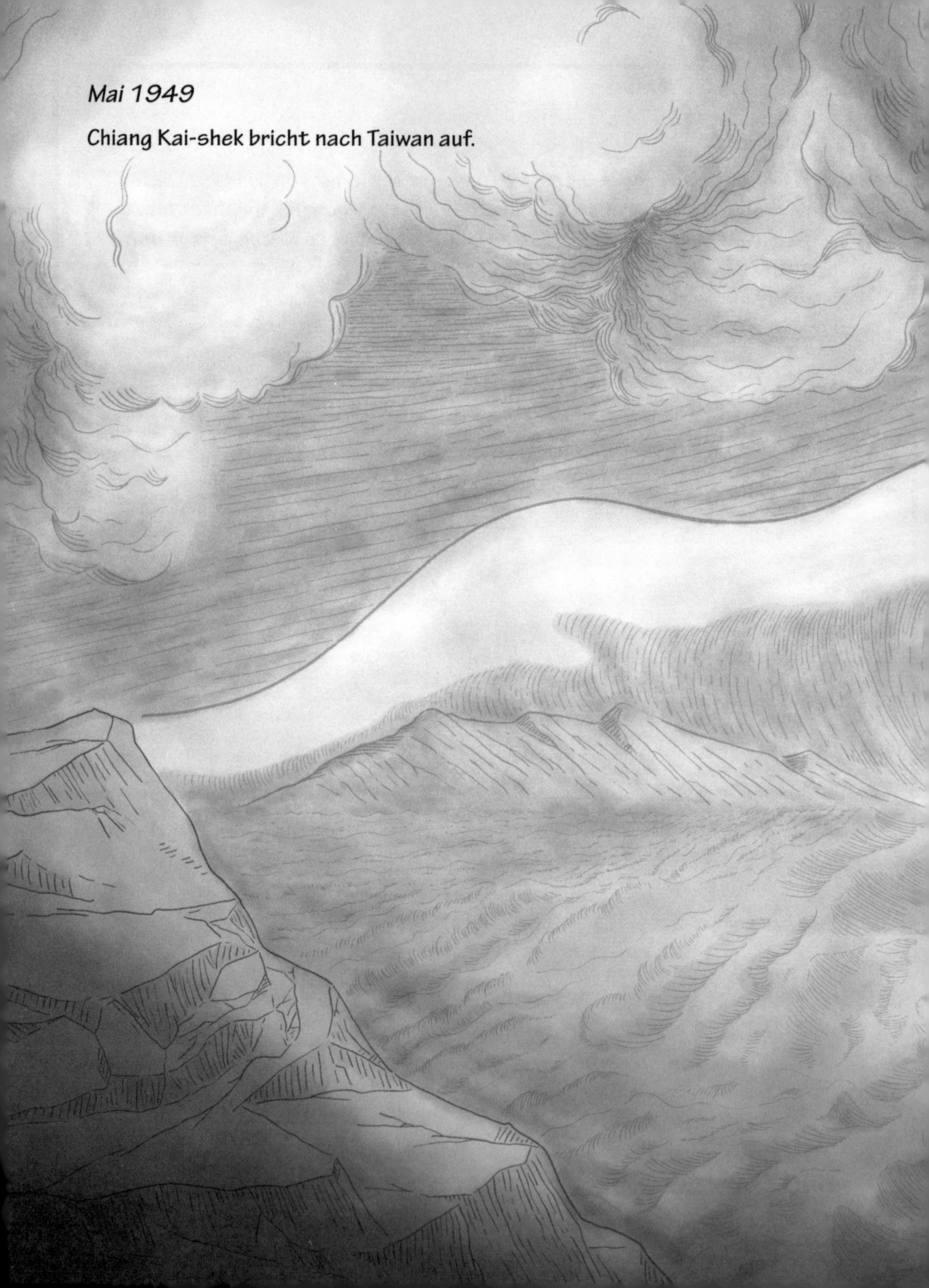
Mai 1949
Chiang Kai-shek bricht nach Taiwan auf.

*Beijing, 1. Oktober 1949*

Mao Zedong verkündet vom Obergeschoss des Tores des Himmlischen Friedens aus die Gründung der Volksrepublik China.

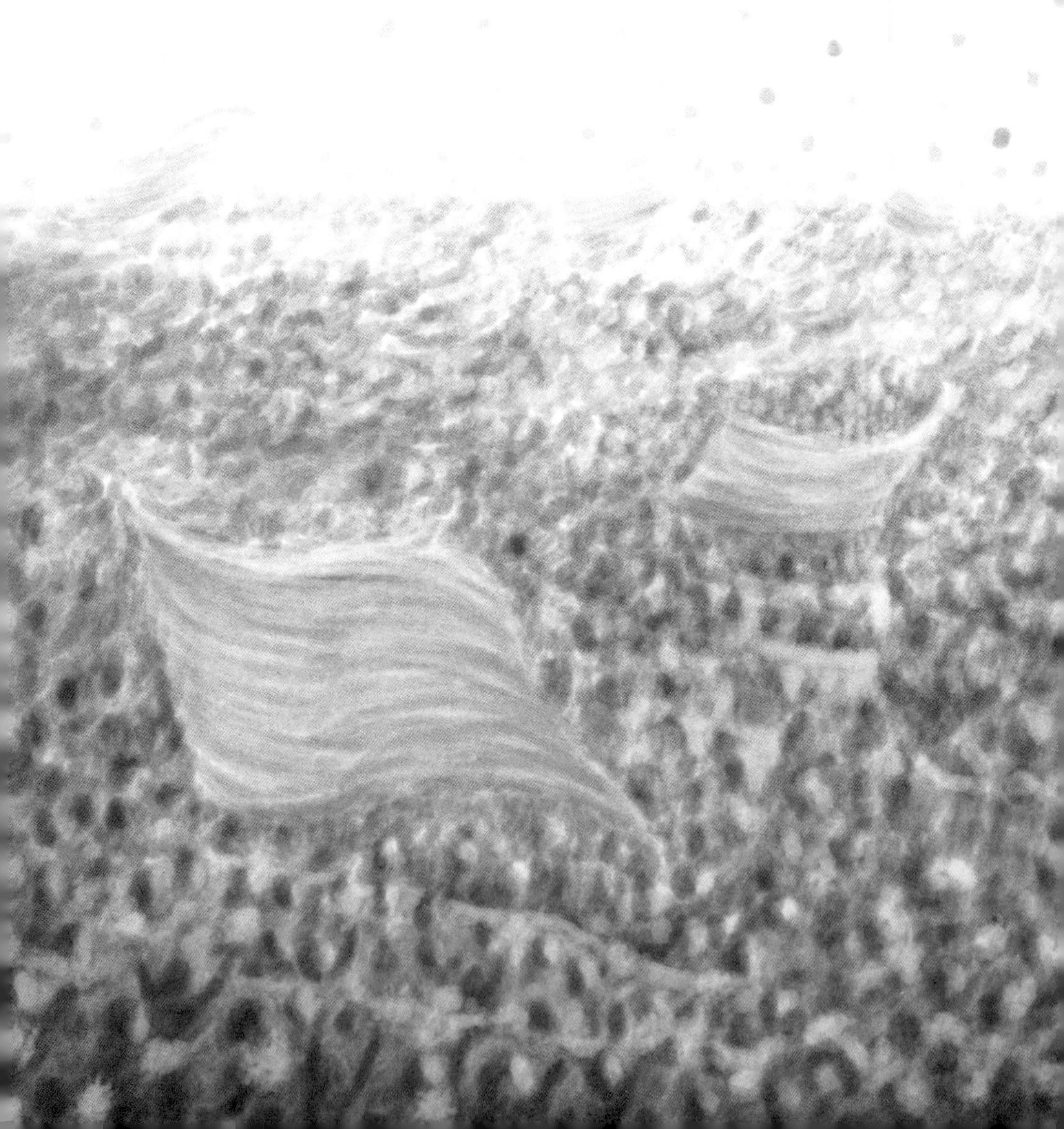

Nachdem die Kommunistische Partei Chinas im chinesischen Bürgerkrieg den Sieg davongetragen hatte, warf der US-Senator Joseph McCarthy sowohl George C. Marshall als auch John Service vor, für den Verlust Chinas an den Kommunismus direkte Verantwortung zu tragen.

Aus Furcht vor einer weiteren kommunistischen Machtübernahme in Asien entsandte Präsident Truman Truppen in den Koreakrieg (1950–1953).

Mao witterte die Gefahr einer weiteren Invasion Nordostchinas über Korea, wie sie von den Japanern durchgeführt worden war, und entsandte die sogenannte Volksfreiwilligenarmee nach Nordkorea.

Weniger als ein Jahr nach dem Koreakrieg griffen die USA in den Vietnamkonflikt ein, um in Fortsetzung ihrer Politik zur Eindämmung des Kommunismus das Regime in Südvietnam zu unterstützen.

# Anmerkungen und empfohlene weiterführende Lektüre

Die Aussprache chinesischer Namen kann sehr schwierig sein. Um die Dinge so einfach wie möglich zu halten, habe ich alle chinesischen Namen in *Pinyin* angegeben, der standardisierten phonetischen Umschrift zur Transkription chinesischer Wörter.

Die einzigen Ausnahmen hierzu bilden Namen, die vor längerer Zeit gemäss anderer, älterer Standards in lateinische Buchstaben umgesetzt wurden und sehr häufig verwendet werden. Ein Beispiel hierfür ist der Name des Anführers der chinesischen Nationalisten Chiang Kai-shek. In der Pinyin-Schreibweise müsste man diesen Namen mit „Jiang Jieshi" wiedergeben. Stattdessen verwende ich „Chiang Kai-shek", eine bekannte Romanisierung, die auf der kantonesischen Aussprache seines Namens beruht.

Wenn Sie Ihre Aussprache der in *Pinyin* geschriebenen Wörter auf Korrektheit überprüfen möchten, finden Sie im Internet eine Vielzahl hilfreicher Ressourcen dafür.
Ein exzellentes Online-Wörterbuch mit Audio-Funktionen findet sich auf der Webseite www.mdbg.net.
Die Pleco App für iOS und Android Mobiltelefone erlaubt Ihnen ebenfalls, ihre Aussprache zu überprüfen.

Als ich *Chinas Geschichte im Comic – China durch seine Geschichte verstehen – Band 5: Der Weg nach vorn – Von der frühen Republik bis zur Volksrepublik* schrieb, stützte ich mich auf eine Reihe von Quellen. Dazu gehören:

- *The Cambridge History of China* von John K. Fairbank
- *The China Mission: George Marshall's Unfinished War* von Daniel Kurtz-Phelan
- *The Generalissimo: Chiang Kai-shek and the Struggle for Modern China* von Jay Taylor
- *Global Economic History: A Very Short Introduction* von Robert C. Allen
- *Historical documents from the Office of the Historian, U.S. Department of State*
- *Lost Chance in China* von John S. Service und Joseph W. Esherick
- *Mao Zedong and The Search for Modern China* von Jonathan D. Spence
- *Read Chiang's Diary from Macro History Perspective* von Ray Huang Renyu
- *Red Star Over China* von Edgar Snow
- *Stilwell and the American Experience in China* von Barbara W. Tuchman
- *United States Relations with China: With Special Reference to the Period 1944 – 1949* vom United States Department of State

# 献给

聂莎莎、司徒子怡、张智焕、张智倍、严家森、严凯琳、刘一夫，
和许许多多对世界充满好奇心的孩子们

Dieses Buch ist Sara, Elizabeth, Malcolm und Connor,
Katelyn und Yifu gewidmet, sowie allen Kindern,
die gegenüber der Welt Neugier verspüren.

**Chinesischlerner finden auf der Webseite www.manhua.ch Vokabellisten chinesischer Wörter mit deutscher Übersetzung für den chinesischsprachigen Teil dieses Buches.**

**Auf www.manhua.ch gibt es auch weitere Informationen über den Künstler Jing Liu.**

# 画说中国史

## 第五册

# 前进的道路

从民国到人民共和国
(1912 – 1949)

刘京 文／图

# 目录

# 时间表

| | |
|---|---|
| 1911 | 武昌起义<br>孙中山任中华民国临时大总统 |
| 1912 | 清朝结束<br>袁世凯任中华民国大总统 |
| 1913 | 孙中山领导的国会反对袁世凯政府的善后借款<br>袁世凯解散国会 |
| 1914 | 第一次世界大战爆发<br>日本夺取山东并提出对华21条 |
| 1915 | 袁世凯在称帝六个月后病逝 |
| 1916 | 北洋军阀时期开始 |
| 1917 | 北洋军阀争夺北京控制权<br>中国加入协约国参加第一次世界大战 |
| 1918 | 孙中山在广州组建军政府<br>第一次世界大战结束<br>1918年流感大流行 |
| 1919 | 《凡尔赛条约》将德国在山东的权益转给日本<br>五四运动爆发 |
| 1921 | 在共产国际的协助下，中国共产党成立<br>毛泽东出席中共一大 |
| 1923 | 苏联援助孙中山领导的国民党 |
| 1924 | 孙中山任蒋介石为黄埔军校校长 |
| 1925 | 孙中山逝世 |
| 1926 | 蒋介石取得政权，开始北伐 |
| 1927 | 国民党分裂<br>蒋介石清党 |
| 1928 | 南京国民政府统一中国 |
| 1929 | 国民政府裁军引发中原大战<br>大萧条开始 |

1930 蒋介石指挥“剿共”

1931 中华苏维埃共和国在江西成立，主席毛泽东
日本入侵中国东北

1932 一·二八淞沪抗战

1933 长城抗战
蒋介石采用碉堡战略，发动第五次“围剿”

1934 红军长征

1936 红军进驻延安
西安事变后，蒋介石被迫联共抗日

1937 第二次中日战争全面爆发

1938 为减缓日军攻势，蒋介石下令花园口决堤
国民政府退守重庆

1939 第二次世界大战爆发

1940 日本占领越南北部

1941 美国通过租借法案援华，并禁止石油输日
日本袭击珍珠港

1942 日本切断美国援华物资的陆路通道
史迪威来华担任中国战区参谋长

1943 盟国在开罗和德黑兰举行首脑会议

1944 日军发动一号作战，以其最大规模的地面攻势重创国军
史迪威与蒋介石之间矛盾激化，导致史迪威离职

1945 二战以德日失败而告终
毛泽东与蒋介石在重庆举行和谈

1946 马歇尔来华参加国共谈判

1947 和谈失败，马歇尔返美
国共内战爆发

1949 国民党内战失利，蒋介石退守台湾
毛泽东宣布中华人民共和国成立

# 前言

今日中国拥有世界上最多的人口和全球第二大的经济体系。任何想了解世界现代史的人都必须了解这个正在崛起的大国。

20世纪初，中国仍是一个贫穷落后的农业社会，又屡遭西方列强的侵略和瓜分。中国是如何取得国家独立并迅速展开现代化进程的呢？关键就在于本书所涵盖的时期。

《画说中国史》第五册帮助读者了解从1912年民国初建到1949年人民共和国成立之间极其复杂的历史阶段。在此期间，中国与世界各国共同经历了一战、二战和大萧条，同时又要面临军阀割据、日本侵华和国共内战。

本书用漫画描绘出历史的戏剧性。不同国家的行动轨迹错综复杂地交织在一起，这不禁让人产生联想，如果某些历史转折点发生不同的演变，当今世界又会怎样？但这就是历史的奥秘，也许我们永远不会知道。

如果您之前的观点来自西方，那么这本书提供了新的角度来审视20世纪。如果您想了解更多，我推荐《画说中国史》的前四册，读者可以通过一个非常独特的文化视角，纵览中国五千年历史当中统一与分裂力量的持续较量。对读者来说幸运的是，作者通过巧妙的漫画、地图和图表将复杂的历史转化为易懂的论述。我希望您和我一样喜欢这本书。

——洛丽·哈蒙德博士，
加州州立大学萨克拉门托分校名誉教授，
加州戴维斯Peregrine学校创始人

# 画说中国史
## 前情提要

**第一册**
**中国文明的初创：黄帝 – 汉朝**
**（约公元前2697 – 公元220年）**

**第二册**
**从大分裂到黄金时代：三国 – 唐朝**
**（220年 – 907年）**

**第三册**
**外患下的自省：五代十国 – 元朝**
**（907年 – 1368年）**

**第四册**
**走向现代：明朝 – 清朝**
**（1368年 – 1912年）**

纵观中国历史，游牧民族在二千年间不断侵袭，
对中华文明影响深刻。
鲜卑
突厥
匈奴

党项
女真
契丹
蒙古
满族

明末爆发农民起义，满族趁机夺取政权，并于1644年建立清朝。

我们满族与以前的游牧民族不同。
在建立王朝之前，
他们已经在长城之内
管理过大量农业人口，
而我们没有这样的经验。
鲜卑
契丹
女真
蒙古

要统治中国，
我们只能继续明朝制度，
尽量不做改动。
保持低税收。
允许明朝官员留任。
保留科举考试。
法律平等对待
汉人和满人。
我们要向世人展示：
我们是来捍卫中华传统的。

清政府仿效明朝，采取被动政策，虽减轻民众负担，但也无力向全民提供更多支援，导致小农经济占据社会主导地位。
清朝很快达到小农经济所允许的发展极限。与此同时，税收制度也愈发复杂，导致税务效率低下。低税收严重削弱了政府管理治安、经济、交通、教育、公共设施和救灾的能力。
正当清朝国库空虚之际，工业革命在18世纪80年代的英国展开，并于19 世纪传播到其他西方国家。
为争夺更多的市场和资源，工业化国家纷纷凭借武力在非洲和亚洲建立殖民地。

在中国，殖民者的压迫引发了经济崩溃和社会动荡。

西方列强乘机扩大在华势力范围。
俄罗斯
北京
清
德国
英国
法国
日本

日本在第一次中日战争(1894 – 1895)中重创清军，占据朝鲜和台湾，进一步向东亚扩张。

债务
一系列战争赔款使清朝深陷债务危机。
在20世纪的前10年里，清廷的首要
任务就是日复一日地凑钱还债。

一位医生结束了清朝的痛苦。
我的哥哥移居美国，
他资助我在夏威夷和香港上学。
之后，我成为一名医生。
孙中山
（1866 – 1925）
很快我意识到中国最需要的不是医术。
于是我放弃行医，投身革命。
我在日本创立了中国
同盟会，筹集海外资金，
资助国内的反清起义。

# 画说中国史

# 5

1911年10月10日，武昌起义爆发。
清
北京
日本
高田
武昌
革命啦！
蒋介石（1887－1975），
日军第十九联队野炮兵队的中国学员

多年入伍受训，总算有了用武之地！
我们今天就走！

我认识一些上海的革命同志，
我在暑假期间跟他们工作过……
日本
清
上海

同盟会中部总会，上海
率领敢死队攻打省城。
如果我回不来了，
请把这封信带给家母和兄长。

革命的消息传到长沙的一所中学。
剪去胡辫！推翻满清！
我们参加革命军吧！
现在是雨季。我去城外的朋友那里借双雨鞋。

我要参军！
毛泽东
（1893 – 1976）

# 民国初期

（1912 – 1916）

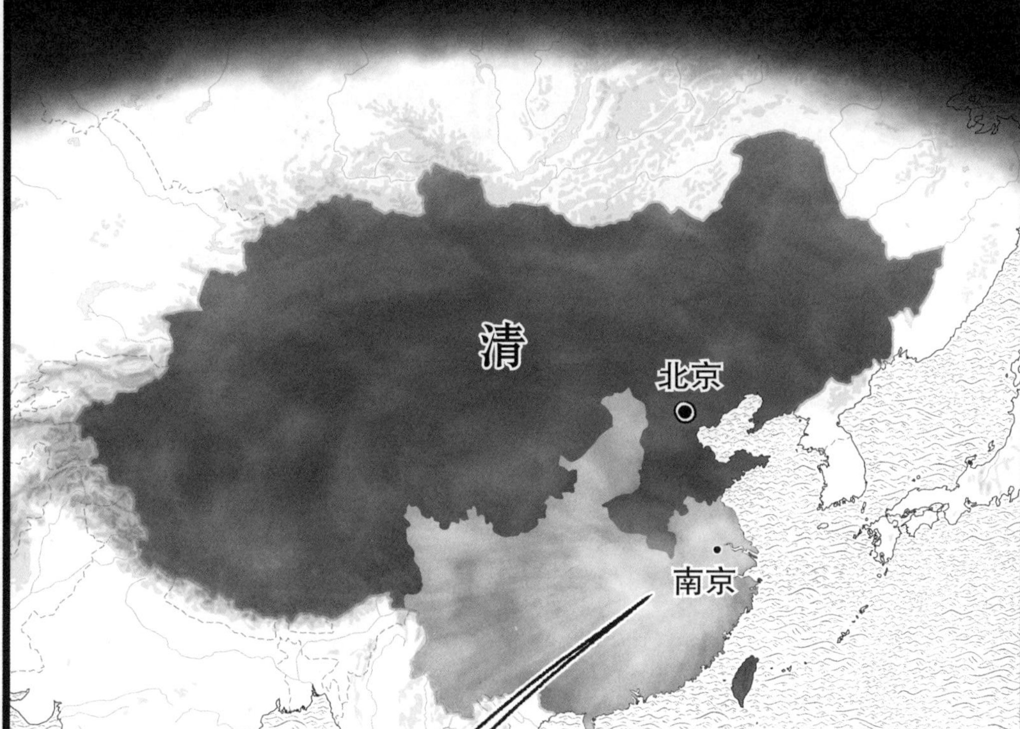


武昌起义后的2个月内，15个省份宣布从清朝独立。
1911年12月29日，各省代表聚会南京，
推选孙中山为中华民国临时大总统。

完成首次战斗任务后，
蒋介石接到了新命令。
我要把这些渔夫和浪人训练成战士，
给他们饭吃，招募新兵，
并为部队筹集资金。

毛泽东开始了他的军旅生活。
班里的弟兄家境贫困，
没有文化，
所以我帮他们写家信。

军饷每月7块大洋，
其中伙食费2块。
为了省钱，
大家都去城外的古井打水。
但我是个上过学的人，
不能屈尊去挑水，
只好向挑水夫去买。

我把剩下的钱用来买报纸。

清廷遣北洋军主力南下进剿，但北洋统帅却私下与革命军谈判。
如果你让我当总统，
我就让皇帝退位。
我同意！
这是推翻清朝最快而且
流血最少的方法。
袁世凯
（1859 – 1916）
孙中山

1912年2月12日，朝廷颁布皇帝退位诏书，
历时268年的清朝正式结束。
袁世凯就任中华民国大总统。
剧终
现在战事平息，重建开始，我也该回到日本完成学业了。
我决定脱离军队，回去念书。

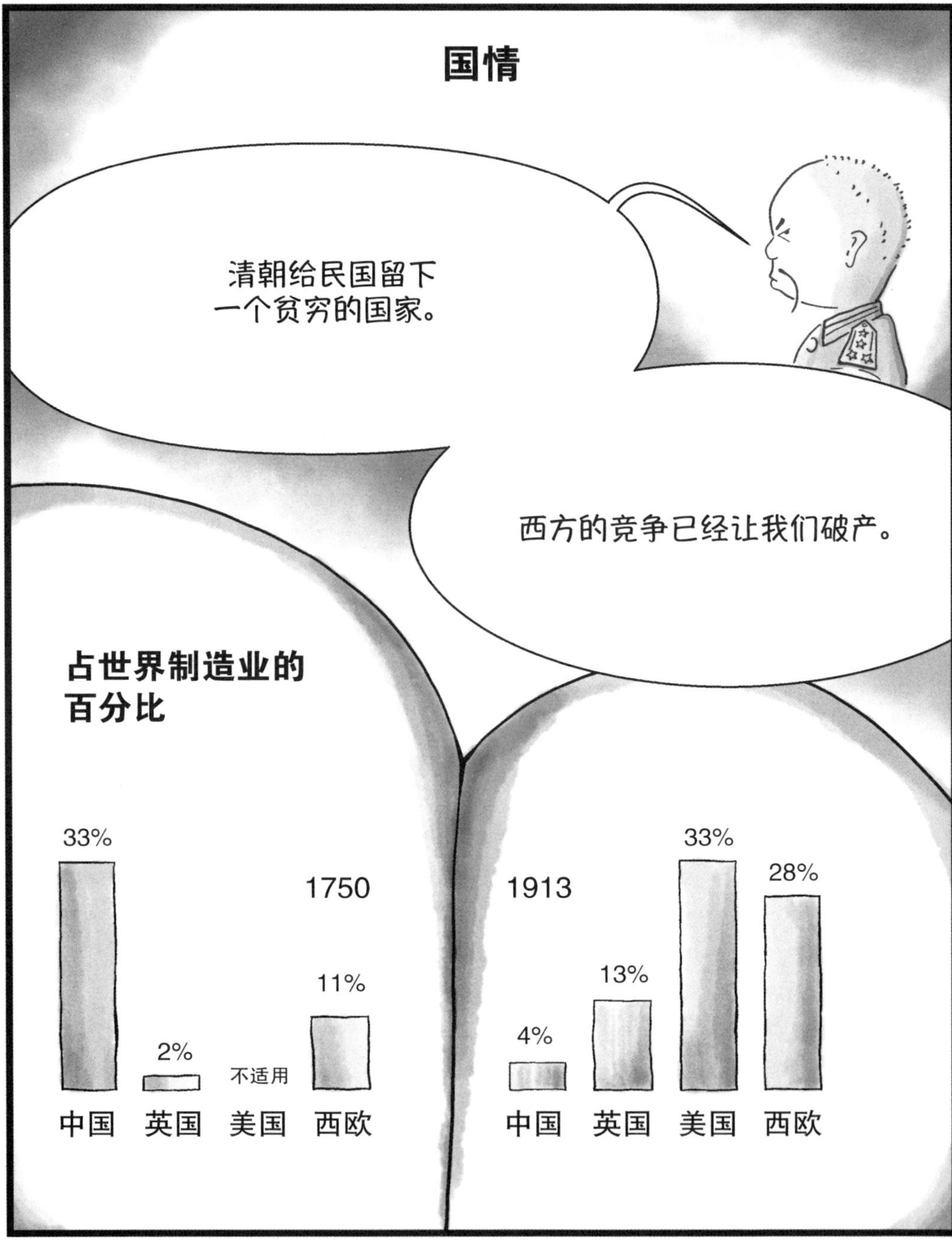
国情
清朝给民国留下一个贫穷的国家。
西方的竞争已经让我们破产。
占世界制造业的百分比
1750
33%
2%
不适用
11%
中国 英国 美国 西欧
1913
4%
13%
33%
28%
中国 英国 美国 西欧

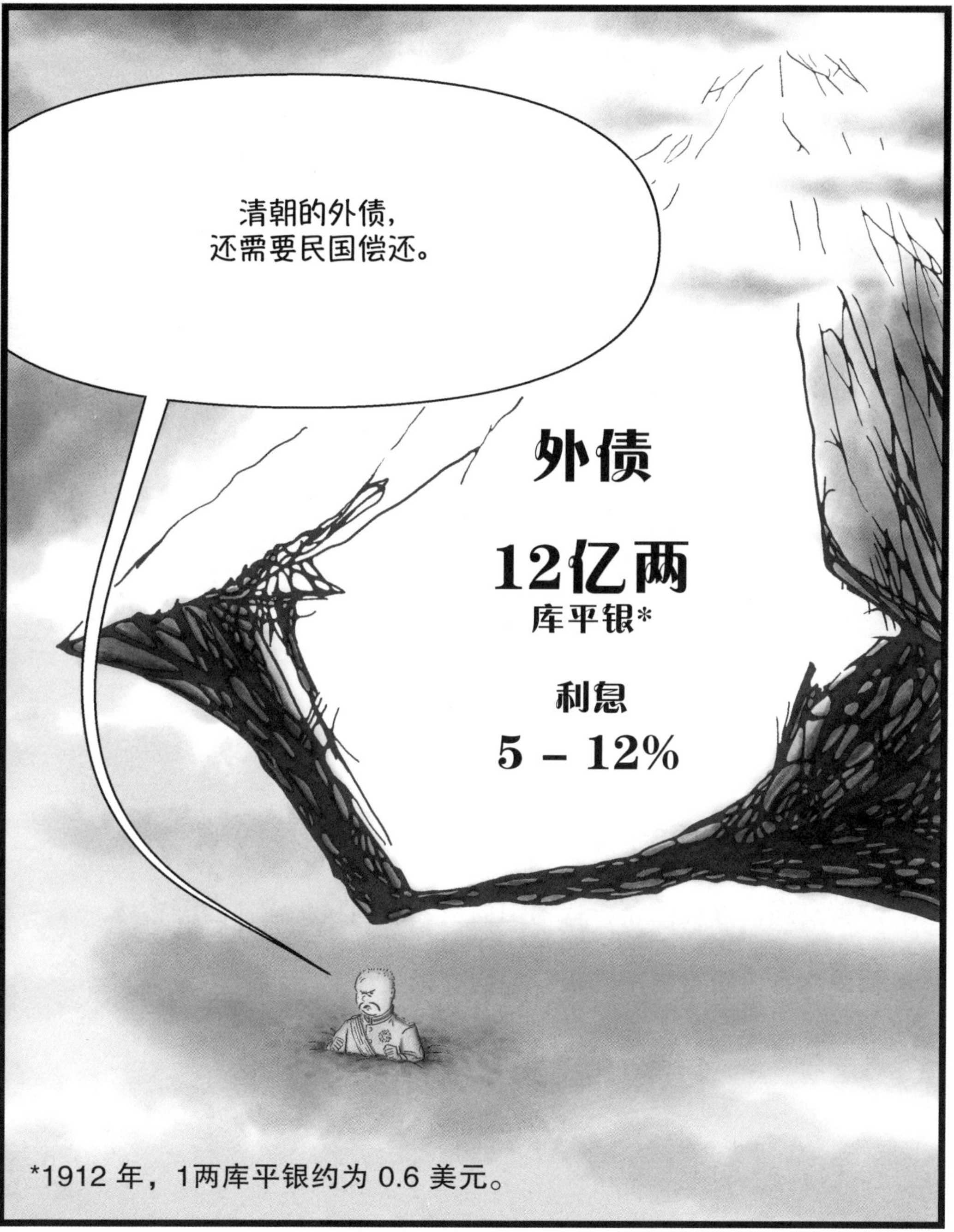
清朝的外债，
还需要民国偿还。
外债
12亿两
库平银*
利息
5 – 12%
*1912 年，1两库平银约为 0.6 美元。

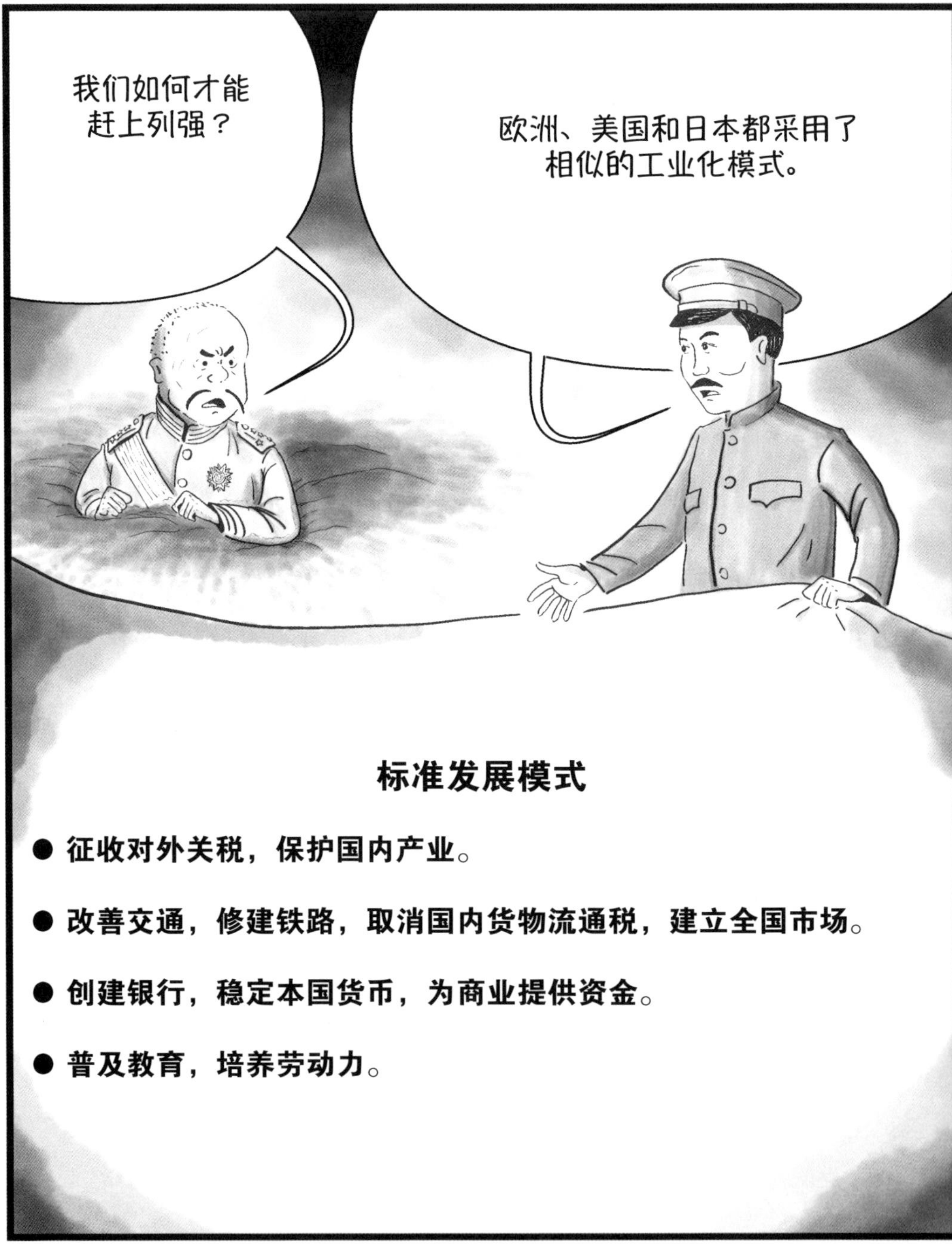
我们如何才能赶上列强？
欧洲、美国和日本都采用了相似的工业化模式。
标准发展模式
● 征收对外关税，保护国内产业。
● 改善交通，修建铁路，取消国内货物流通税，建立全国市场。
● 创建银行，稳定本国货币，为商业提供资金。
● 普及教育，培养劳动力。

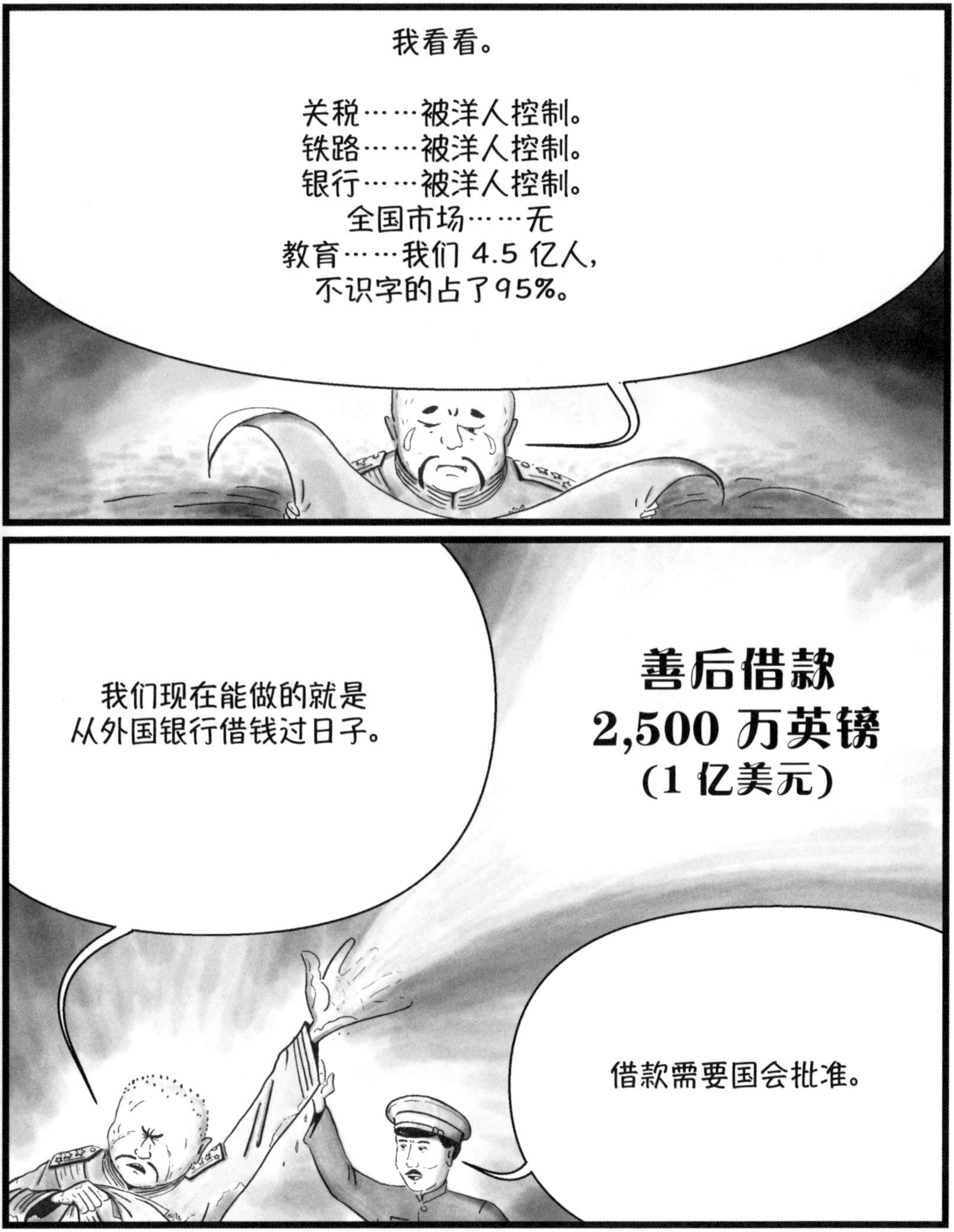
我看看。
关税……被洋人控制。
铁路……被洋人控制。
银行……被洋人控制。
全国市场……无
教育……我们 4.5 亿人，
不识字的占了95%。
我们现在能做的就是
从外国银行借钱过日子。
善后借款
2,500 万英镑
(1 亿美元)
借款需要国会批准。

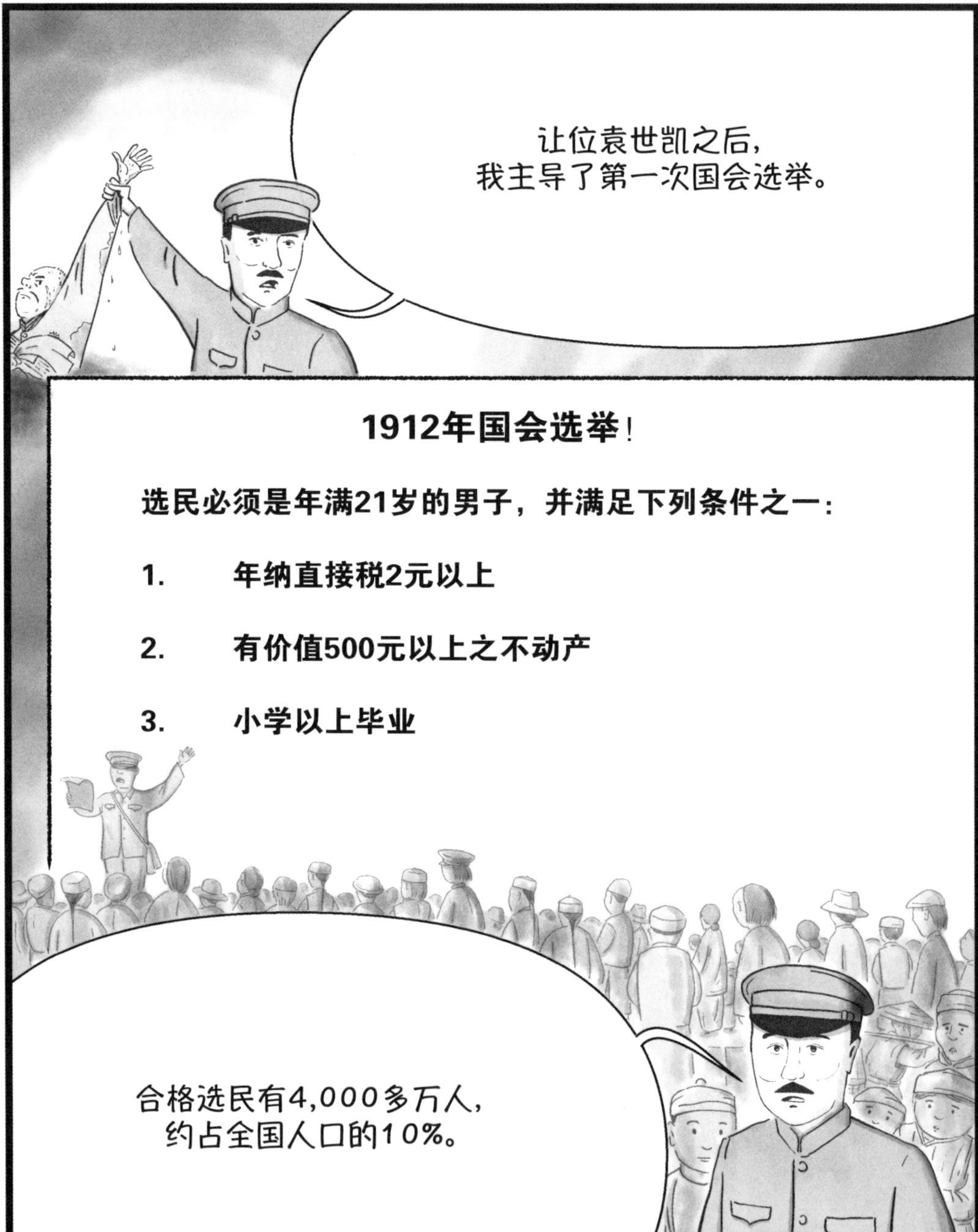

让位袁世凯之后，
我主导了第一次国会选举。
1912年国会选举！
选民必须是年满21岁的男子，并满足下列条件之一：
1. 年纳直接税2元以上
2. 有价值500元以上之不动产
3. 小学以上毕业
合格选民有4,000多万人，
约占全国人口的10%。

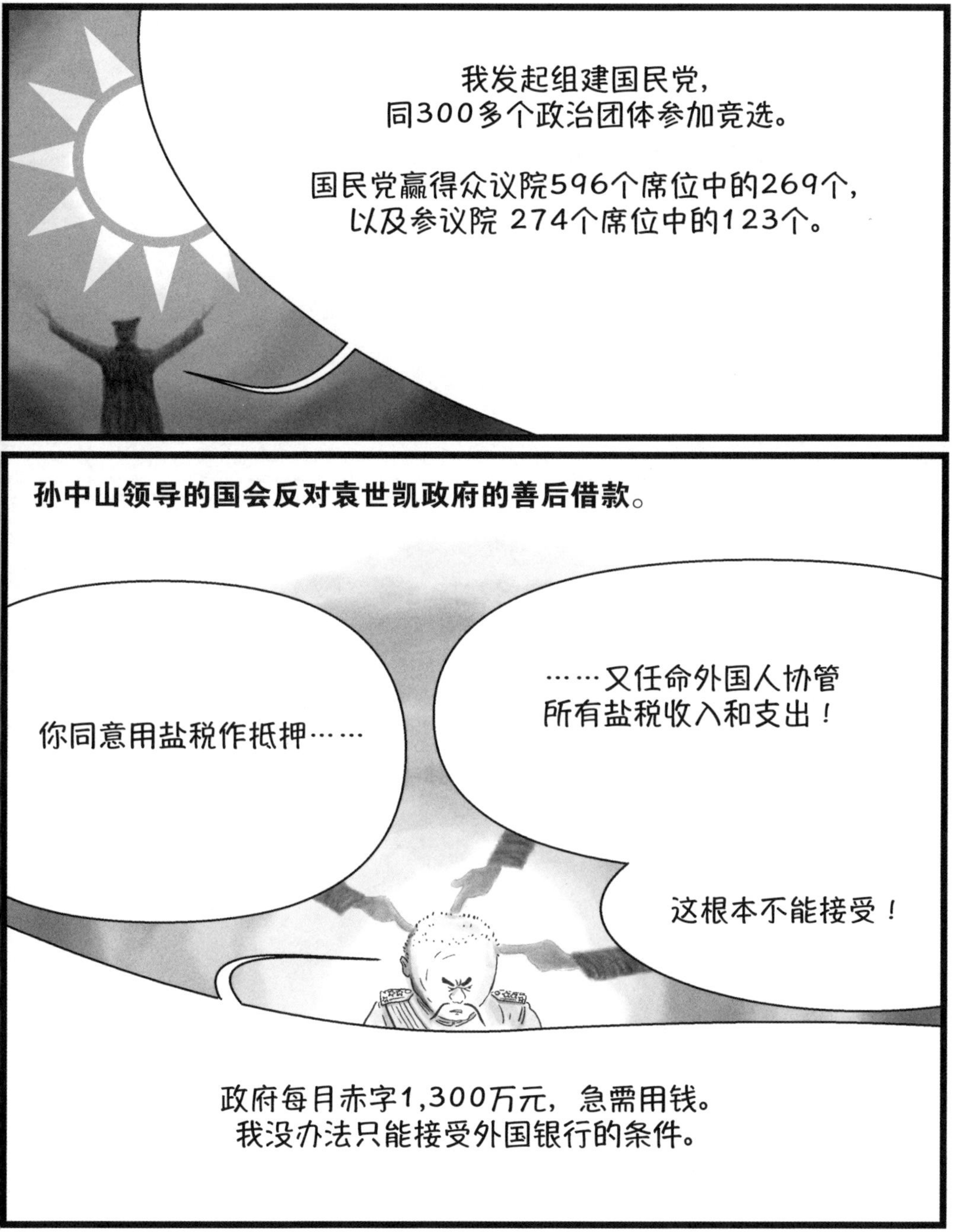
我发起组建国民党，
同300多个政治团体参加竞选。
国民党赢得众议院596个席位中的269个，
以及参议院 274个席位中的123个。
孙中山领导的国会反对袁世凯政府的善后借款。
你同意用盐税作抵押……
……又任命外国人协管
所有盐税收入和支出！
这根本不能接受！
政府每月赤字1,300万元，急需用钱。
我没办法只能接受外国银行的条件。

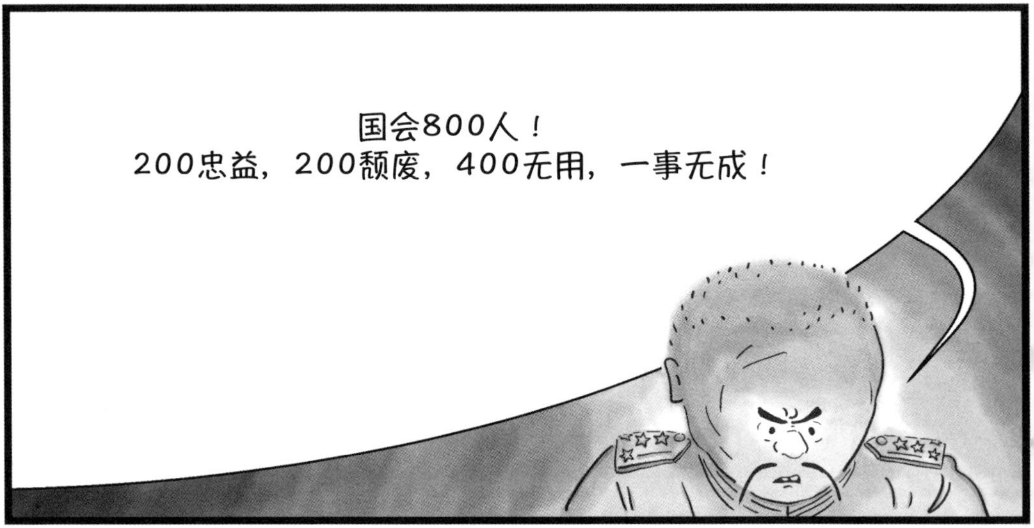
国会800人！
200忠益，200颓废，400无用，一事无成！

三名国民党将领通电反对善后借款。
出兵平乱！

1913年7月
讨伐袁世凯！
蒋介石回到上海。
二次革命！
解散国民党。
取消国会！
孙中山及其追随者逃往日本。

湖南省立图书馆，
1913年夏
毛泽东
我的中学课程有限，
所以我现在自学。

六个月来，
每天早晨图书馆一开门我就进来，
一直阅读到闭馆的时候。
世界地理
历史

米糕
中午我休息片刻。
父亲说我必须完成学业，
将来才能找到工作，
否则不再寄钱。
湖南省立第四师范学校
不收学费
食宿便宜

湖南省立第四师范学校，
1913年秋
如何救国？
我国书生文弱，无力参军，
所以军队被无知无信之人把持。
杨昌济
（1871 – 1920）
体育运动有提振武风
和增强国力的功效！
毛泽东

运动必须猛烈而耐久，
最好每天两次，每次30分钟，
裸体最善，次则薄衣。

# 第一次世界大战

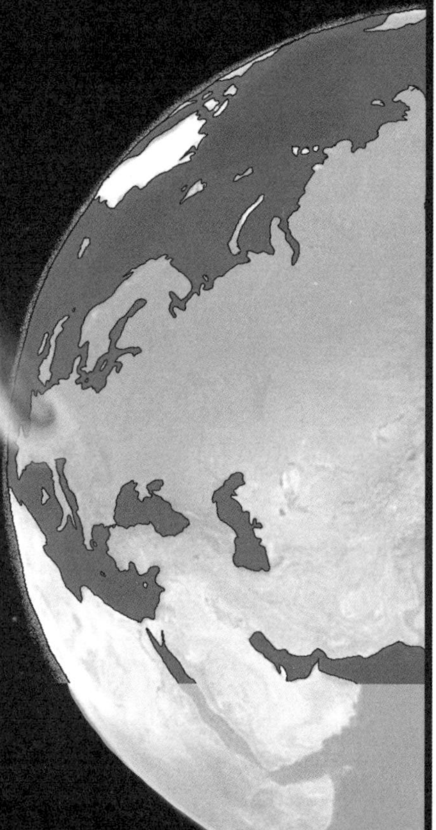

在19世纪末和20世纪初，西方帝国主义者在非洲和亚洲展开了新一轮的殖民竞赛。对殖民地资源和市场的掠夺导致了第一次世界大战（1914－1918）。

一战是工业化国家之间第一次重大战争。主要参战联盟是法国、英国和俄国组成的协约国以及德国、奥匈帝国和意大利组成的中央同盟。美国于1917年参战。

日本加入协约国并夺取了德国在山东的殖民地。
日本对袁世凯提出21条要求。
确认日本对山东的控制。
承认日本在华经济利益……
通过谈判，我把他们的要求降到13条。
为了避免交战，我非常屈辱地接受了日本的条件。

共和国体，不适国情，
无法抗衡日本。
中国传统的帝制是唯一的希望！
北京，
1915年12月12日
中华帝国
弘宪皇帝
南方省份相继爆发反袁运动。
在事态平息之前，56岁的袁世凯
因尿毒症于1916年病逝。

# 北洋军阀时期

（1916 – 1928）

**袁世凯死后，国会重开，但依然有名无实。前北洋军的将领们开始争夺北京的控制权，而更多小规模的武装则分散在全国各地。大小军阀的控制范围从几个省到几个镇不等。北洋军阀时期开始。**

■ 南北军阀的主要战场

■ 名义上服从北京的地区

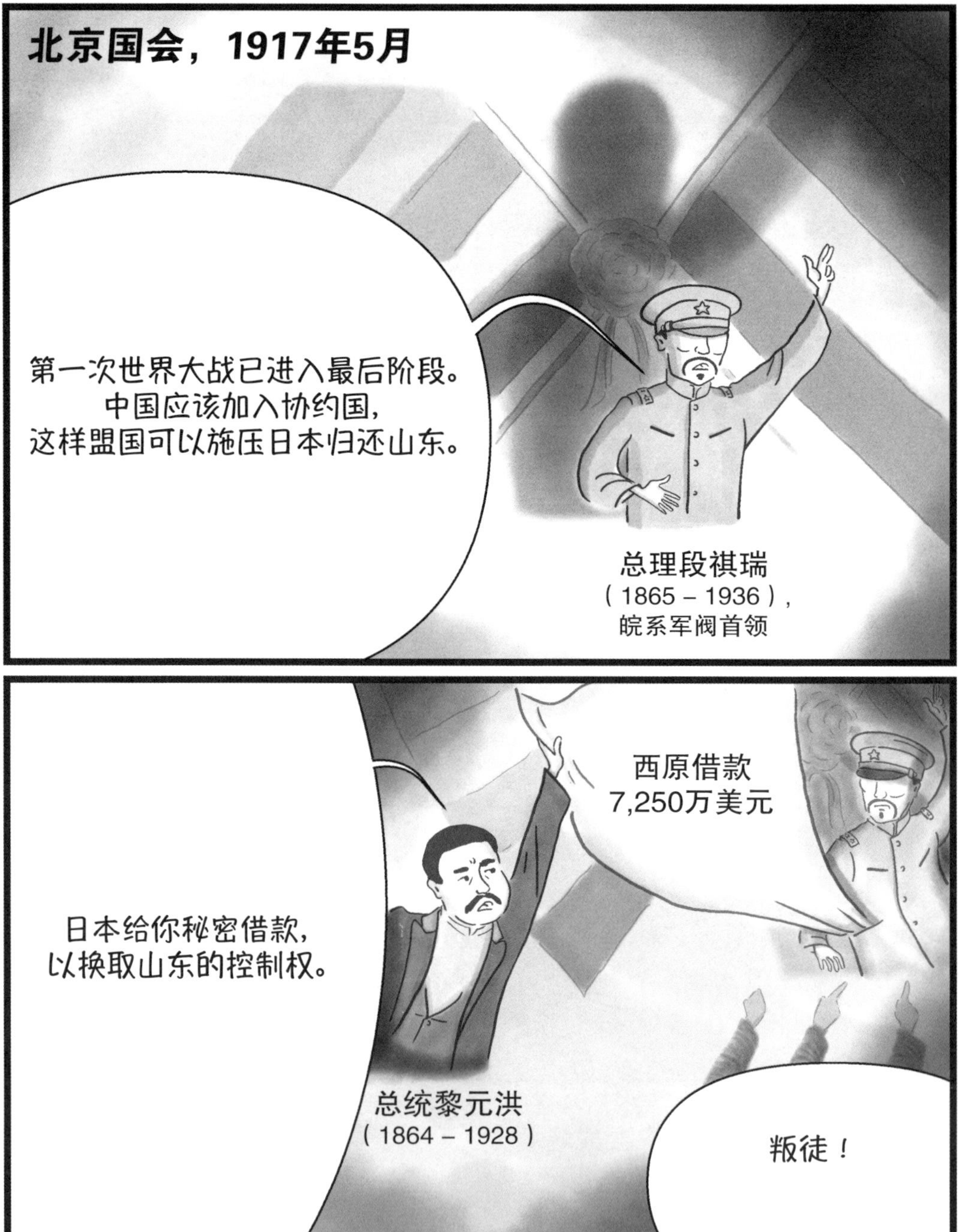
北京国会，1917年5月
第一次世界大战已进入最后阶段。中国应该加入协约国，这样盟国可以施压日本归还山东。
总理段祺瑞（1865 – 1936），皖系军阀首领
日本给你秘密借款，以换取山东的控制权。
西原借款 7,250万美元
总统黎元洪（1864 – 1928）
叛徒！

召集部队。
张勋
（1854 – 1923），
军队将领
1917年7月，张勋率兵入京后，拥戴清末皇帝复位。
段祺瑞击败张勋，
结束清朝复辟。
1917年8月，段祺瑞政府向德国宣战。
至1918年底，近96,000名中国劳工抵达欧洲，
2,000多人在战争中丧生。

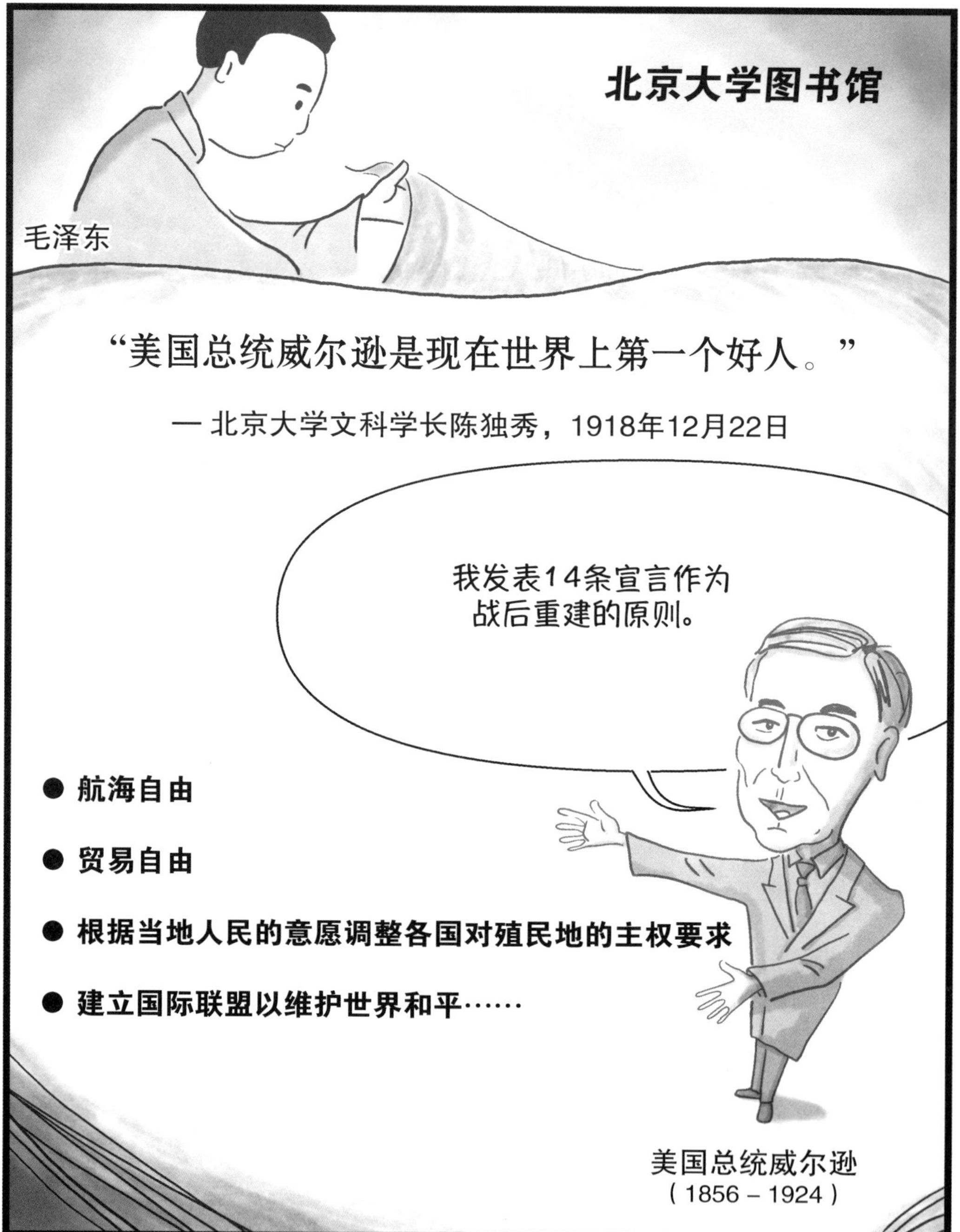

北京大学图书馆
毛泽东
“美国总统威尔逊是现在世界上第一个好人。”
— 北京大学文科学长陈独秀，1918年12月22日
我发表14条宣言作为
战后重建的原则。
● 航海自由
● 贸易自由
● 根据当地人民的意愿调整各国对殖民地的主权要求
● 建立国际联盟以维护世界和平……
美国总统威尔逊
（1856 – 1924）

师范学校毕业后，我来到北京。
我以前的老师现在担任北京大学教授，
他帮我在图书馆找了一份工作。
杨昌济
李大钊
（1889 – 1927），
北京大学图书馆主任，
中国共产党创始人之一

每天有许多著名文化领袖经过这里，
但在他们大多数人眼里，
根本就没我这个人。
他们很忙，没时间理我，
我只是一个25岁的图书馆助理，
又有南方口音。
北京对我来说很贵。我每月工资8块钱，
只能跟其他7个室友合住一间小屋。
我喘不上气。
小心！
我要翻身。
该回家乡了……

广州，1918
趁军阀混战，
我在广州组建了军政府。
孙中山
准备出兵北伐，
统一中国！
我是否能够
胜任革命事业？
蒋介石
我要每日记下所作所为，
不断自我反省。
1918年，31岁的蒋开始写日记，
这个习惯他一直保持了50多年。

第一次世界大战于1918年11月11日结束。
在参战的6,580万名士兵中，超过900万丧生。

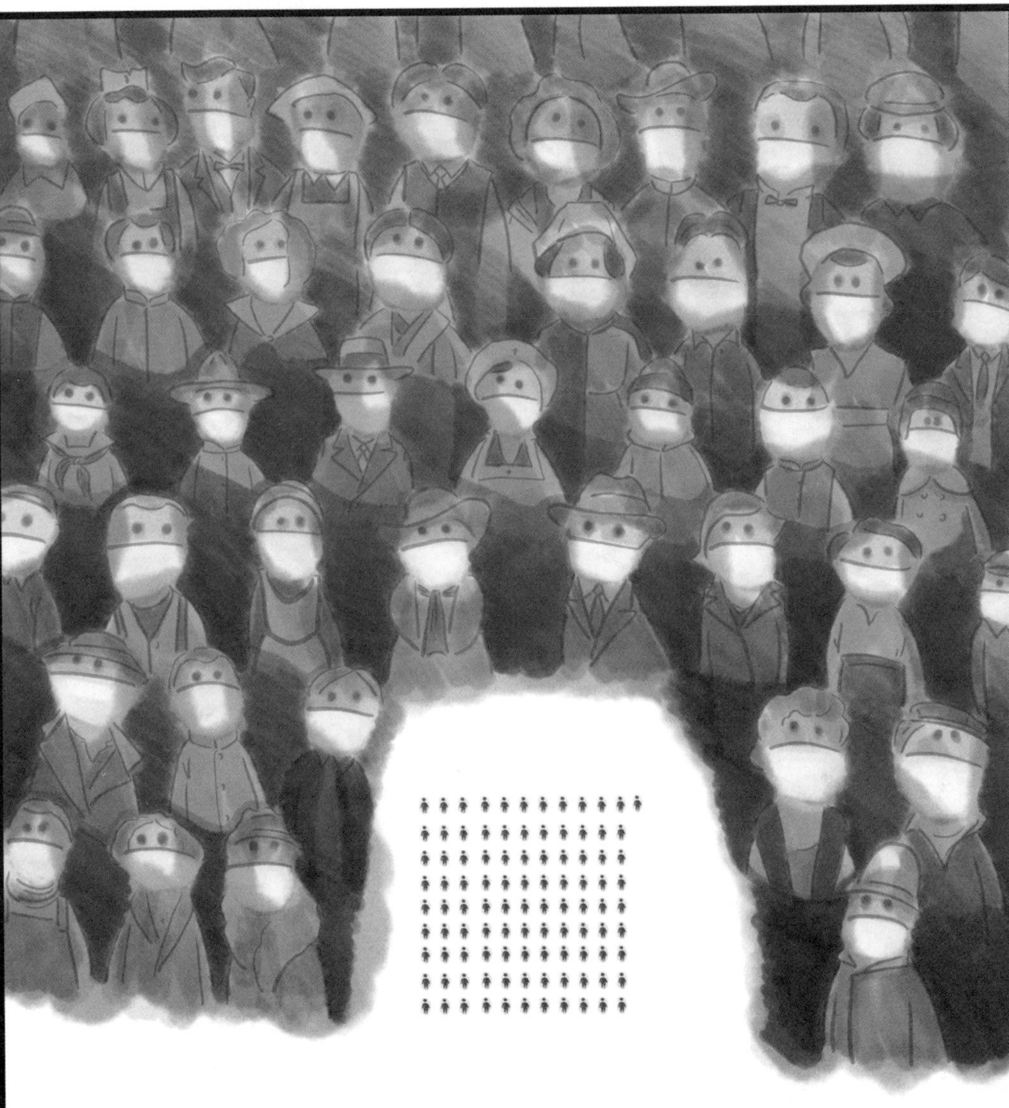

一战接近尾声时，1918年流感大流行。过度拥挤的军营、战地医院和现代化的交通工具助长了病毒的传播。1918年至1919年间，全球5亿人感染，约有1亿人(占当时人口的5%)死亡。

巴黎和会
1919年1月18日
山东是孔子的出生地，也就是中国人的圣地。

日本必须把山东还给中国！
顾维钧
（1888 – 1985），
中国代表团成员
英国
法国
意大利
日本
对不起，我们已经同意
日本对山东的主张，
以换取日本海军援助。
袁总统于1915年接受了
日本对山东的控制，
段总理于1918年又再次确认。
巴黎会议签订《凡尔赛条约》，
将德国在山东的权益转给日本。

五四运动
北京，1919年5月4日
拒签《凡尔赛条约》。
打倒卖国贼。
抵制日货！
什么公理，什么永久和平，什么威尔逊总统14条宣言，都成了一文不值的空话。
陈独秀
北京大学文科学长

我在家乡创办了一份报纸
来宣传这场运动。
长沙，湖南
《湘江评论》
1919年7月21日
民众的大联合
1911年的辛亥革命，似乎是一种民众的联合，其实不然。辛亥革命乃留学生的发踪指示，哥老会的摇旗唤呐，新军和巡防营一些丘八的张弩拔剑所造成的，与我们民众的大多数毫无关系。
几千年来，皇帝当家的时候，大规模有组织的事业，我国人简直不能过问。我们没能力，有其原因，就是“我们没练习。”
五四运动给了我们练习的机会，给了我们进行民众大联合的机会！
毛泽东

正当中国的革命者寻找前进的道路时，俄国提供了帮助。
РСФСР
第一次世界大战带来社会动荡，削弱了俄罗斯帝国。1917年十月革命爆发，布尔什维克夺取了俄国政权。
为防御外国干涉，我们成立了共产国际，以发展海外盟友。
列宁
（1870 – 1924）

共产国际于1921年派代表到中国协助成立中国共产党。
斯内夫利特
（1883 – 1942），
化名马林
陈独秀
北京大学文科学长
李大钊
北京大学图书馆主任

1921年7月，中国共产党在上海召开第一次全国代表大会，到会13人，代表了全国大约50名党员。毛泽东作为长沙代表出席会议。
中共一大标志着中国共产党的正式成立。

广州，1921年7月
四年过去了，
我们依然没有立足之地。
以前的军阀盟友背叛了我。
现在我不得不依靠新军阀
去攻打旧军阀。
孙中山
陈炯明
（1878－1933）

陈炯明反对北伐统一中国。
1922年6月，我们的分歧导致了战争。

这种时候，
我能靠谁？
事紧急。
盼速来。
蒋介石
蒋介石指挥作战，保护孙中山脱离险境。
广州不保，
我们暂去上海。

苏俄援助
上海，1922年8月
难道我还得求助军阀来收复广州吗？
俄国可以提供援助！
马林

越飞
（1883 – 1927），
苏联外交部代表*
*苏联成立于1922年12月30日

上海，1923年1月
孙文越飞宣言
我认为共产主义组织甚至苏维埃制度，事实上均不能引用于中国，因为中国没有让这些制度实施成功的条件。
我完全同意。
目前中国最重要最迫切的问题是国家的统一和独立。
中国可以依赖苏联援助来完成此项大业。

广州，1923年8月
我们成功收复广州，
现在派你去俄国……

列宁
蒋介石
托洛茨基
（1879 – 1940）

苏联将向我们提供
武器、资金和顾问。
而我们需要接受中共党员
加入国民党。

黄埔军校
1924年2月
革命事业需要
我们自己的军队。
我决定委派你筹办军校。
我们可以利用
清朝军校的旧址。
广州
黄埔岛

毛泽东加入国民党，开始为黄埔军校招生。
我在位于法租界的国民党上海执行部工作。
政治思想是我们挑选学员的主要标准。
为给学生找武器，我从附近兵工厂秘密调来500支步枪。
我还设计军服、挑选教官、制定课程并监督卫生。
蒋介石

开学典礼，1924年6月16日
中华民国
陆军军官学校
升官发财
请往别处
贪生畏死
勿入斯门
开学典礼上有
499个学生。

广州商团从一家英国公司订购枪械9,000多支！
他们在策划袭击吗？
把学生分成四队。
派二队戒严广州，一队护卫孙中山……

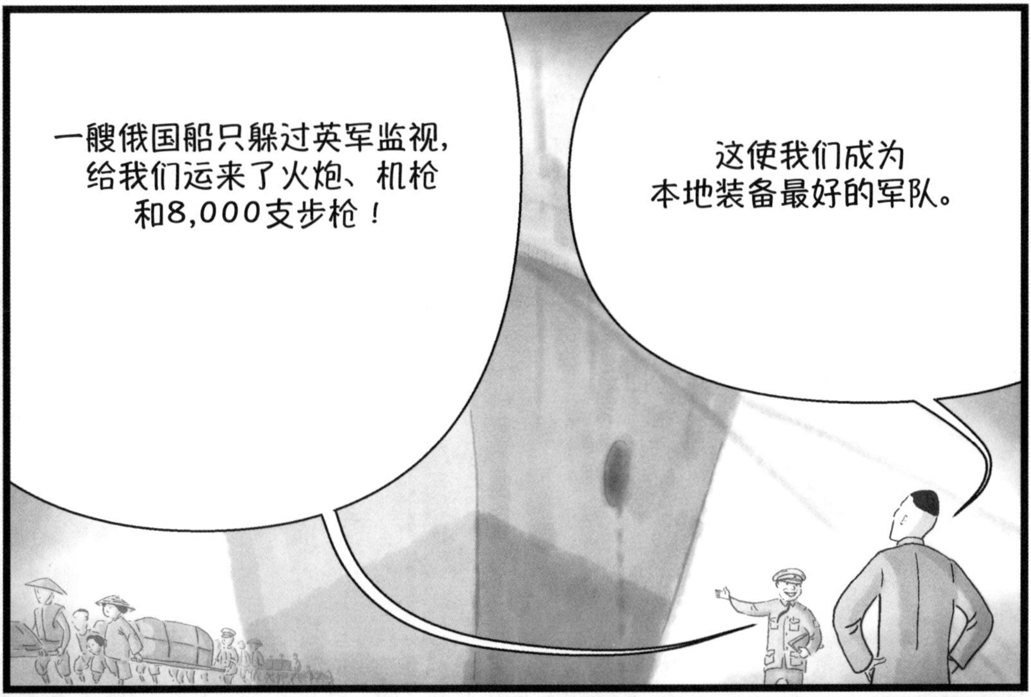
一艘俄国船只躲过英军监视，
给我们运来了火炮、机枪
和8,000支步枪！
这使我们成为
本地装备最好的军队。

第一届456个学生五个月后毕业。
一年之后，他们中的一半战死沙场。

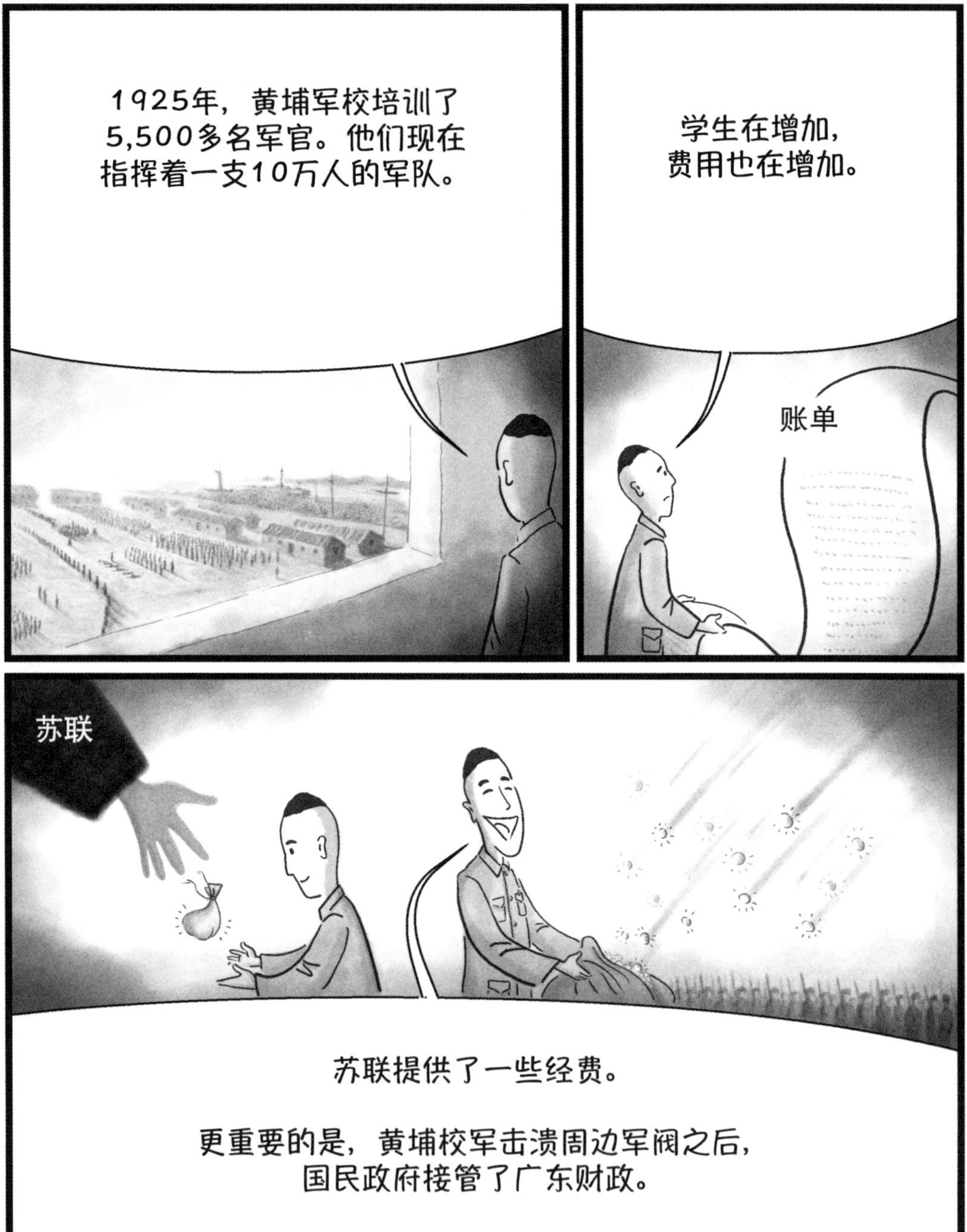
1925年，黄埔军校培训了
5,500多名军官。他们现在
指挥着一支10万人的军队。
学生在增加，
费用也在增加。
账单
苏联
苏联提供了一些经费。
更重要的是，黄埔校军击溃周边军阀之后，
国民政府接管了广东财政。

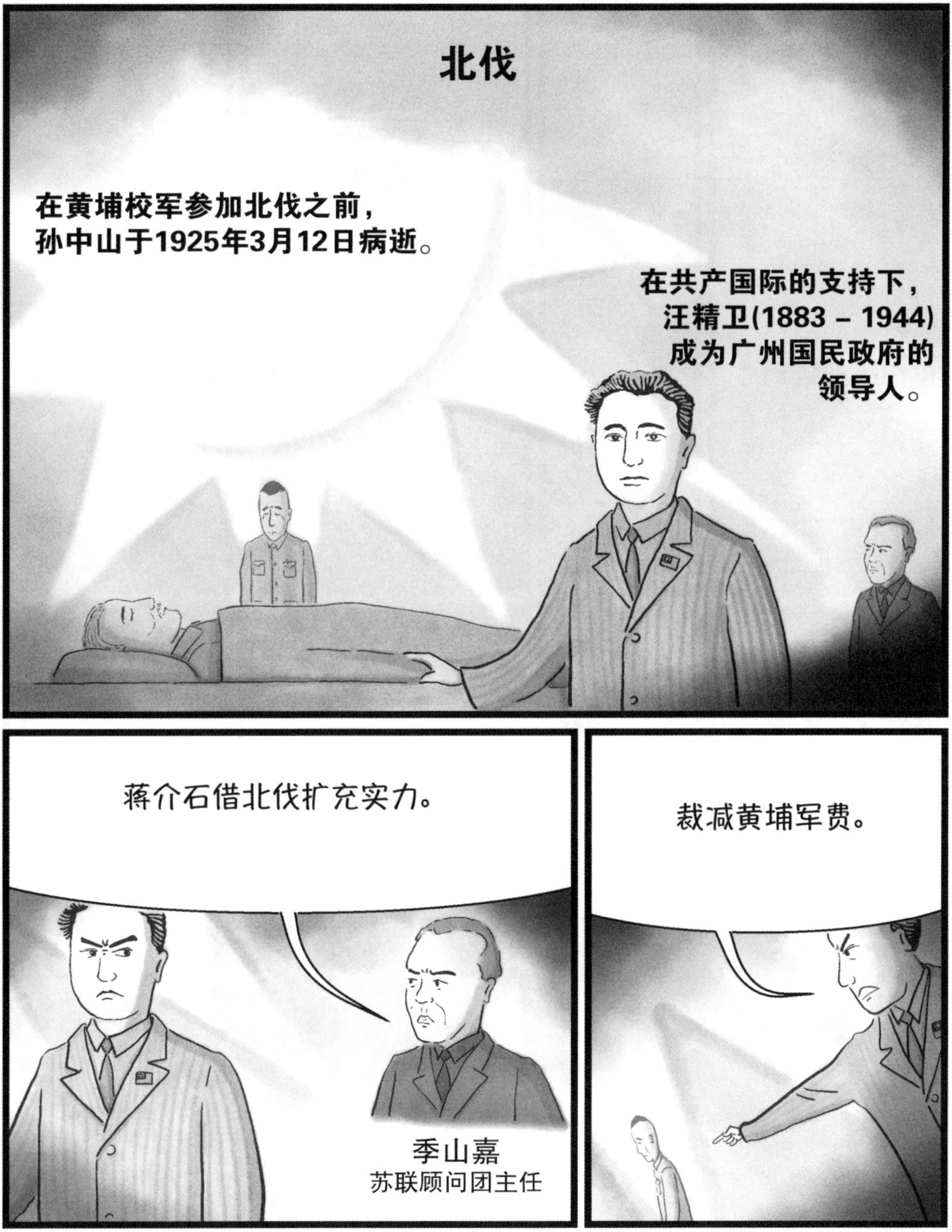
北伐
在黄埔校军参加北伐之前，
孙中山于1925年3月12日病逝。
在共产国际的支持下，
汪精卫(1883 – 1944)
成为广州国民政府的
领导人。
蒋介石借北伐扩充实力。
季山嘉
苏联顾问团主任
裁减黄埔军费。

黄埔岛，
1926年3月
奉您的命令，
中山舰即将抵达。
我的命令
?!
汪精卫今天
三次问我是否
在黄埔。
难道他和
俄国人要
绑架我吗？
夺取中山舰，戒严广州，
命令苏联顾问团卫队缴械。

中山舰事件后，
蒋介石强迫汪精卫离境，
开除苏联顾问，
命令共产党员退出黄埔军校，
巩固了自己的地位。
国民革命军总司令
国民党中央委员会
常务会议主席
国民政府委员

国民党有50万党员
和一支军队，
而中共只有3万
党员。
我们暂时继续
与蒋合作。
斯大林
（1878－1953），
1924年列宁去世后
任苏联领导人

广州，1926年7月1日
北伐统一全中国！
打倒帝国主义！
打倒军阀！
我们为统一而战，
因为只有统一政府才能
抵抗帝国主义和卖国军阀，
解救中国人民于困苦！

我们有8个军100,000人。
每个士兵月饷10元。
兵饷：10 x 100,000 = 100万
＋
军官月薪、装备和补给：200万
每月开支：300万
我只有500万。

整个北伐期间，
财务问题不断发生。
致广州国民政府，
前方部队催发伙食，而我只剩一万元。
如政府不尽快拨款，我作为总司令只能引咎自杀，
以向将士谢罪。
蒋介石
1926年9月30日

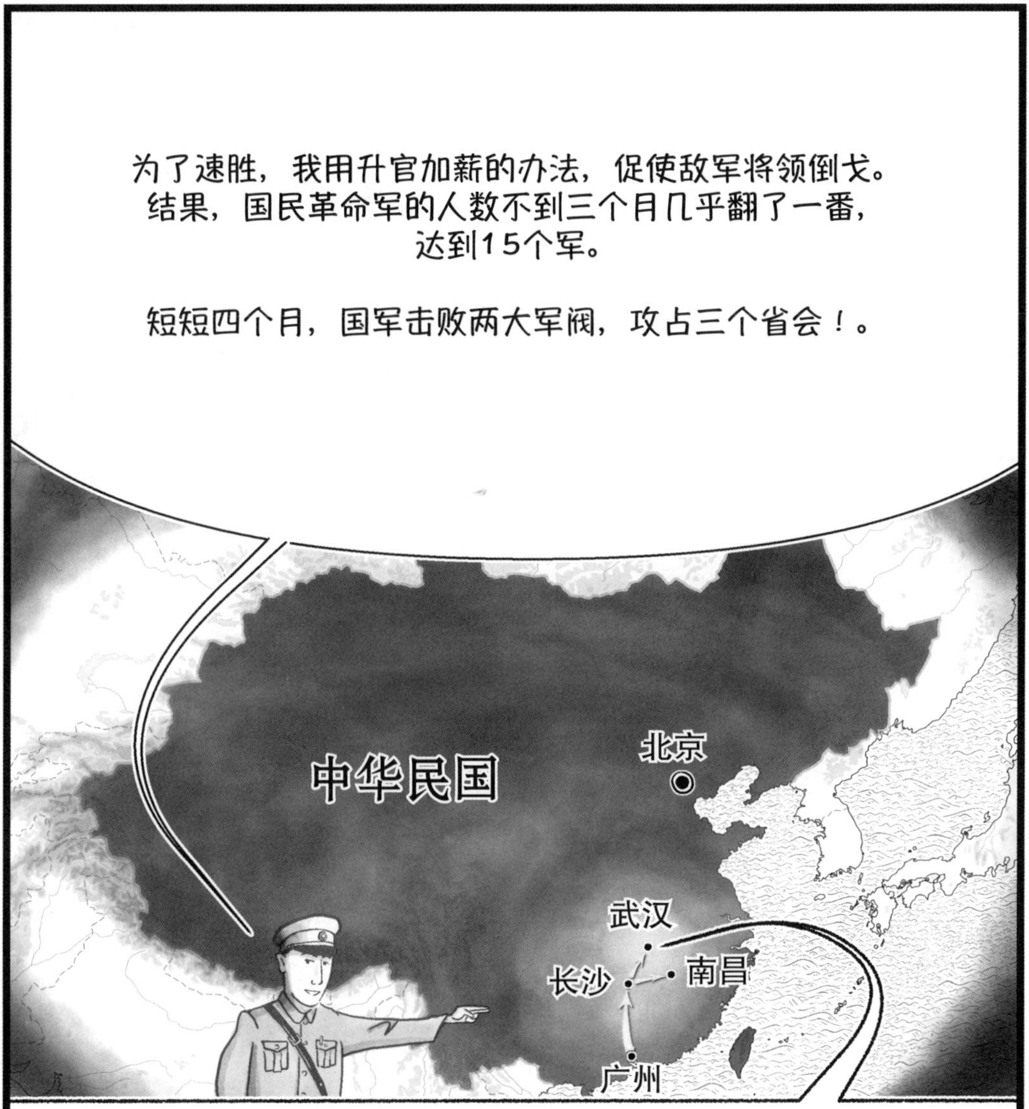


**1926年12月**

**国民政府和国民党中央党部从广州迁往武汉。**

1927年4月1日
武汉国民政府在苏联支持下，
解除蒋介石国民革命军
总司令的职务。
上海
武汉

国民党就像一个柠檬。
我们可以一直挤，
挤干了就扔掉。
蒋介石决定先挤。
斯大林

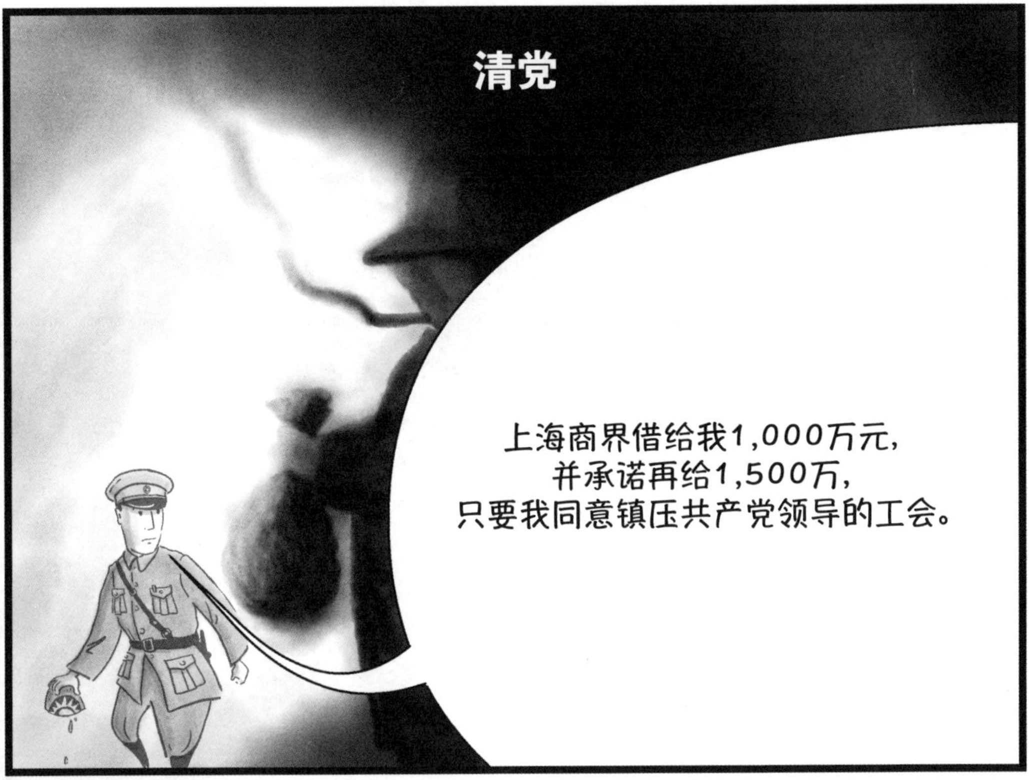
清党
上海商界借给我1,000万元，
并承诺再给1,500万，
只要我同意镇压共产党领导的工会。

1927年4月12日，蒋介石率军占领上海。
数以千计的上海共产党员和工会成员遇害。

1927年4月18日，
蒋介石成立南京国民政府，
与武汉政府抗衡。
南京
武汉
广州

蒋介石和国民党右派已经
显露出他们的反革命本质。
共产党应该继续与
国民党左派合作。

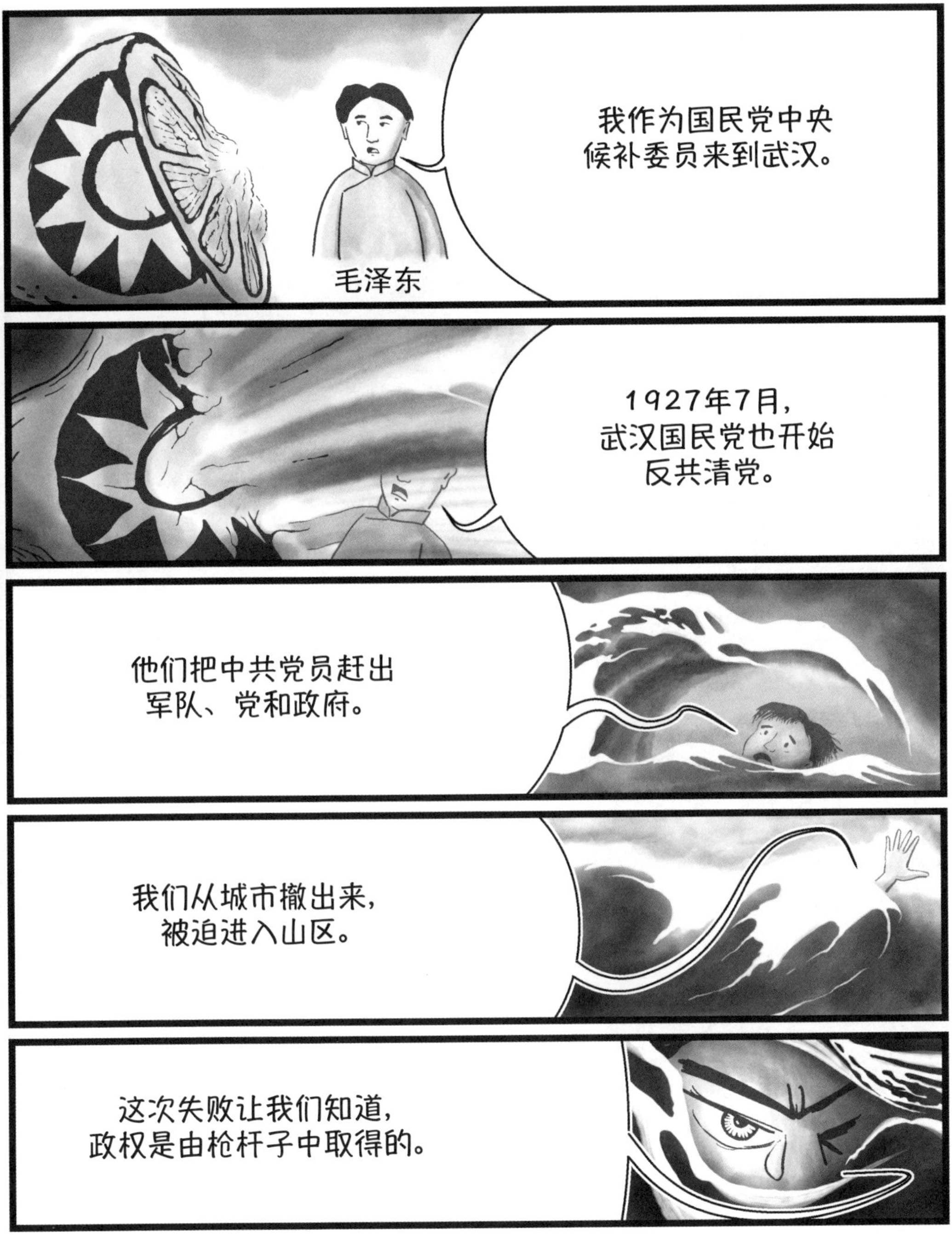
毛泽东
我作为国民党中央
候补委员来到武汉。
1927年7月，
武汉国民党也开始
反共清党。
他们把中共党员赶出
军队、党和政府。
我们从城市撤出来，
被迫进入山区。
这次失败让我们知道，
政权是由枪杆子中取得的。

上海，1927年12月1日
宋美龄是孙中山遗孀的妹妹。
蒋介石
她也是国民政府
财政部长的妹妹。
美玲是基督徒。
为了娶她，
我加入了基督教卫理公会。

# 南京时代

（1928 – 1937）

国军已增至230万人，
军饷超过了全国收入。
我计划将军队裁减到80万，
军费降低到全国收入的40%。
多地将领反对裁军，引发中原大战(1929 – 1930)。

在蒋介石专注中原作战之际，
中华苏维埃共和国在江西成立，
毛泽东当选主席。
围剿中共。
南京
敌人众多，
我工农红军必须不断穿插迂回，
集中所有力量突袭敌军弱点。

| | 第一次围剿 | 第二次围剿 | 第三次围剿 |
|---|---|---|---|
| 开始日期 | 1930年11月27日 | 1931年5月16日 | 1931年7月1日 |
| 持续时间 | 7天 | 15天 | 80天 |
| 国军 | 100,000地方军 | 200,000地方军 | 300,000，包括<br>100,000中央军主力 |
| 红军 | 40,000 | 30,000 | 30,000 |
| 结果 | 红军胜利 | 红军胜利 | |

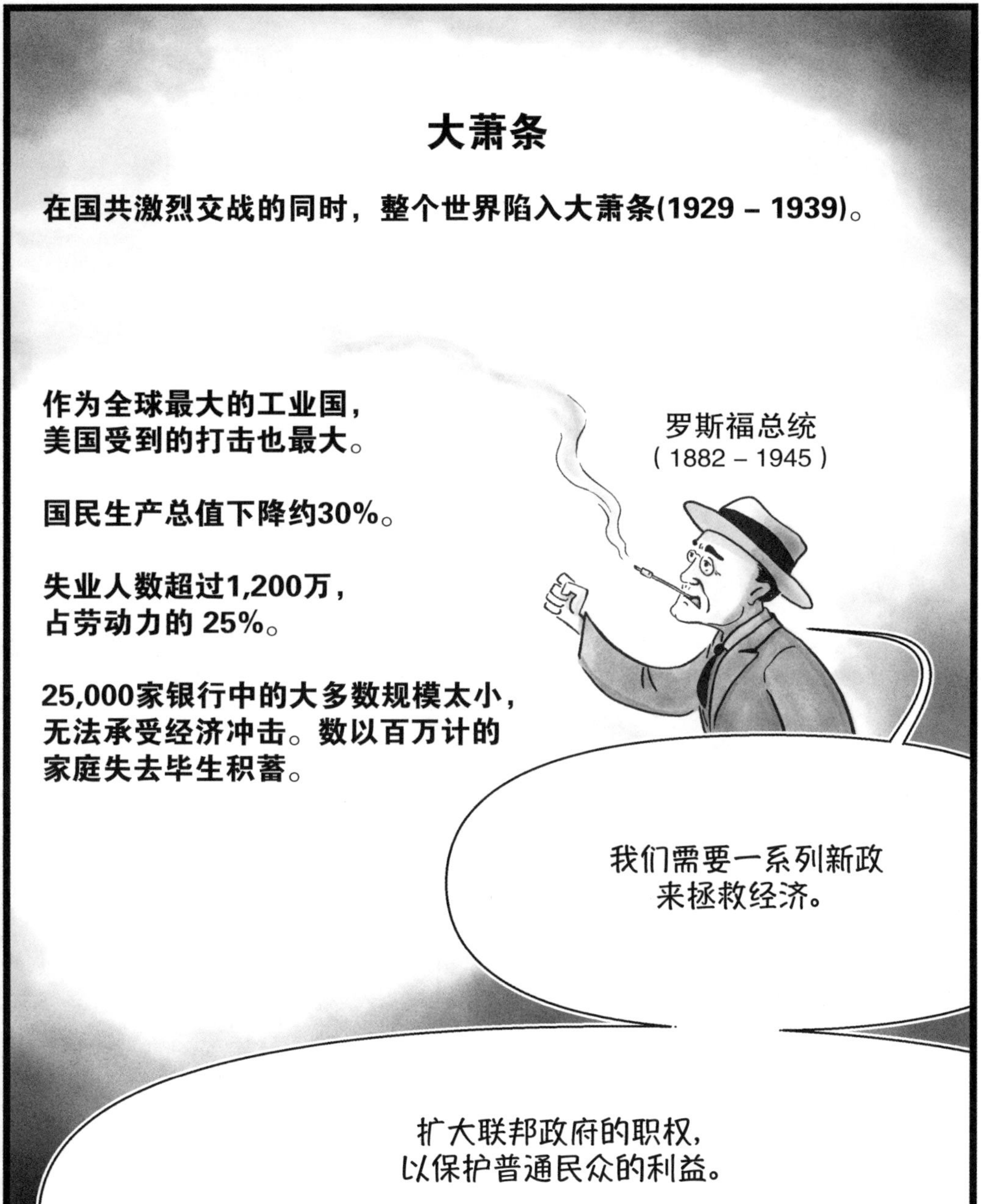
大萧条
在国共激烈交战的同时，整个世界陷入大萧条(1929 – 1939)。
作为全球最大的工业国，
美国受到的打击也最大。
国民生产总值下降约30%。
失业人数超过1,200万，
占劳动力的 25%。
25,000家银行中的大多数规模太小，
无法承受经济冲击。数以百万计的
家庭失去毕生积蓄。
罗斯福总统
（1882 – 1945）
我们需要一系列新政
来拯救经济。
扩大联邦政府的职权，
以保护普通民众的利益。

大萧条将民众推向贫困、饥饿和绝望。极端的社会运动趁机获得广泛支持。
法西斯主义者认为，只有独裁政府才能挽救国家摆脱经济危机。
一切事物在国家之内，没有事物在国家之外，没有事物能违抗国家。
墨索里尼
（1883 – 1945），
意大利法西斯领袖

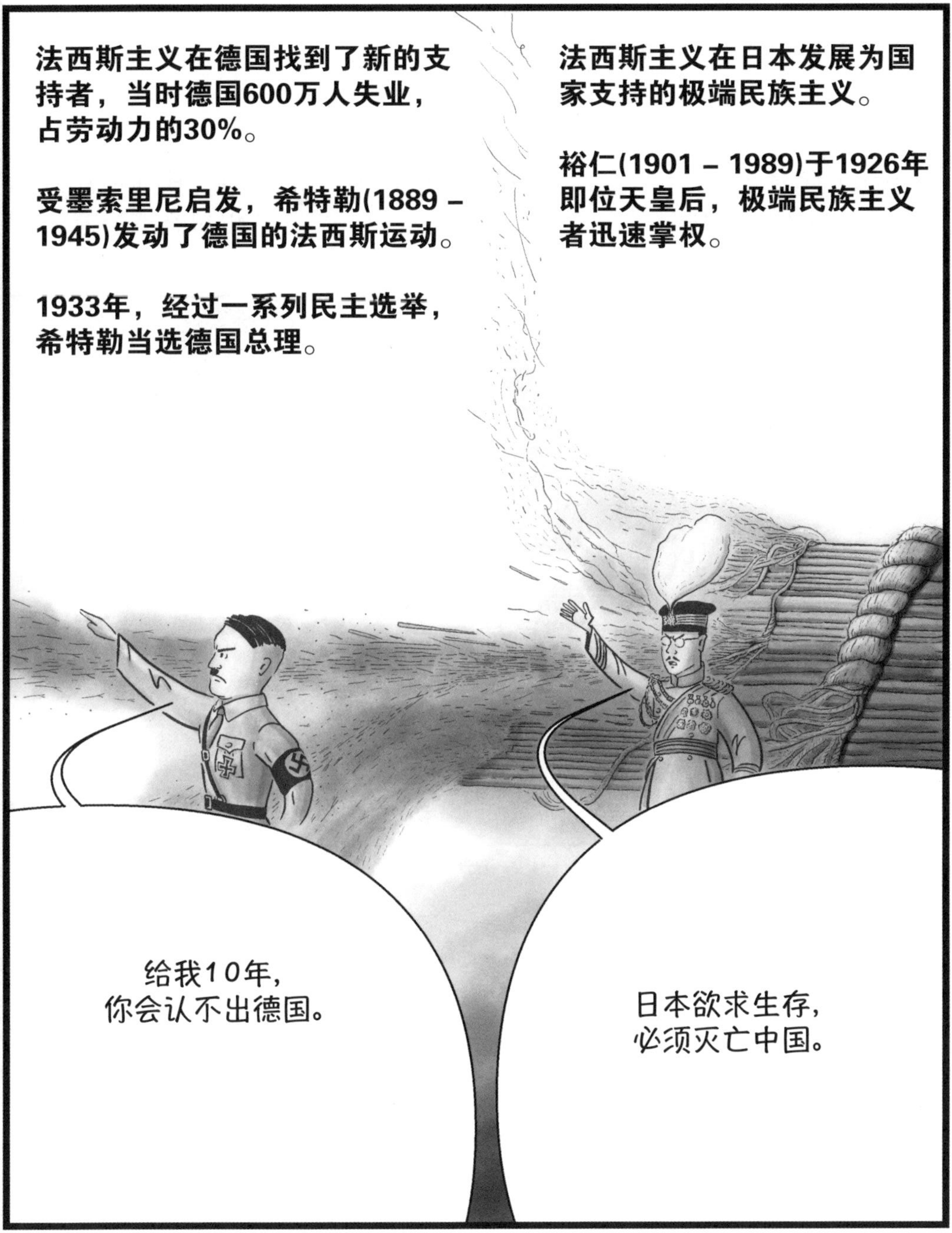
法西斯主义在德国找到了新的支持者，当时德国600万人失业，占劳动力的30%。
受墨索里尼启发，希特勒(1889 – 1945)发动了德国的法西斯运动。
1933年，经过一系列民主选举，希特勒当选德国总理。
法西斯主义在日本发展为国家支持的极端民族主义。
裕仁(1901 – 1989)于1926年即位天皇后，极端民族主义者迅速掌权。
给我10年，你会认不出德国。
日本欲求生存，必须灭亡中国。

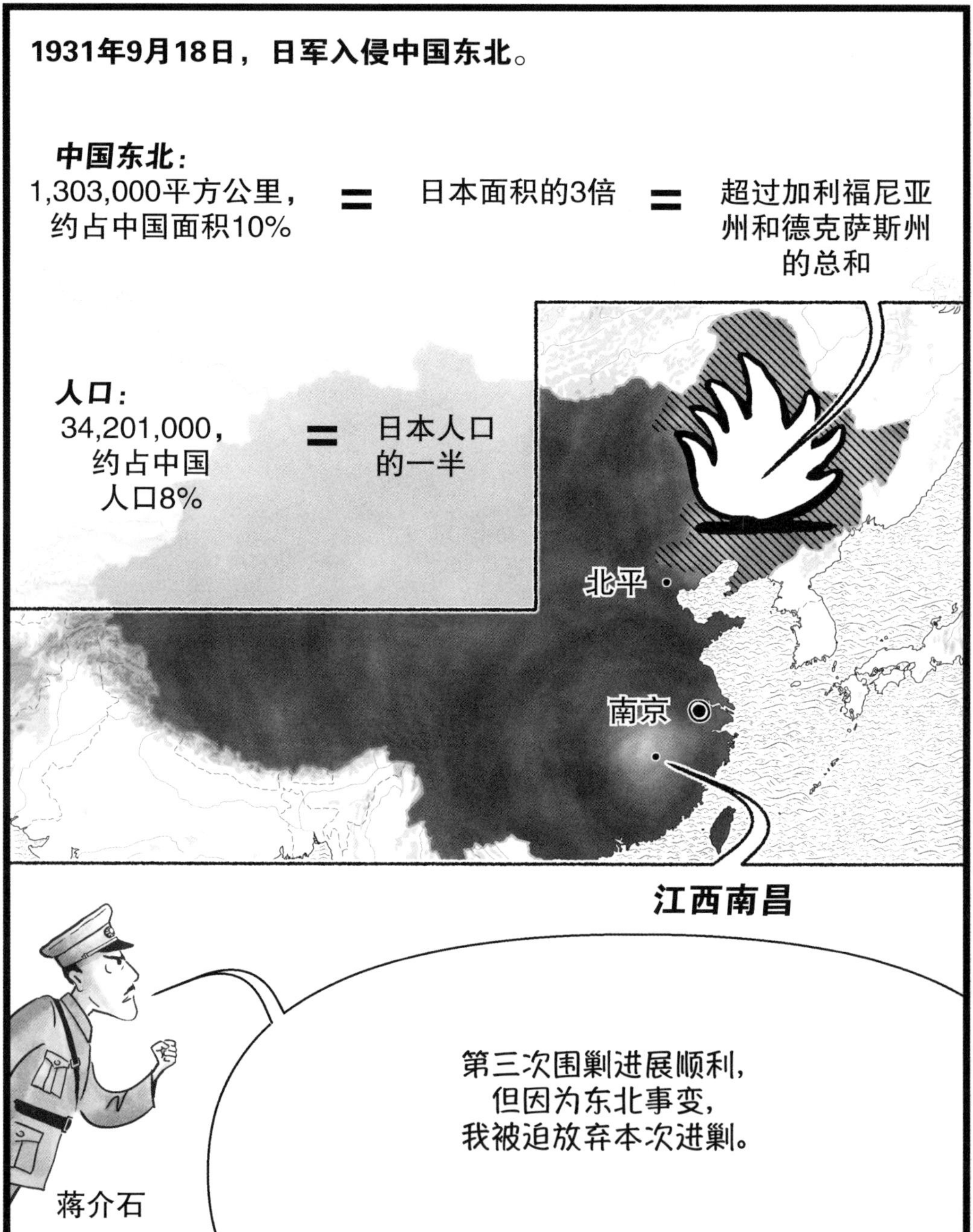

1931年9月18日，日军入侵中国东北。
中国东北：
1,303,000平方公里，
约占中国面积10%
=
日本面积的3倍
=
超过加利福尼亚州和德克萨斯州的总和
人口：
34,201,000，
约占中国人口8%
=
日本人口的一半
北平
南京
江西南昌
第三次围剿进展顺利，
但因为东北事变，
我被迫放弃本次进剿。
蒋介石

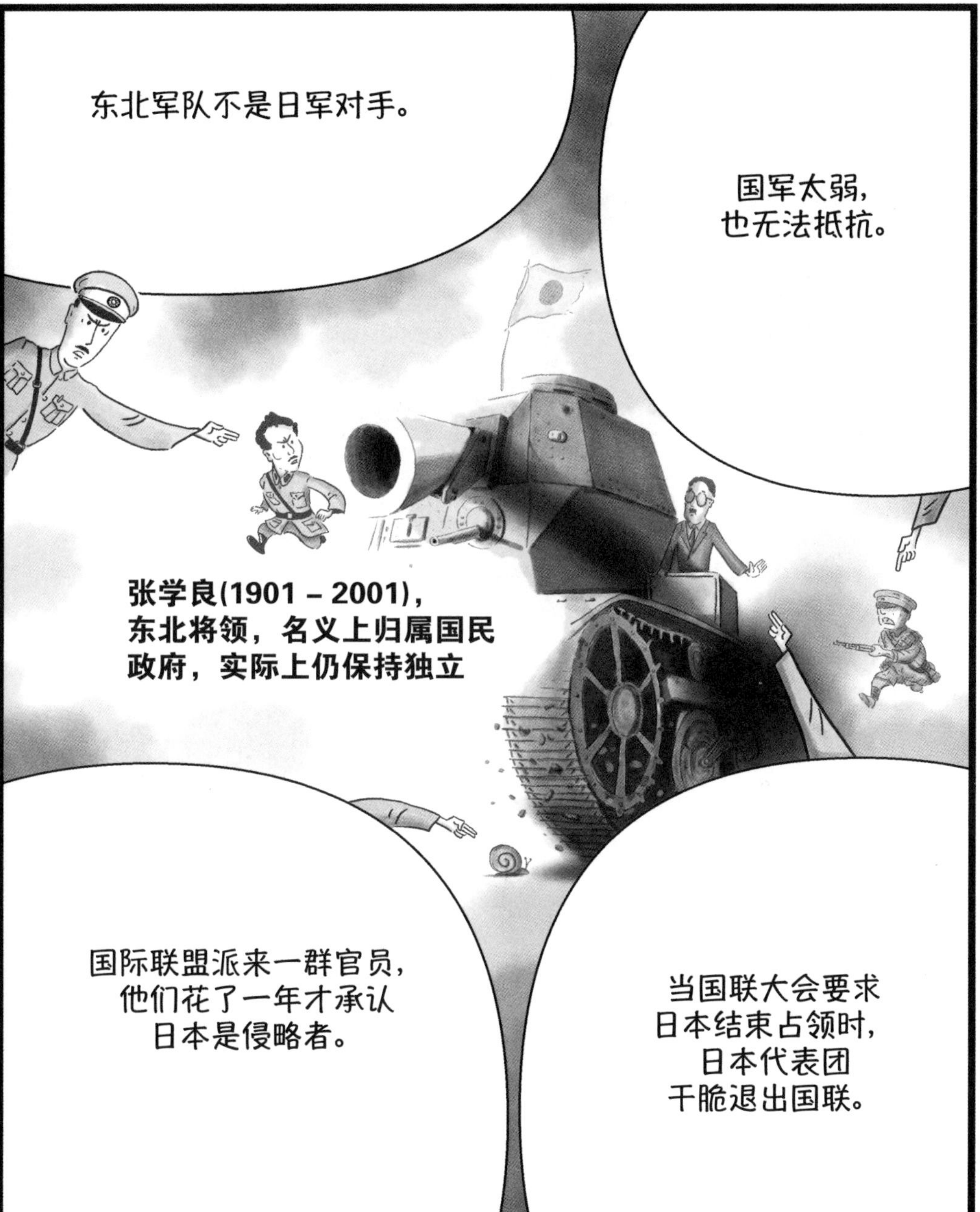
东北军队不是日军对手。
国军太弱，
也无法抵抗。
张学良(1901 – 2001)，
东北将领，名义上归属国民
政府，实际上仍保持独立
国际联盟派来一群官员，
他们花了一年才承认
日本是侵略者。
当国联大会要求
日本结束占领时，
日本代表团
干脆退出国联。

"安内攘外"
日本和俄国都企图称霸东亚。
日俄冲突始于1904年，
一直持续到今天。
中国应该让日本和俄国交战，
而不是代替俄国抵抗日本。
如果日本把中国逼到绝境，
我将别无选择，
只有决一死战。
但在那之前，
我必须打败中共，
因为国军不能
一边背后挨打，
一边对日作战。

国难当前，
一些国民党元老公开反对我，
眼看又要爆发另一场内战。
你没骨气抗日，
只会排除异己。

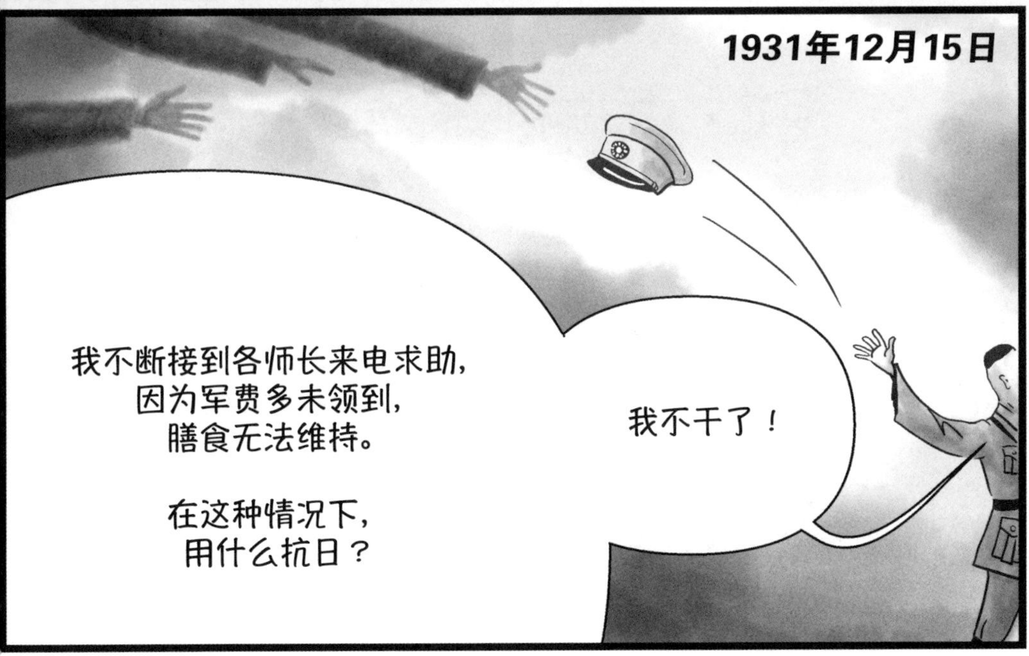
1931年12月15日
我不断接到各师长来电求助，
因为军费多未领到，
膳食无法维持。
在这种情况下，
用什么抗日？
我不干了！

毛泽东也在党内遭到质疑。
毛泽东同志主张游击战，指挥红军自由行动。
结果，我们的根据地被一毁再毁。
红军今后要大规模作战，御敌于根据地之外！
毛泽东被排斥出红军的领导岗位，他的游击战略被否决。

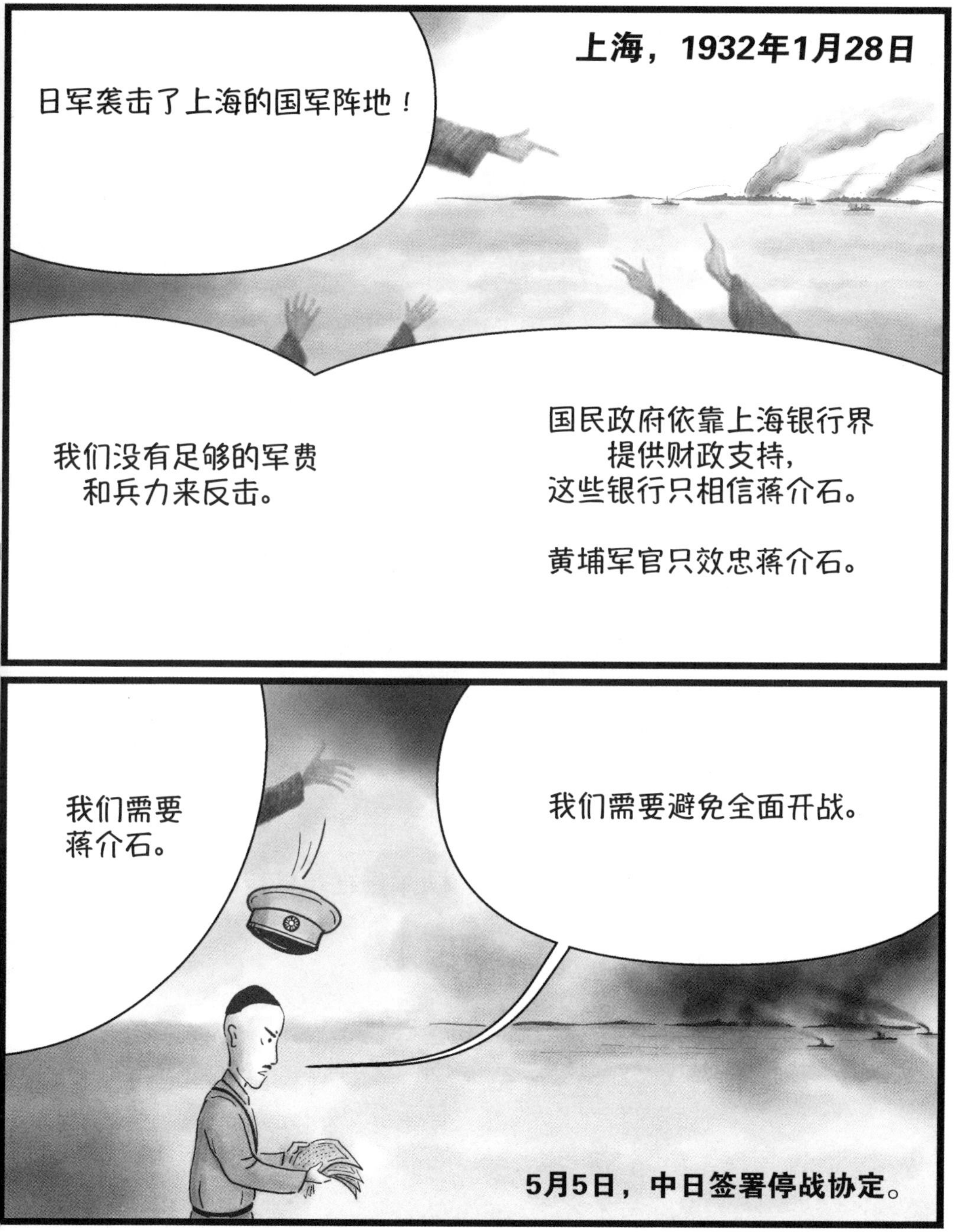
上海，1932年1月28日
日军袭击了上海的国军阵地！
我们没有足够的军费
和兵力来反击。
国民政府依靠上海银行界
提供财政支持，
这些银行只相信蒋介石。
黄埔军官只效忠蒋介石。
我们需要
蒋介石。
我们需要避免全面开战。
5月5日，中日签署停战协定。

江西南昌，1933年3月6日
发动第四次围剿。
日军进入河北。
国军正在长城抗战。

前线部队伤亡
超过2/3。
此时，日本政府仍试图控制
战争范围。
朕尚未批准
扩大华北战事。
裕仁天皇
1933年5月31日，
双方在塘沽签订停战协定。

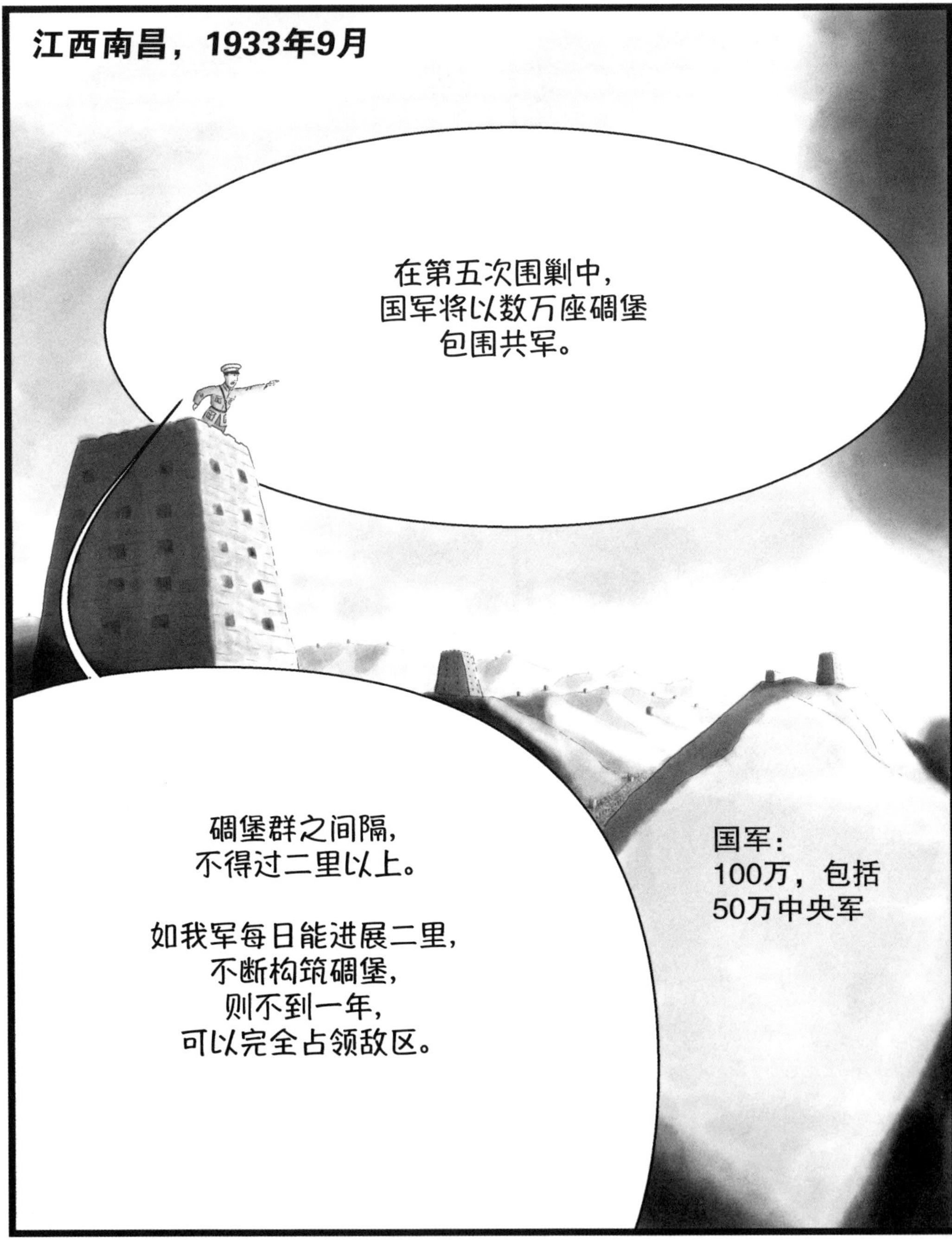
江西南昌，1933年9月
在第五次围剿中，
国军将以数万座碉堡
包围共军。
碉堡群之间隔，
不得过二里以上。
如我军每日能进展二里，
不断构筑碉堡，
则不到一年，
可以完全占领敌区。
国军：
100万，包括
50万中央军

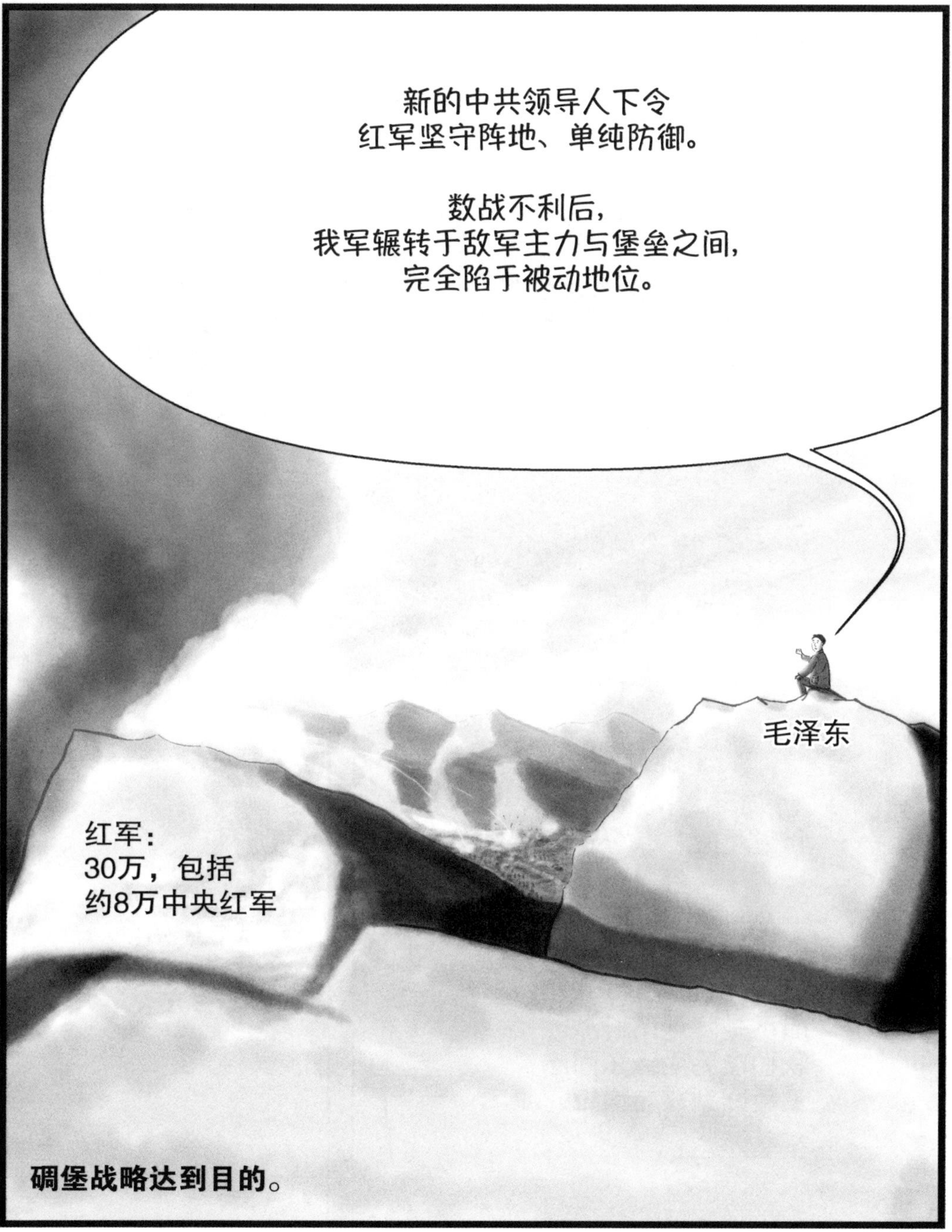
新的中共领导人下令
红军坚守阵地、单纯防御。
数战不利后，
我军辗转于敌军主力与堡垒之间，
完全陷于被动地位。
毛泽东
红军：
30万，包括
约8万中央红军
碉堡战略达到目的。

1934年10月，20余万红军撤离各自根据地，
开始了为期两年的长征。
日占区
北平
南京
遵义，1935年1月15日
我们的优势是快速运动战，
而不是阵地防御战。
我们需要毛泽东同志
重新回到领导岗位。
1936年秋，
各路红军主力
在陕甘宁边区
会合时，
仅存2.5万人。

西安，1936年12月4日
我们要加紧围剿！
张学良，
原东北将领，
现为围剿部队指挥官
12月12日
内战必须停止。
把他捉起来！

斯大林要求释放蒋介石。
1936年11月，
日本和德国签署了反共产国际协定。
现在我们比以往任何时候都更需要
中国来抵抗日本。
目前，
只有蒋介石能领导抗战。
获释后，蒋介石同意与中共组成抗日民族统一战线。

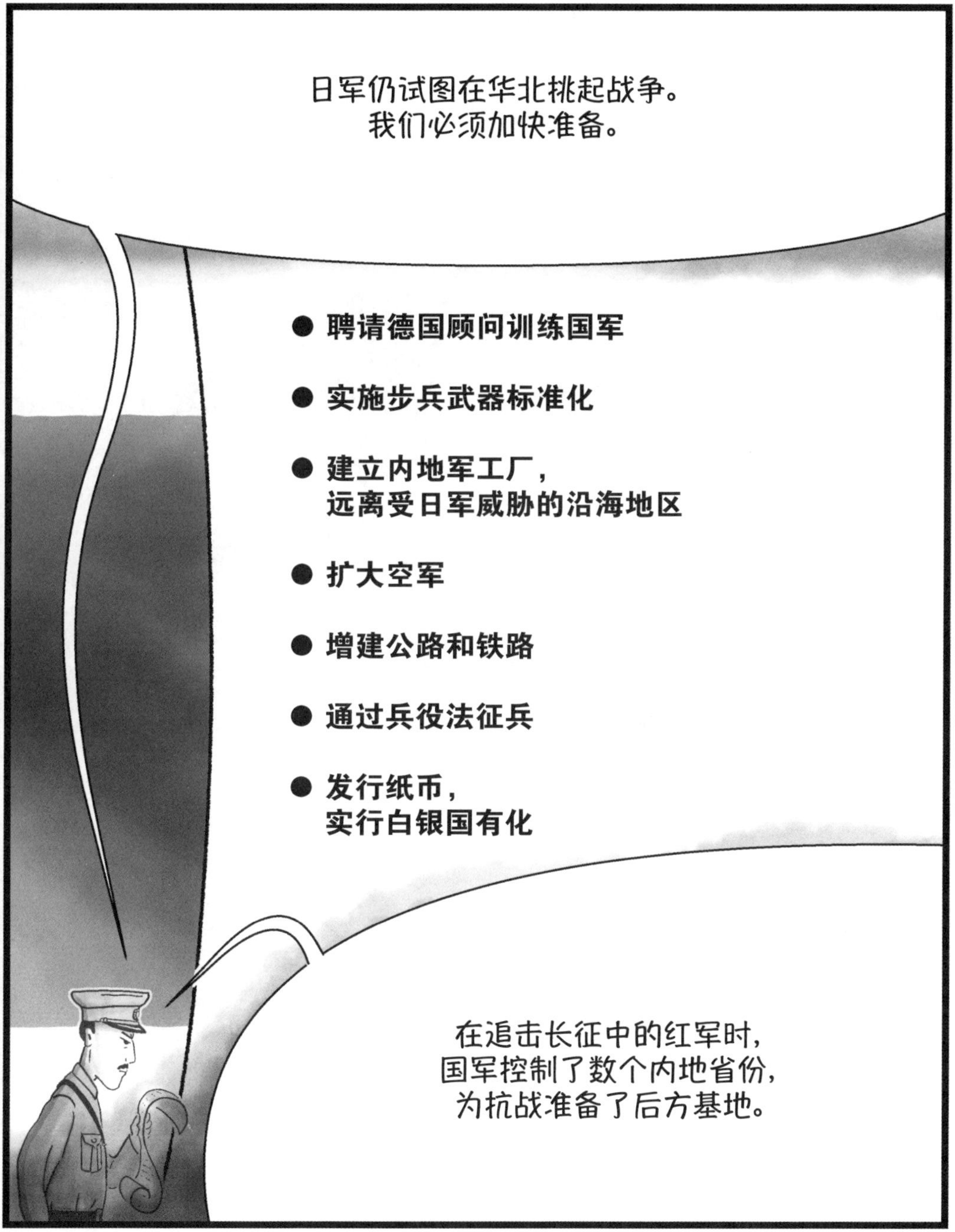

日军仍试图在华北挑起战争。
我们必须加快准备。
● 聘请德国顾问训练国军
● 实施步兵武器标准化
● 建立内地军工厂，
远离受日军威胁的沿海地区
● 扩大空军
● 增建公路和铁路
● 通过兵役法征兵
● 发行纸币，
实行白银国有化
在追击长征中的红军时，
国军控制了数个内地省份，
为抗战准备了后方基地。

中国的武力比不上日本，
必将大受牺牲。
但中国正因为没有力量，
即是其不可轻辱的力量所在。
战争开始，在势力相等的国家，
以决战为战事的终结，
但在兵力绝对不相等的国家，
如日本同中国作战，
即无所谓正式的决战，
非至日本能占尽中国每一方里之土地，
彻底消灭中国之时，
不能作为战事的终结。

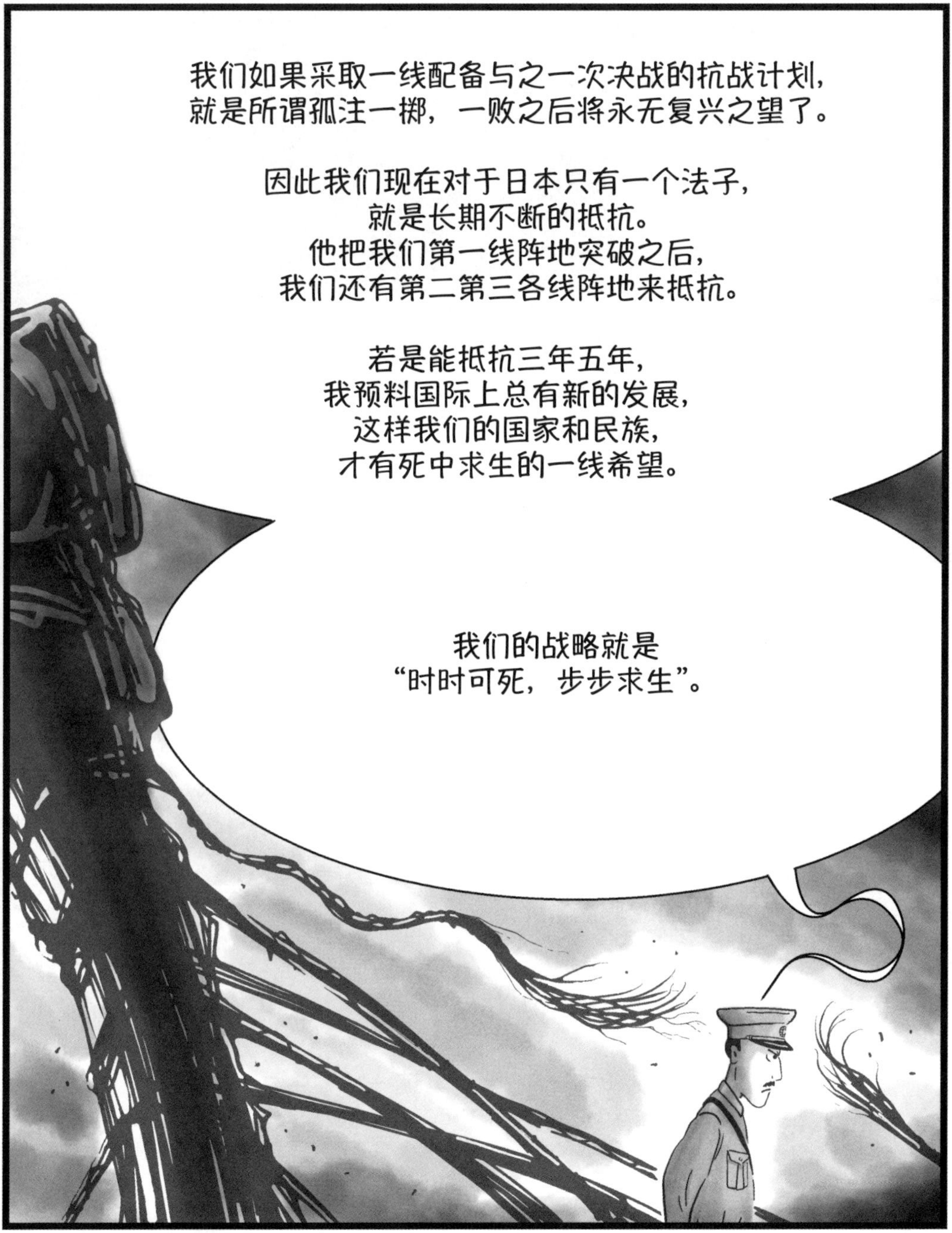
我们如果采取一线配备与之一次决战的抗战计划，就是所谓孤注一掷，一败之后将永无复兴之望了。因此我们现在对于日本只有一个法子，就是长期不断的抵抗。他把我们第一线阵地突破之后，我们还有第二第三各线阵地来抵抗。若是能抵抗三年五年，我预料国际上总有新的发展，这样我们的国家和民族，才有死中求生的一线希望。
我们的战略就是“时时可死，步步求生”。

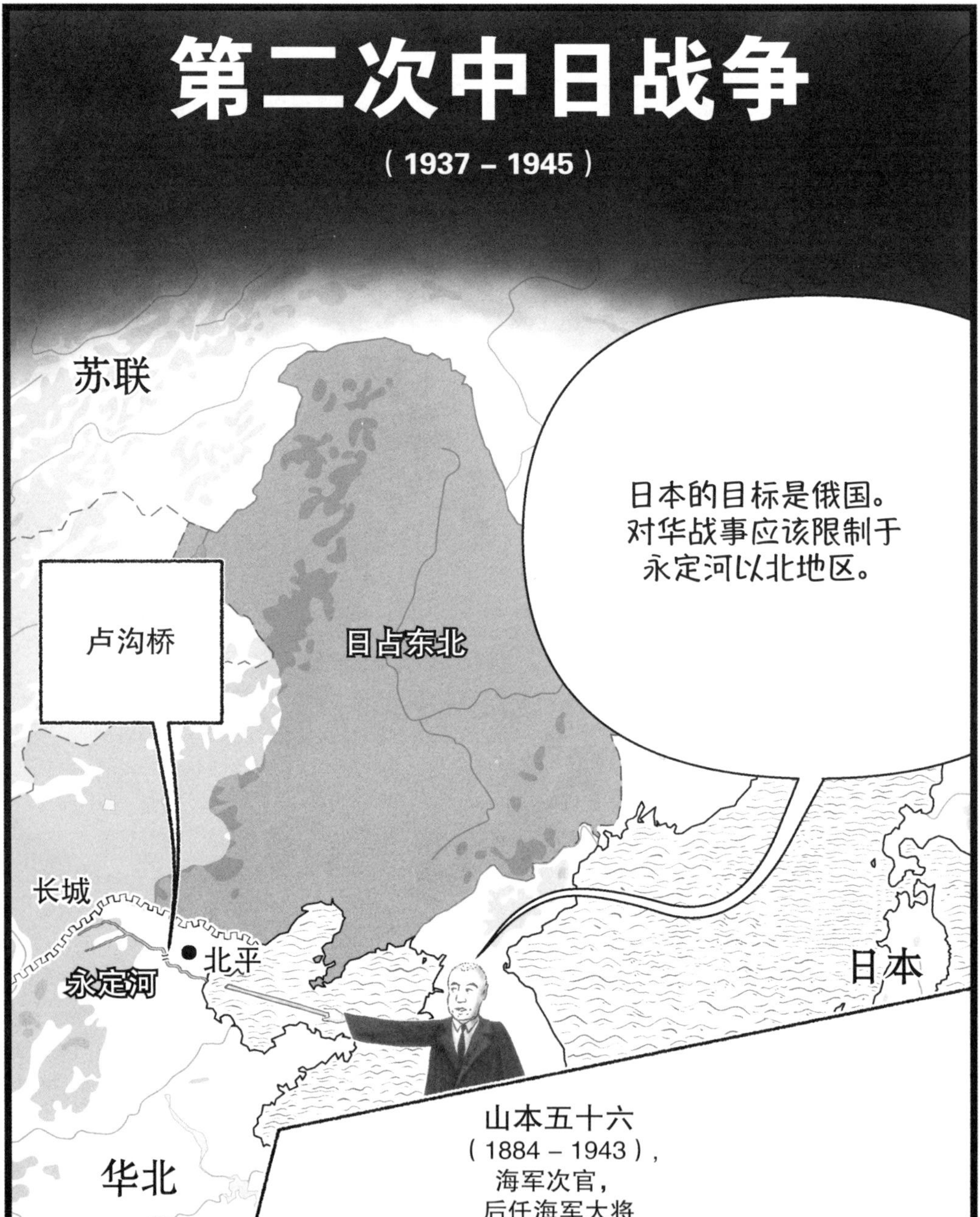
第二次中日战争
（1937 – 1945）
苏联
日本的目标是俄国。对华战事应该限制于永定河以北地区。
卢沟桥
日占东北
长城
北平
永定河
日本
山本五十六（1884 – 1943），海军次官，后任海军大将
华北

如果我们对国民政府谋求亲善，
只会增长其排日侮日态度；
反之，却有给予他们致命一击的必要！
给我们一个机会！
东条英机
（1884 – 1948），
关东军参谋长，
后任日本首相

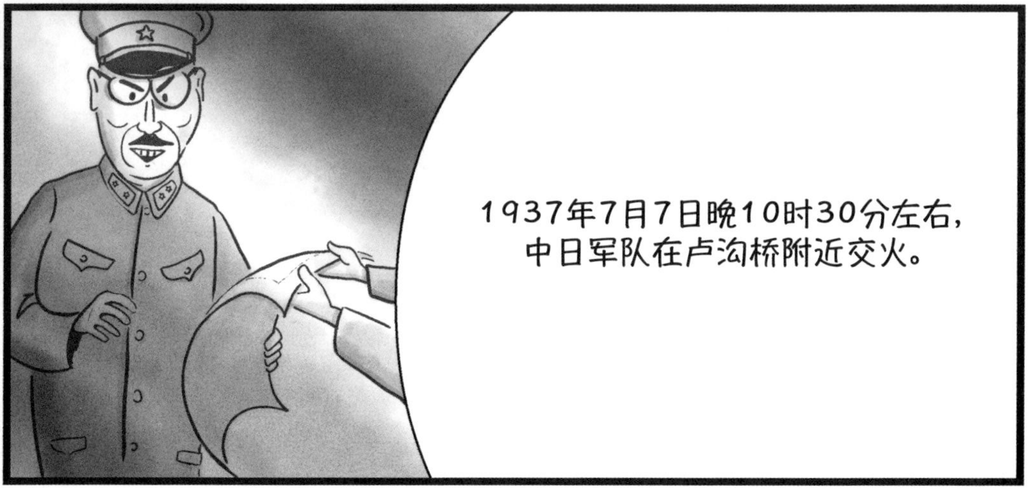
1937年7月7日晚10时30分左右，
中日军队在卢沟桥附近交火。

日占区
北平
延安
南京
上海
日军集中华北，但求速胜。
我们必须分散他们的力量。
攻打上海日军，迫使敌人南下进入我方主力防区。

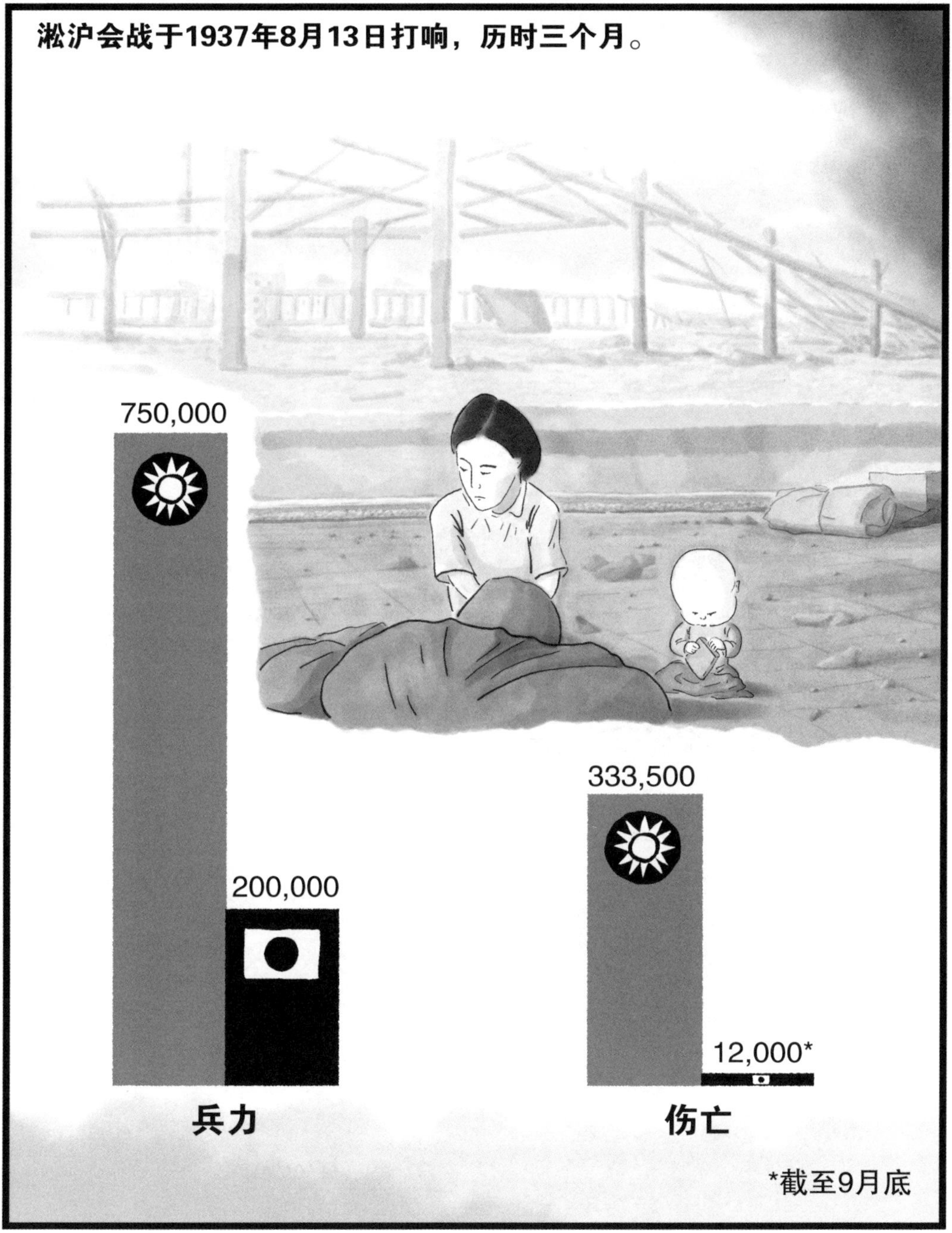

淞沪会战于1937年8月13日打响，历时三个月。
750,000
200,000
333,500
12,000*
兵力
伤亡
*截至9月底

1937年12月13日
占领上海后，
日军趁势攻陷首都南京，
并屠杀30万中国军民。

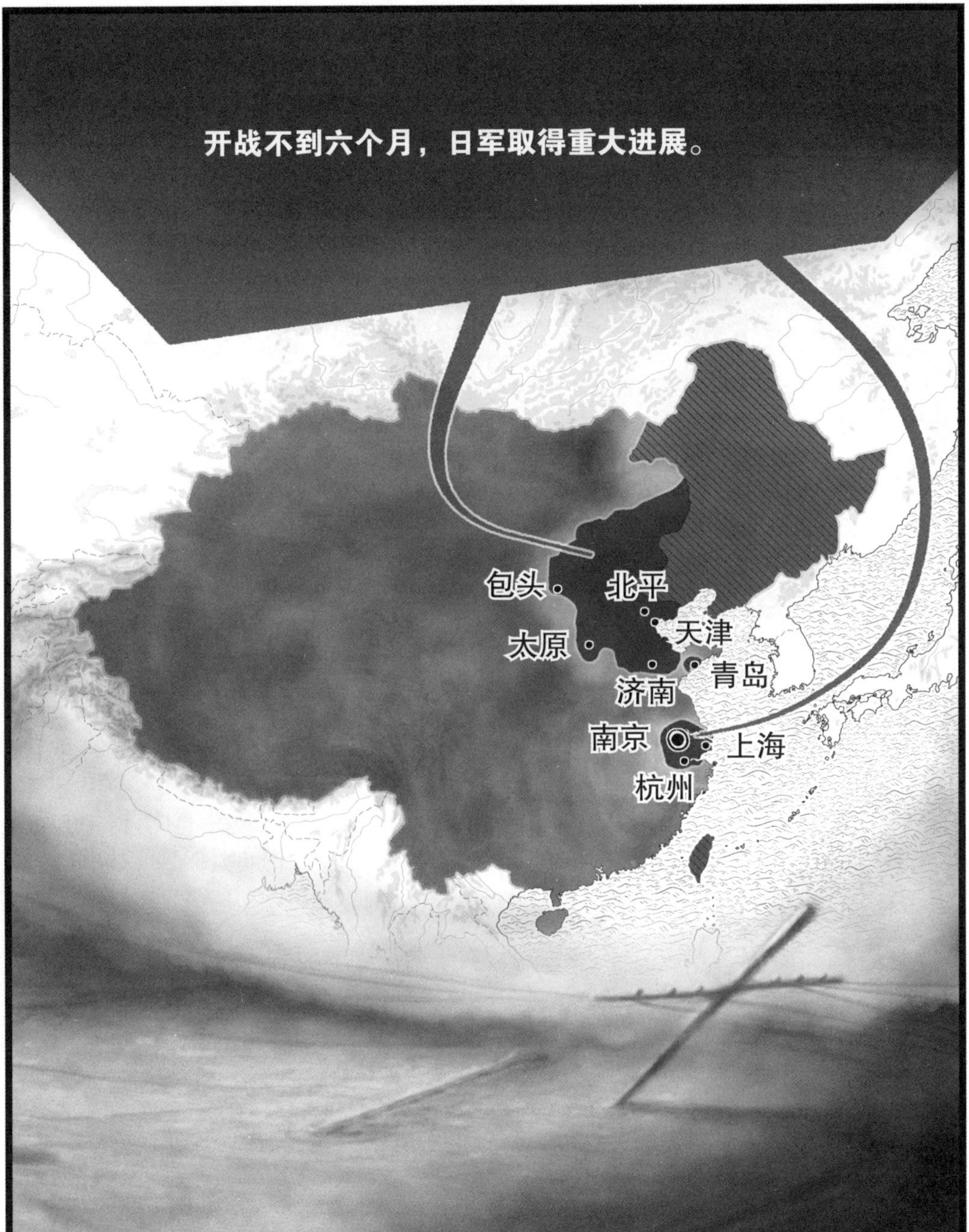
开战不到六个月，日军取得重大进展。
包头
北平
天津
太原
青岛
济南
南京
上海
杭州

许多驻华外侨和国际媒体目睹了日军入侵，
但各国反应令人失望。
国际联盟
我们管不了，因为日本已经退出国联。
九国公约会议
武力不能为国家之间的争端提供公正和持久的解决方案。
德国
停止向中国出售武器并撤出德国顾问。

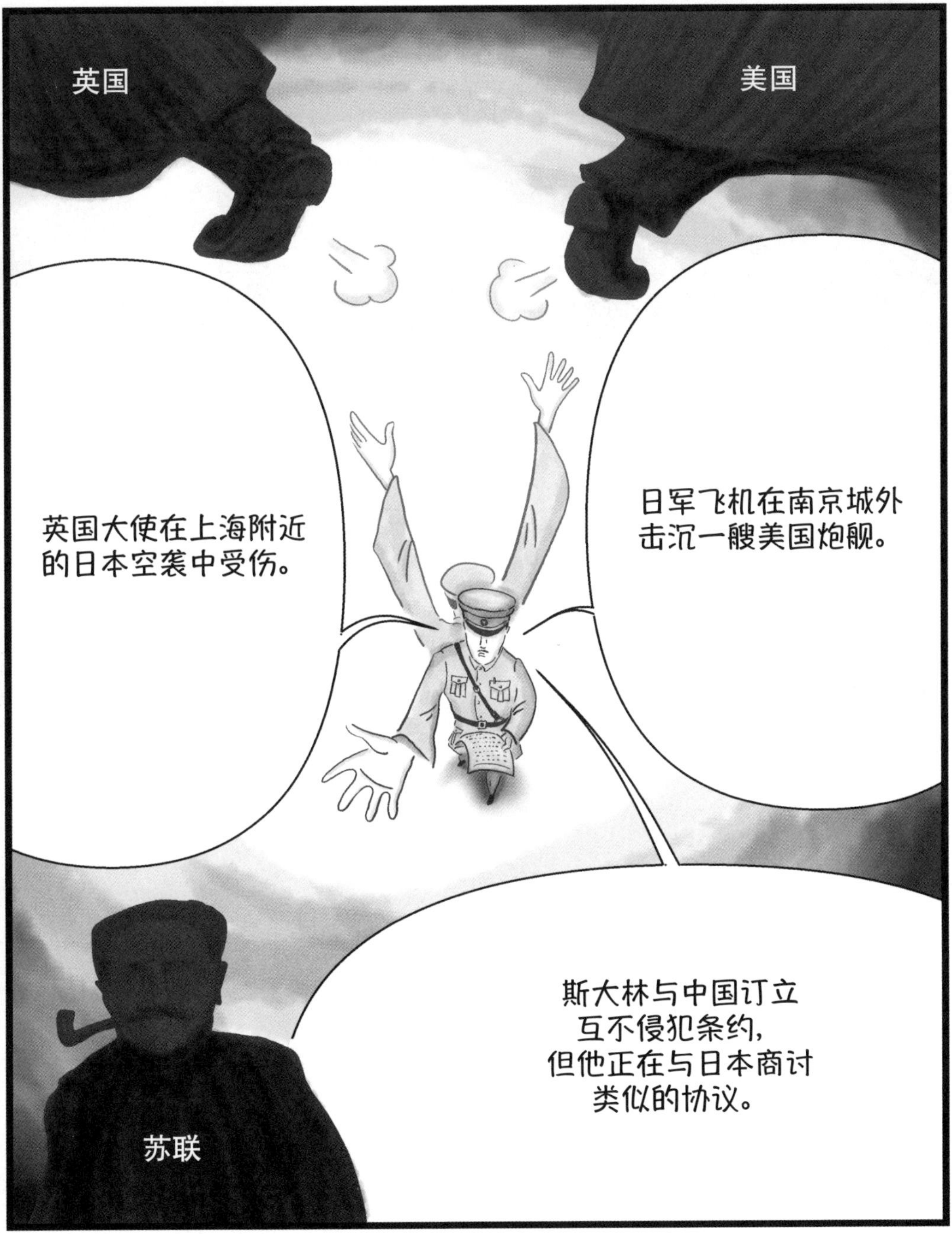
英国
美国
英国大使在上海附近的日本空袭中受伤。
日军飞机在南京城外击沉一艘美国炮舰。
苏联
斯大林与中国订立互不侵犯条约，但他正在与日本商讨类似的协议。

中国的抵抗将在几个月内结束。
日军要占领我们一省，至少时间就说是一个月，如其统计起来，
他们要占领我们十八省，至少要费十八个月，这十八个月时间，
那国际形势的变化还了得？
只要我能抗战到底，则国际情势终必演变，而日本终归失败！
敌人何不早日觉悟而撤兵？

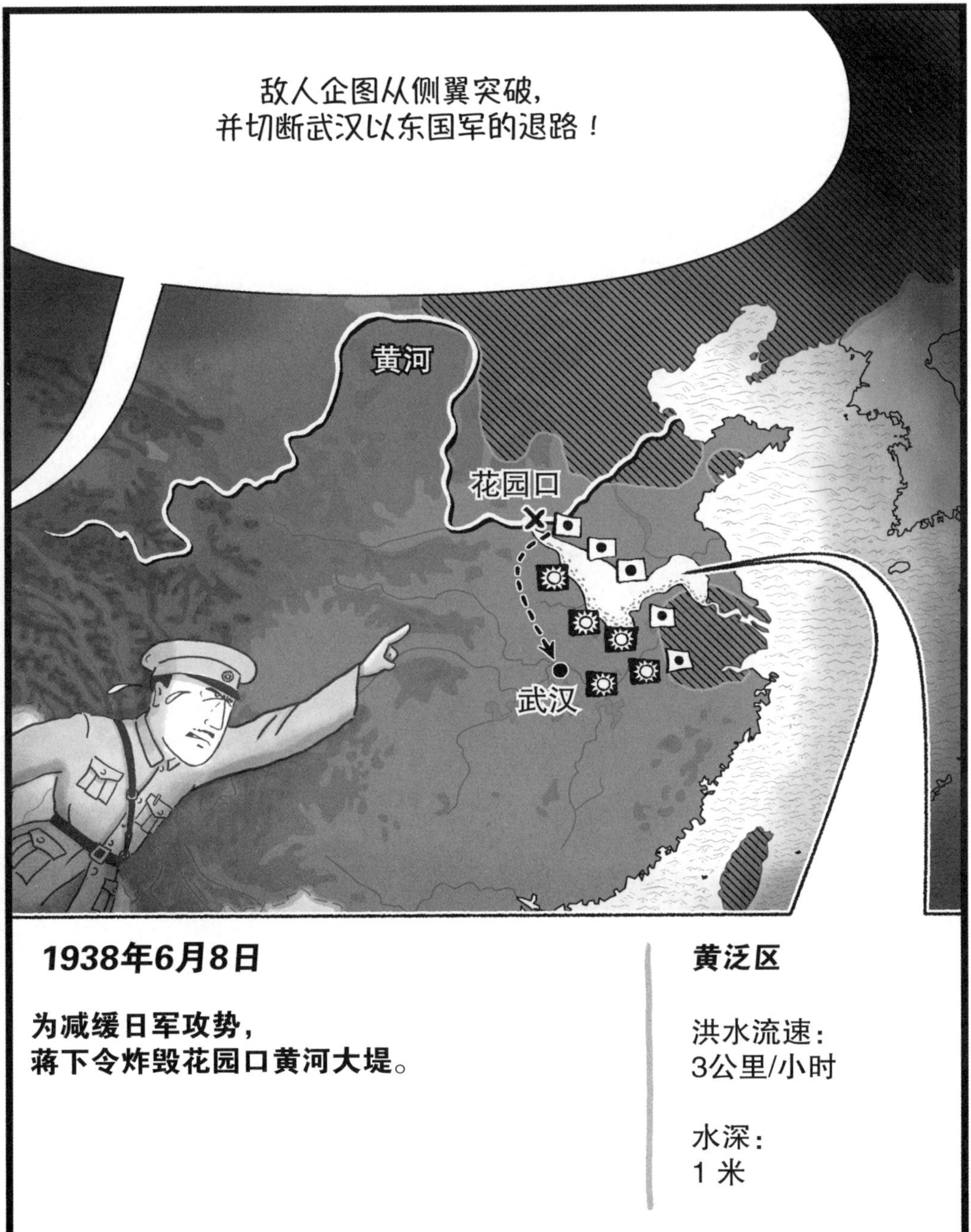
敌人企图从侧翼突破，
并切断武汉以东国军的退路！
黄河
花园口
武汉
1938年6月8日
为减缓日军攻势，
蒋下令炸毁花园口黄河大堤。
黄泛区
洪水流速：
3公里/小时
水深：
1 米

黄泛区农田尽毁。
4,000个村庄的200万人无家可归。
至少80万人死亡。

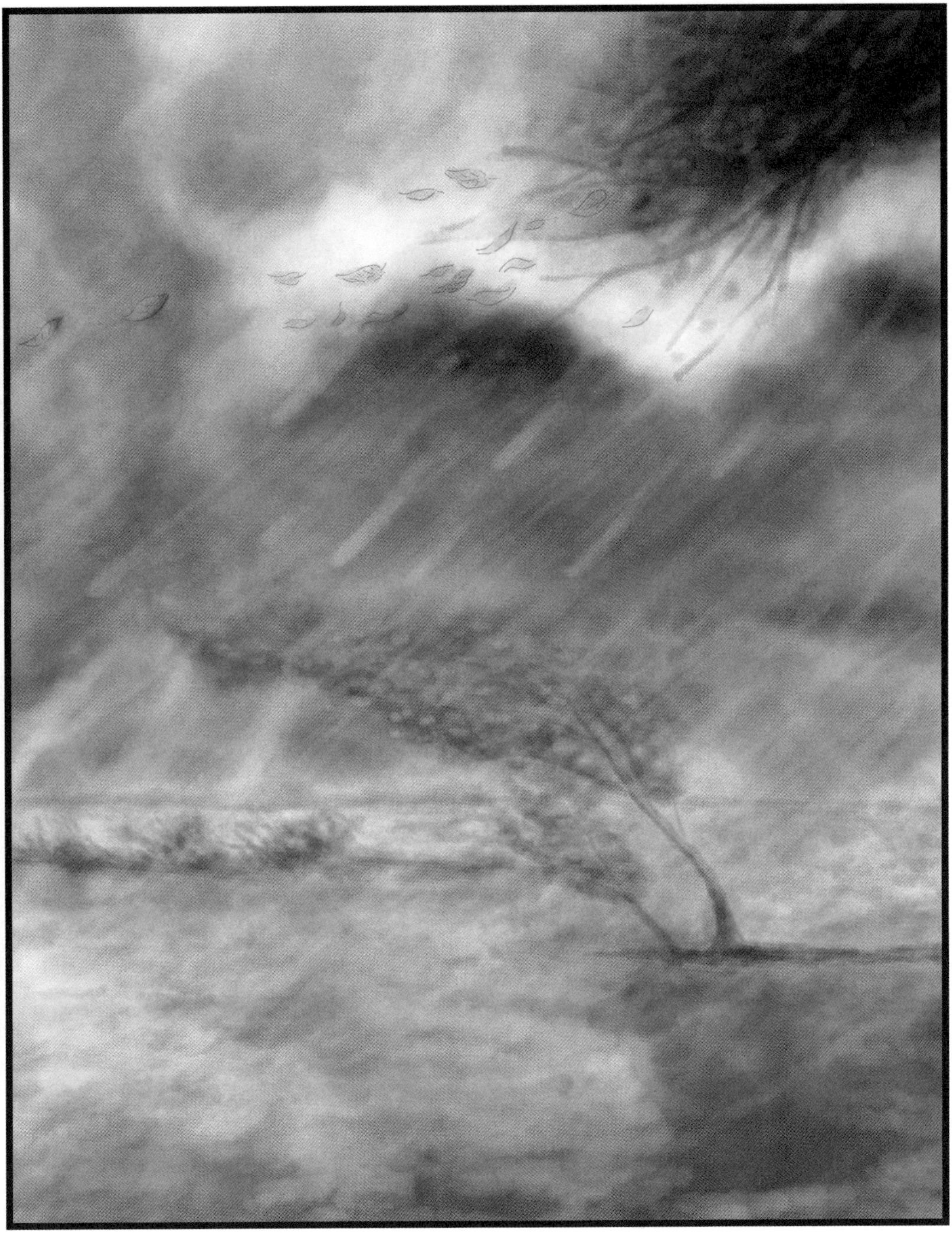

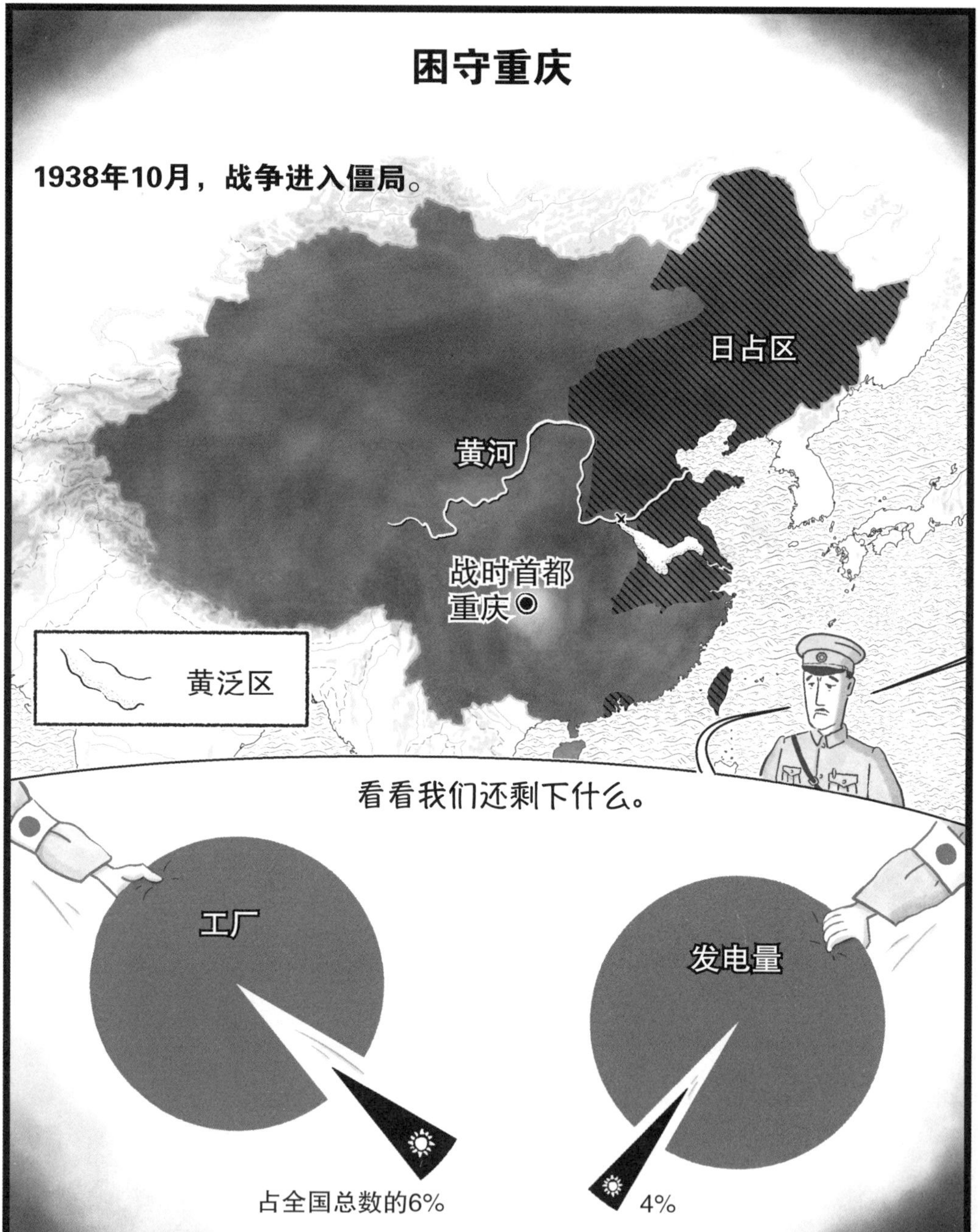
困守重庆
1938年10月，战争进入僵局。
日占区
黄河
战时首都
重庆
黄泛区
看看我们还剩下什么。
工厂
发电量
占全国总数的6%
4%

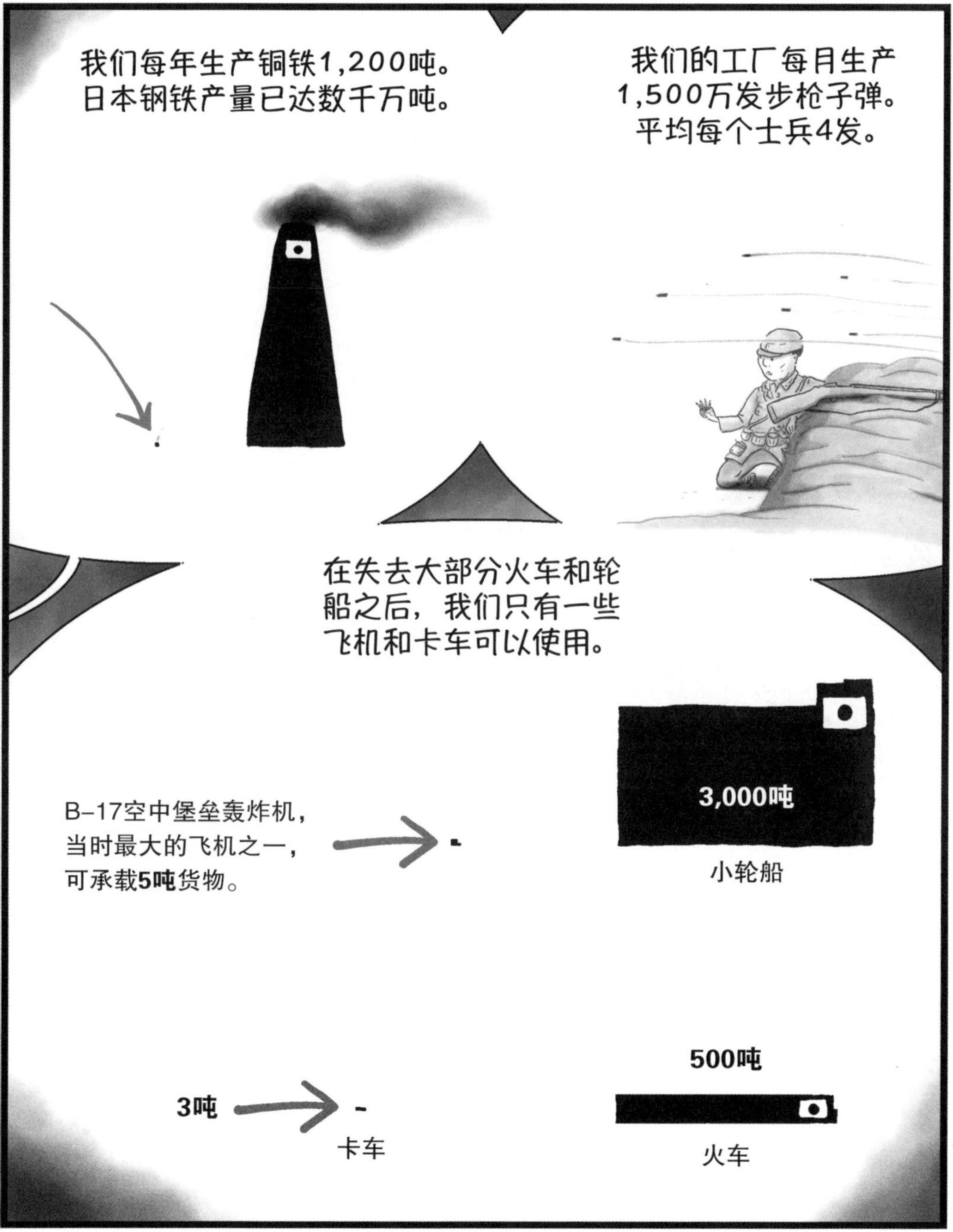
我们每年生产铜铁1,200吨。日本钢铁产量已达数千万吨。
我们的工厂每月生产1,500万发步枪子弹。平均每个士兵4发。
在失去大部分火车和轮船之后，我们只有一些飞机和卡车可以使用。
B-17空中堡垒轰炸机，当时最大的飞机之一，可承载5吨货物。
3,000吨
小轮船
3吨
卡车
500吨
火车

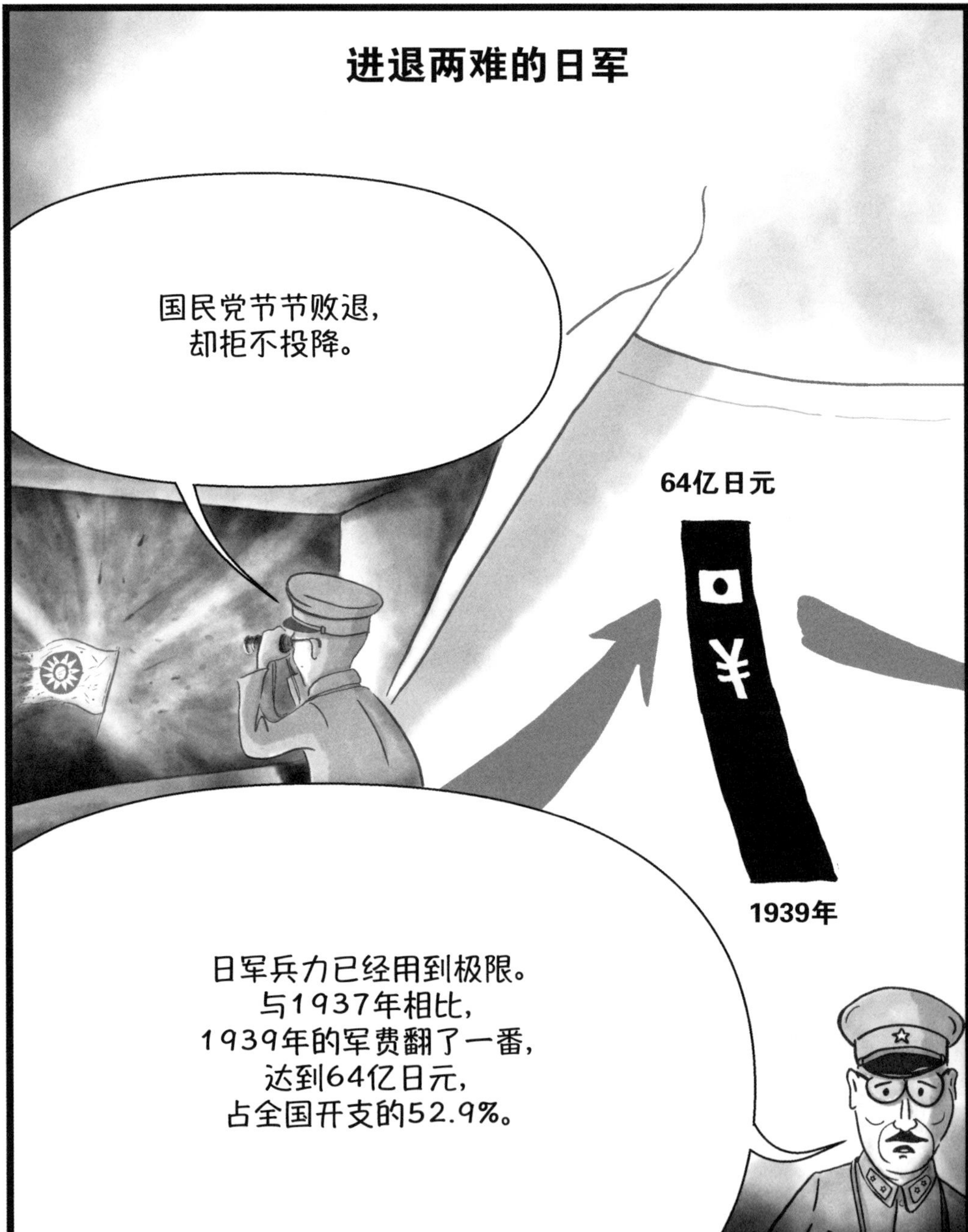
进退两难的日军
国民党节节败退，却拒不投降。
64亿日元
1939年
日军兵力已经用到极限。与1937年相比，1939年的军费翻了一番，达到64亿日元，占全国开支的52.9%。

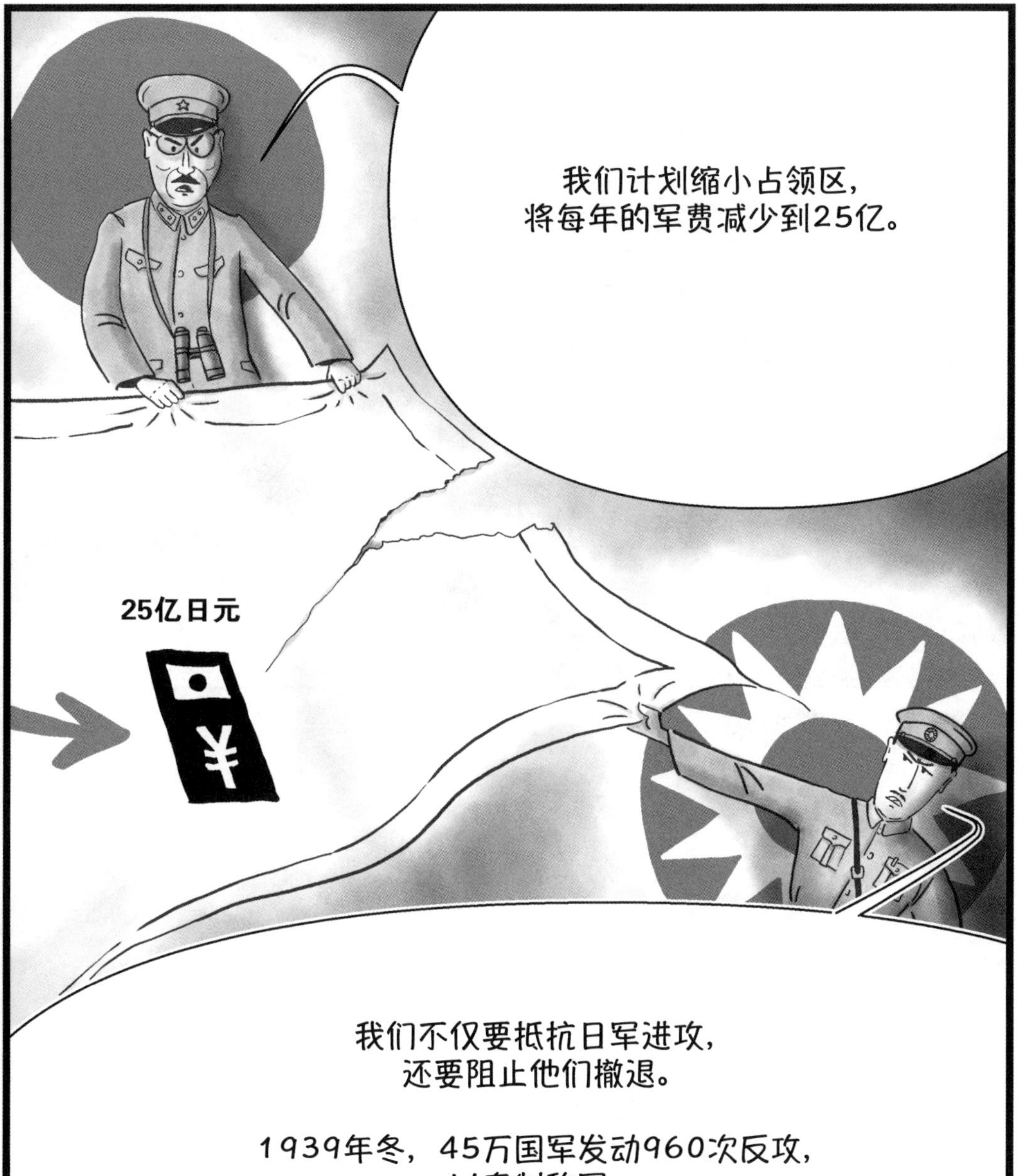

我们计划缩小占领区，
将每年的军费减少到25亿。
25亿日元
我们不仅要抵抗日军进攻，
还要阻止他们撤退。
1939年冬，45万国军发动960次反攻，
以牵制敌军。

日占区
黄河
重庆
延安，边区首府
毛泽东
陕甘宁边区有204万人，整个地区非常贫瘠。
要解决这204万人的穿衣吃饭问题，
就要进行生产运动。

每所学校、每个政府机关、每支部队都用自己动手的方法，
基本达到了丰衣足食的目的。

绝大多数农民生活贫困，
渴望土地。
我们可以没收地主土地
分配给农民。
但在战时，
没收土地是不可取的，
因为我们也需要联合地主抗日。
目前我们的政策是
说服地主降低地租。

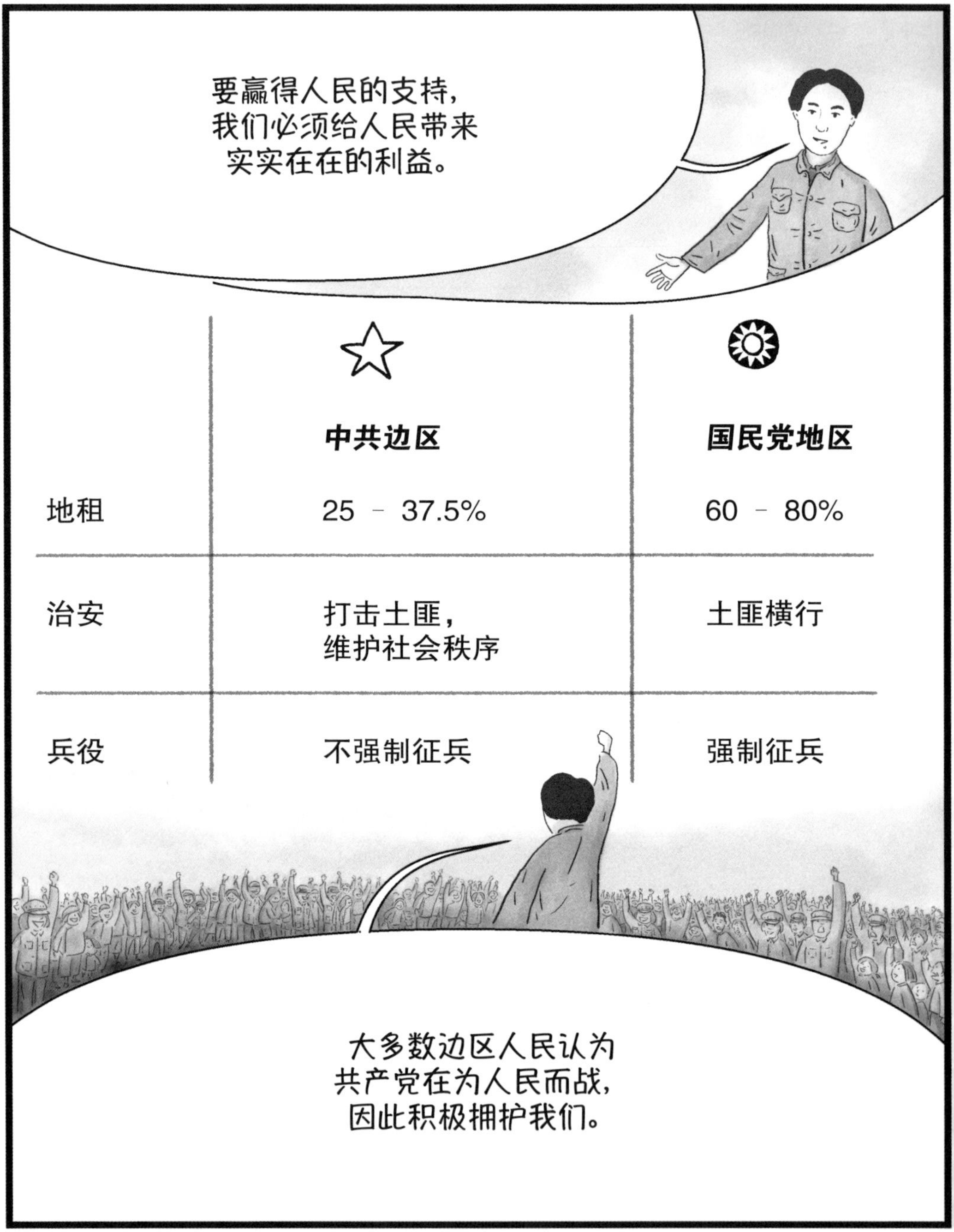


| | 中共边区 | 国民党地区 |
|---|---|---|
| 地租 | 25 – 37.5% | 60 – 80% |
| 治安 | 打击土匪，<br>维护社会秩序 | 土匪横行 |
| 兵役 | 不强制征兵 | 强制征兵 |

日军以压倒性力量扫荡抗日边区。
他们烧毁村庄，夺走粮食，
造成数百万人死亡。
但他们无法在边区实施长期占领。

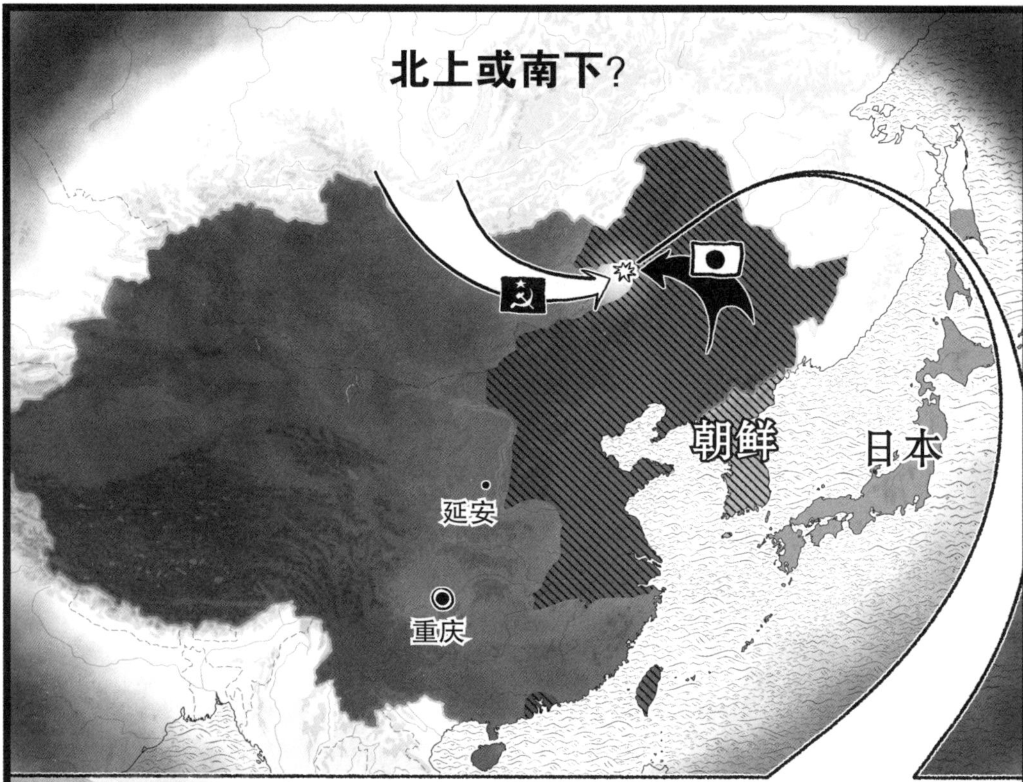

正当日军在中国战场疲于奔命之际，
苏联军队进入外蒙古。

与苏联的边界冲突升级为
一场涉及10万多人的战争。

8月24日
为避免与日本和德国两线作战，
我跟希特勒达成了互不侵犯条约。
斯大林
1939年9月1日
德国入侵波兰，第二次世界大战正式开始。
9月16日
既然德国避免与苏联开战，
日本也加紧了停火谈判。
9月17日
与日本停战一天后，苏联入侵波兰东部。

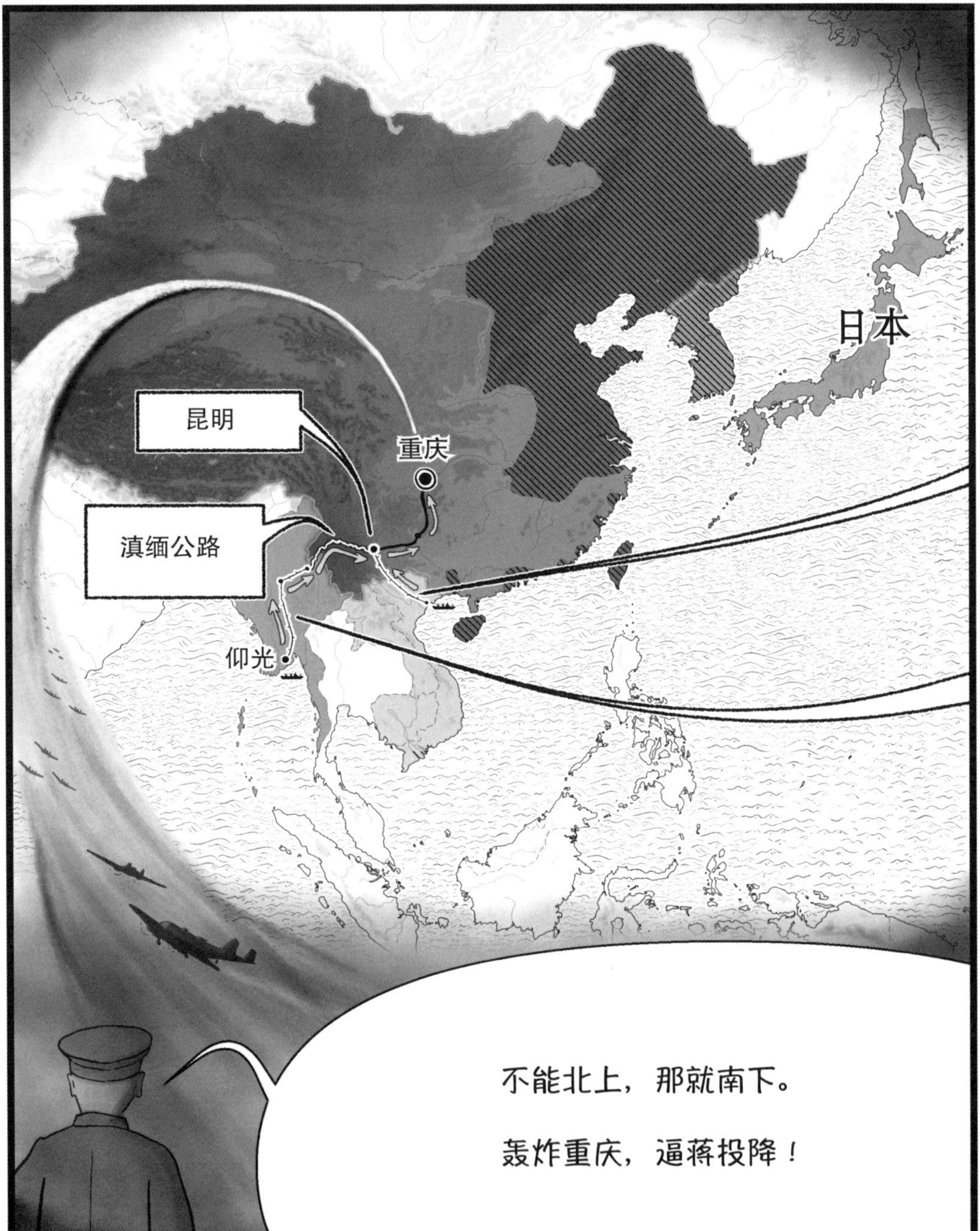
日本
昆明
重庆
滇缅公路
仰光
不能北上，那就南下。
轰炸重庆，逼蒋投降！

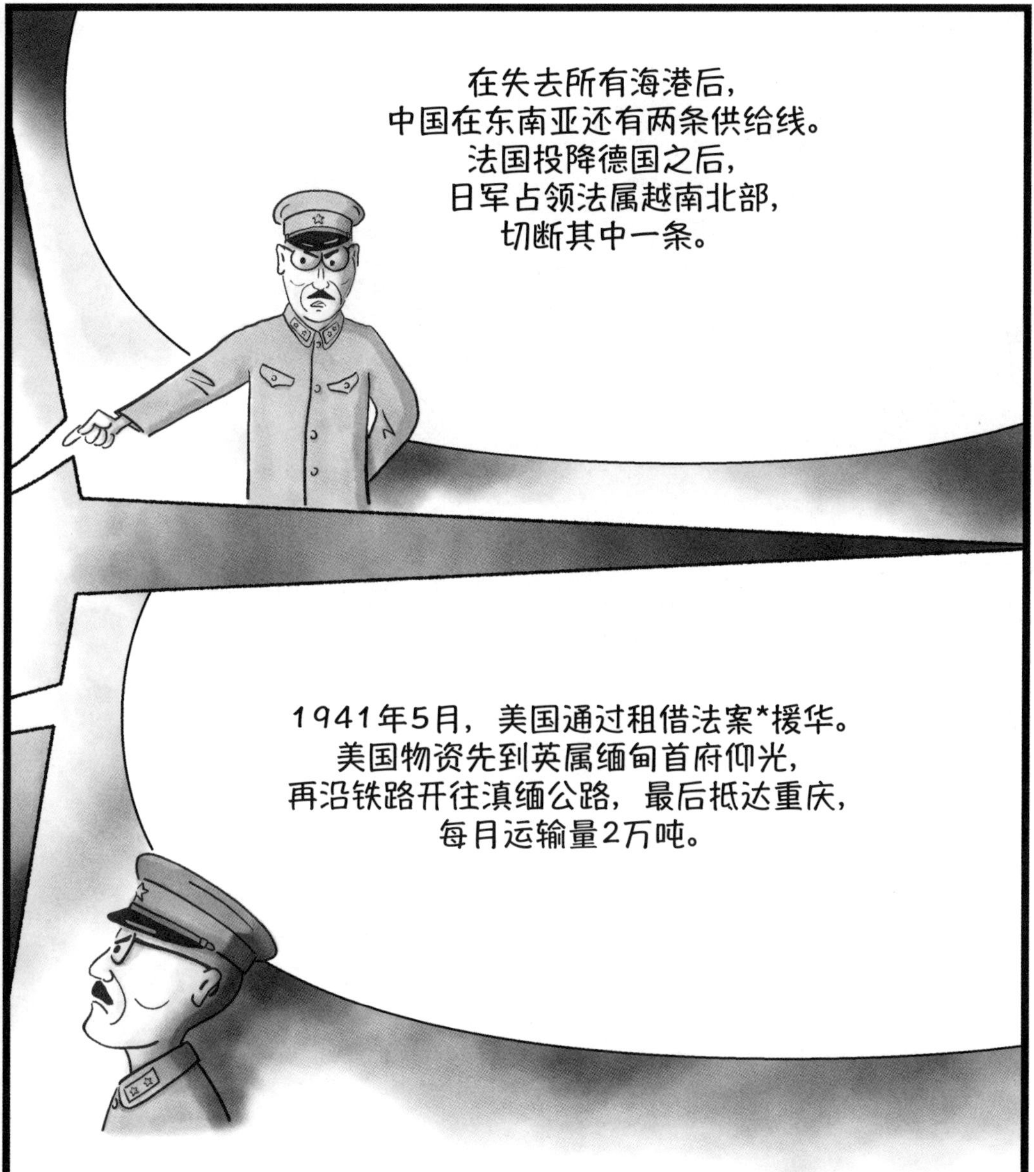


*通过租借法案，美国在1941年至1945年间向英国、自由法国、中国和苏联提供军事物资。

**1941年6月22日**
**德国入侵苏联。**

**7月**
**受德国胜利鼓舞，日本占领整个法属越南，**
**威胁到其他东南亚殖民地。**

**8月**
**美国禁止石油输日。**
**英国和荷兰也加入石油禁运。**

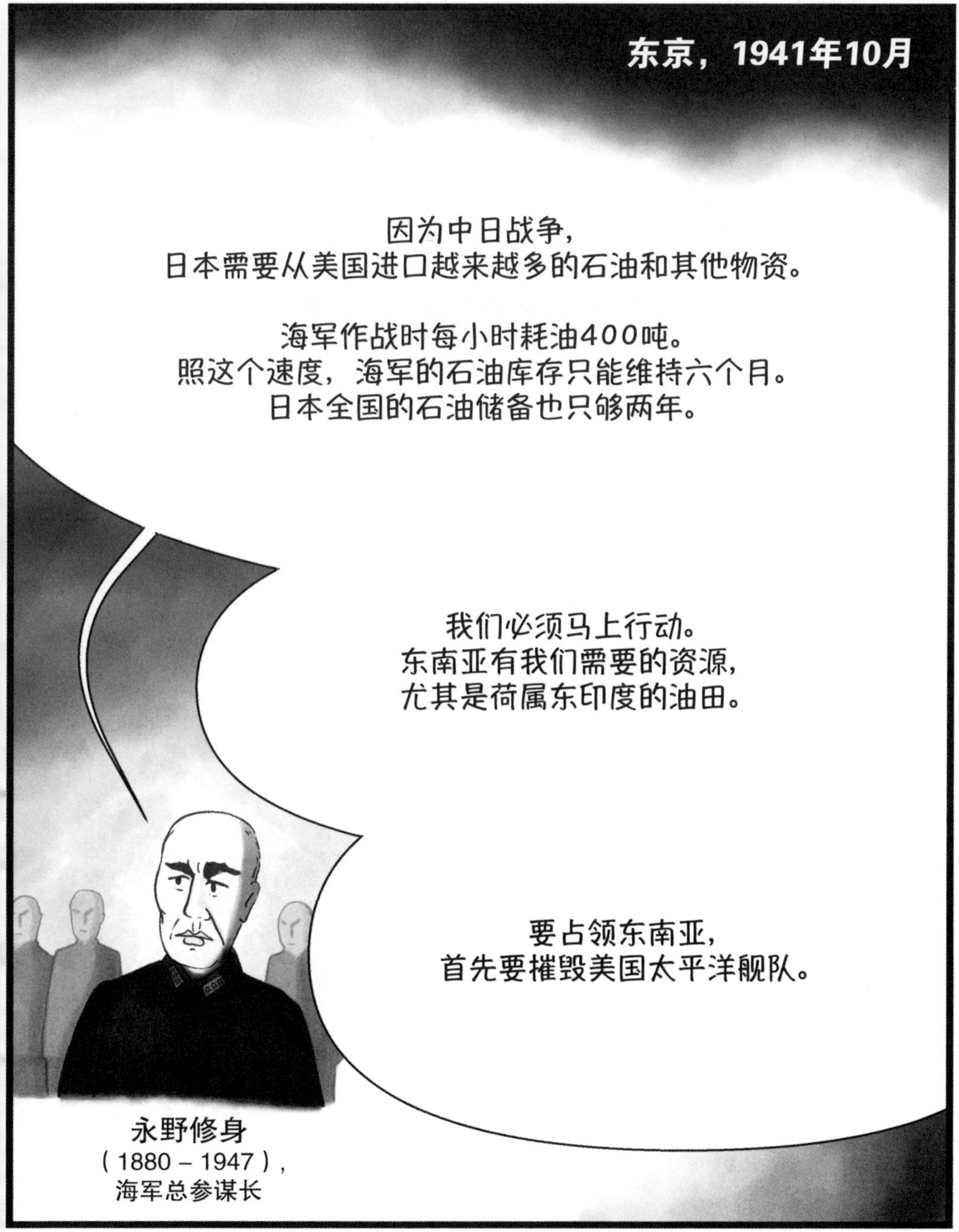
东京，1941年10月
因为中日战争，
日本需要从美国进口越来越多的石油和其他物资。
海军作战时每小时耗油400吨。
照这个速度，海军的石油库存只能维持六个月。
日本全国的石油储备也只够两年。
我们必须马上行动。
东南亚有我们需要的资源，
尤其是荷属东印度的油田。
要占领东南亚，
首先要摧毁美国太平洋舰队。
永野修身
（1880 – 1947），
海军总参谋长

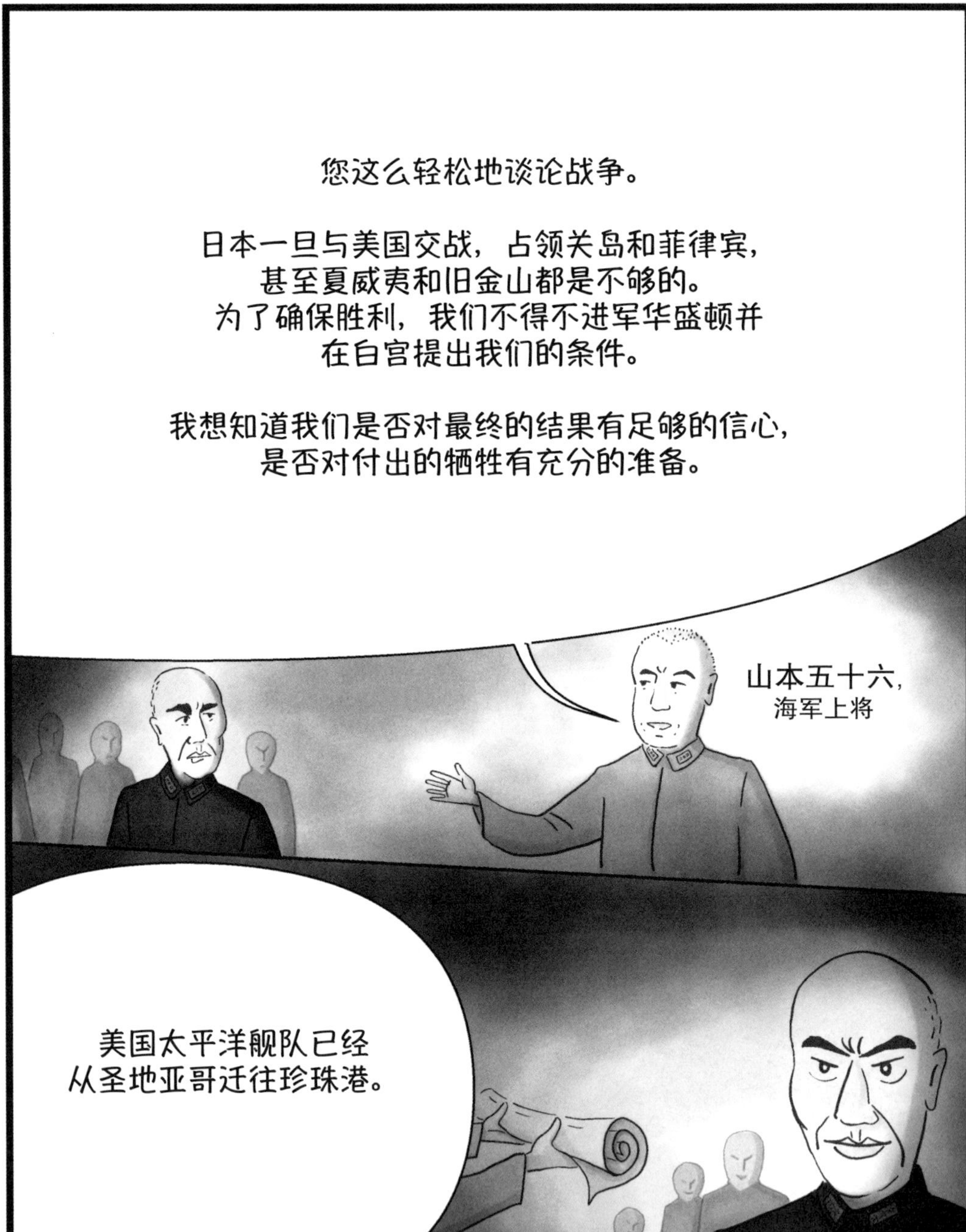
您这么轻松地谈论战争。
日本一旦与美国交战，占领关岛和菲律宾，甚至夏威夷和旧金山都是不够的。为了确保胜利，我们不得不进军华盛顿并在白宫提出我们的条件。
我想知道我们是否对最终的结果有足够的信心，是否对付出的牺牲有充分的准备。
山本五十六，海军上将
美国太平洋舰队已经从圣地亚哥迁往珍珠港。

1941年12月7日
珍珠港

突袭珍珠港数小时后，日本陆海军开始进攻驻菲律宾美军。
五个月之内，日军征服了菲律宾、泰国、荷属东印度以及包括新加坡和香港在内的数个英国殖民地。
除了夺取无法再从美国进口的石油和其他资源外，
日本还将切断美国对华援助的最后一条陆路供给线 。

日本
重庆
英属印度
香港
英属
缅甸
泰国
菲律宾
新加坡
荷属东印度

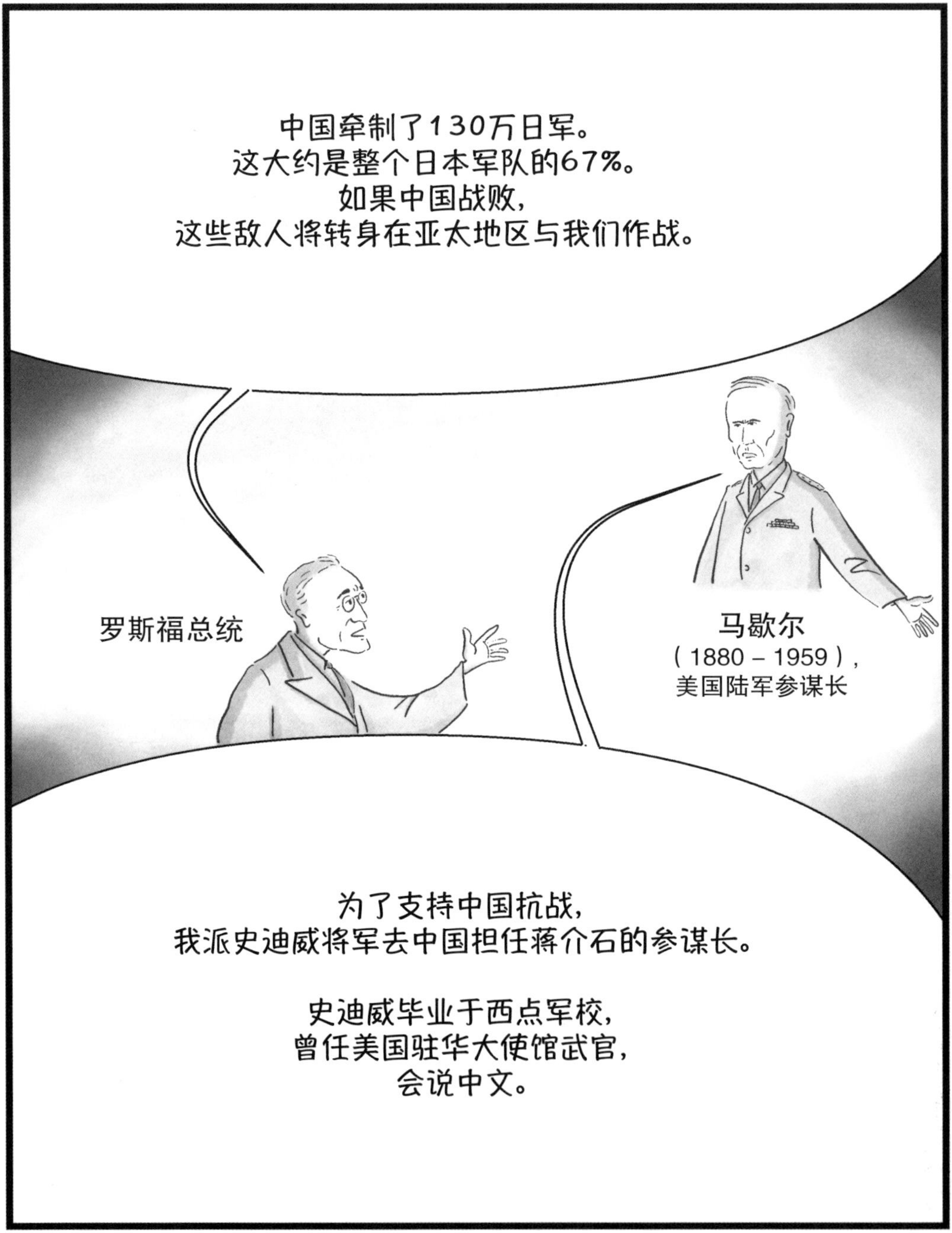
中国牵制了130万日军。
这大约是整个日本军队的67%。
如果中国战败，
这些敌人将转身在亚太地区与我们作战。
罗斯福总统
马歇尔
（1880－1959），
美国陆军参谋长
为了支持中国抗战，
我派史迪威将军去中国担任蒋介石的参谋长。
史迪威毕业于西点军校，
曾任美国驻华大使馆武官，
会说中文。

仰光两天前失陷。
我们必须立即反攻！
重庆
英属缅甸
仰光
史迪威
（1883－1946）
蒋介石
日本控制了空中和海上，
现在收复仰光风险太大，
我们应该采取防御。
为帮助英国人阻止日军进攻，
我已派出8万国军。

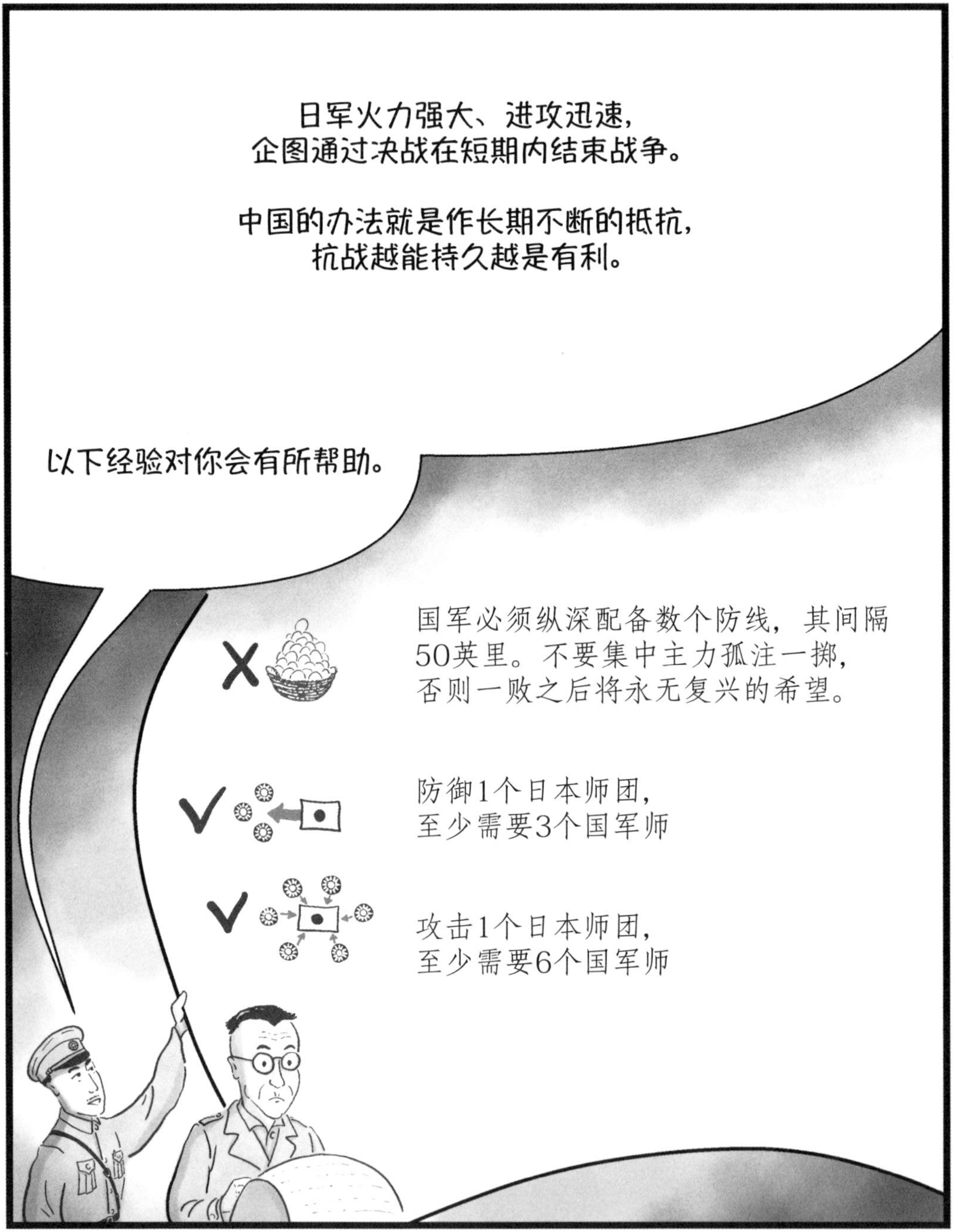
日军火力强大、进攻迅速，
企图通过决战在短期内结束战争。
中国的办法就是作长期不断的抵抗，
抗战越能持久越是有利。
以下经验对你会有所帮助。
国军必须纵深配备数个防线，其间隔50英里。不要集中主力孤注一掷，否则一败之后将永无复兴的希望。
防御1个日本师团，至少需要3个国军师
攻击1个日本师团，至少需要6个国军师

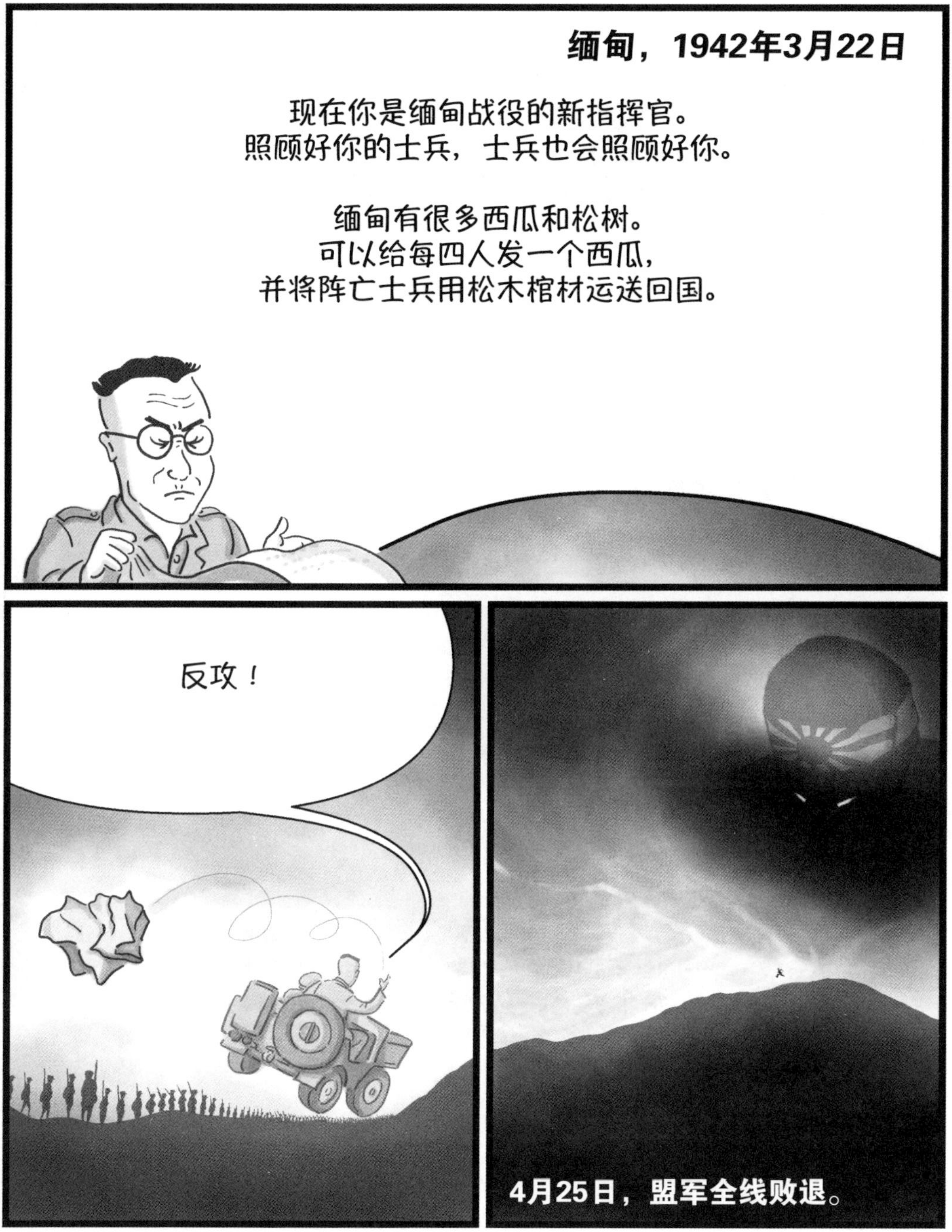
缅甸，1942年3月22日
现在你是缅甸战役的新指挥官。
照顾好你的士兵，士兵也会照顾好你。
缅甸有很多西瓜和松树。
可以给每四人发一个西瓜，
并将阵亡士兵用松木棺材运送回国。
反攻！
4月25日，盟军全线败退。

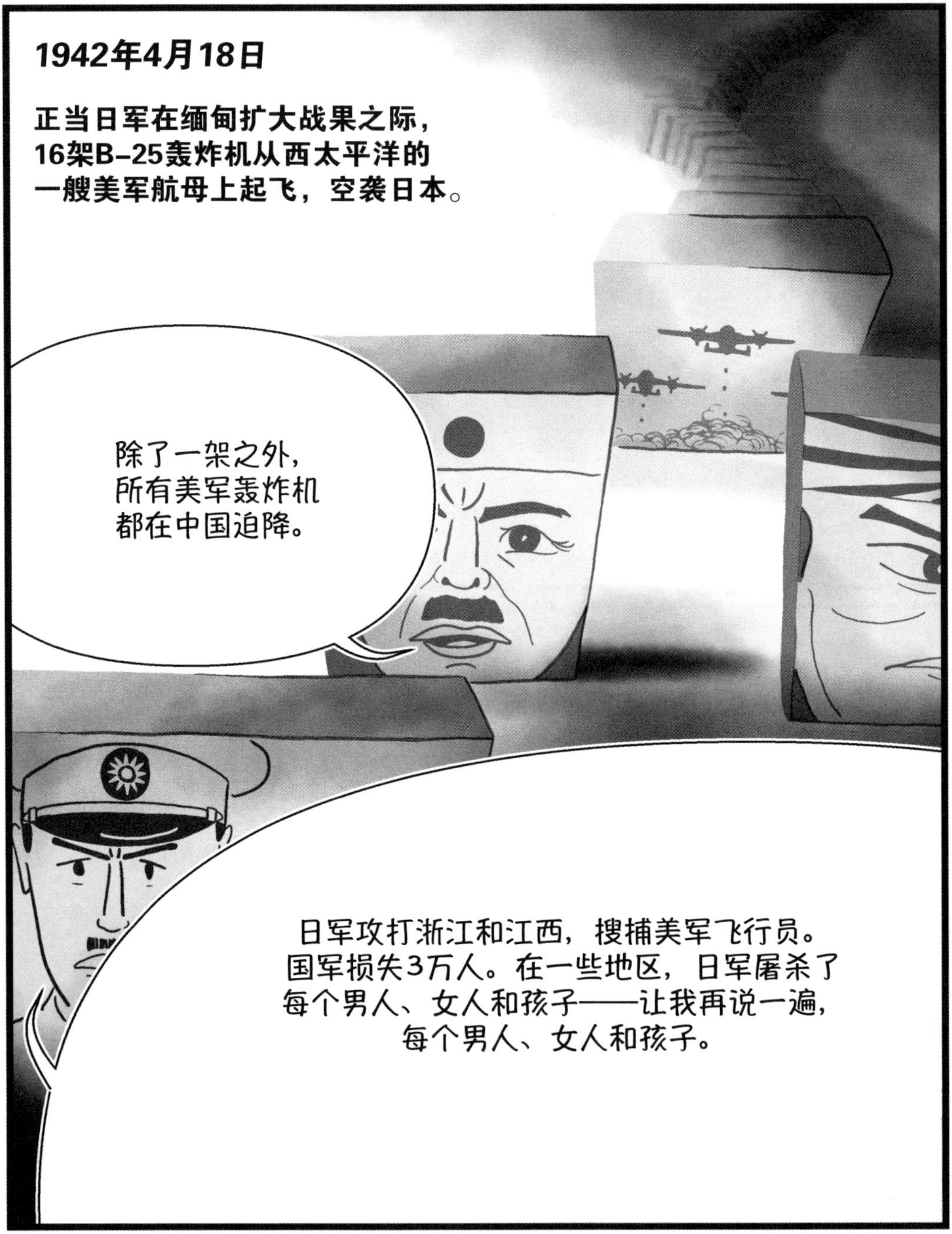
1942年4月18日
正当日军在缅甸扩大战果之际，16架B-25轰炸机从西太平洋的一艘美军航母上起飞，空袭日本。
除了一架之外，所有美军轰炸机都在中国迫降。
日军攻打浙江和江西，搜捕美军飞行员。国军损失3万人。在一些地区，日军屠杀了每个男人、女人和孩子——让我再说一遍，每个男人、女人和孩子。

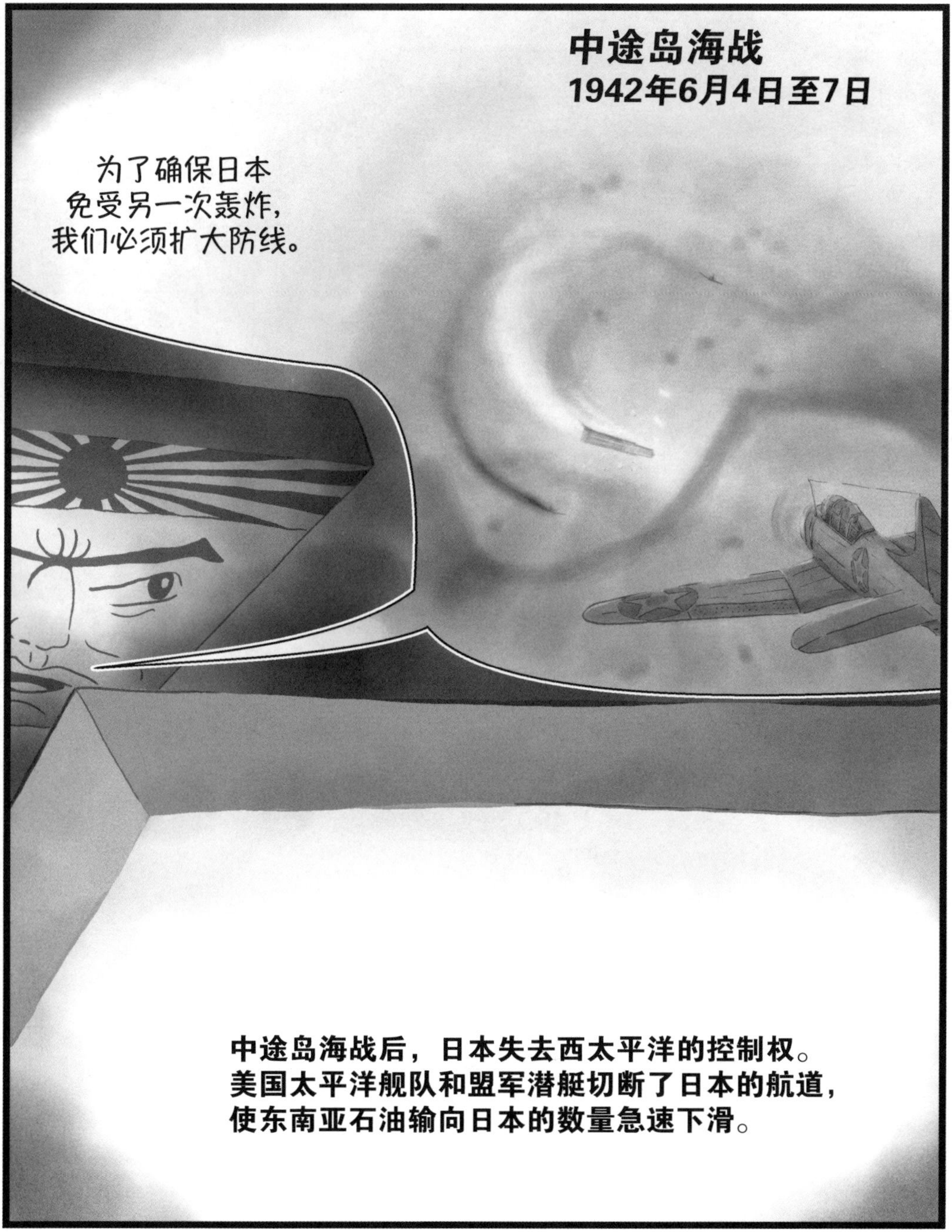
中途岛海战
1942年6月4日至7日
为了确保日本免受另一次轰炸，我们必须扩大防线。
中途岛海战后，日本失去西太平洋的控制权。美国太平洋舰队和盟军潜艇切断了日本的航道，使东南亚石油输向日本的数量急速下滑。

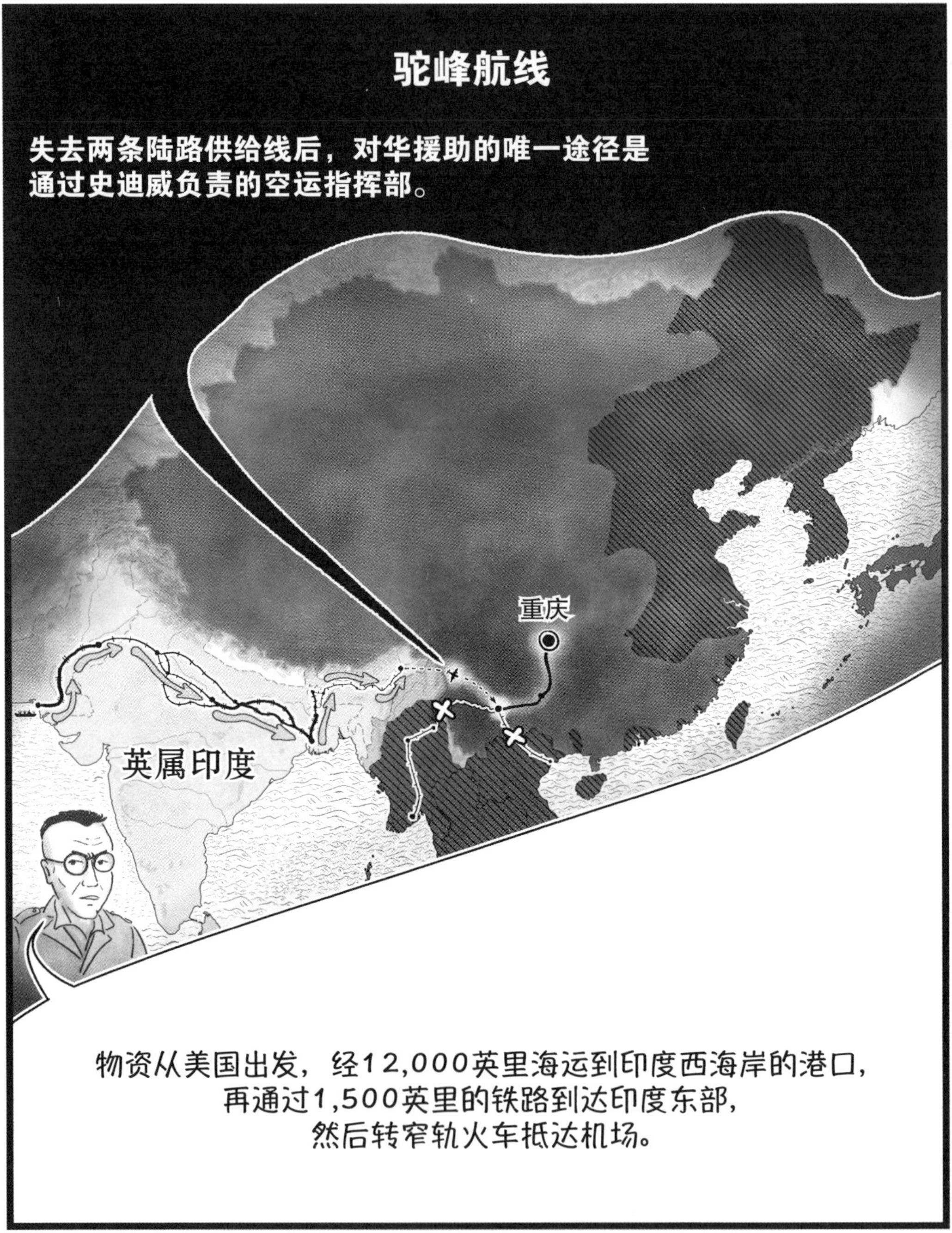
驼峰航线
失去两条陆路供给线后，对华援助的唯一途径是通过史迪威负责的空运指挥部。
重庆
英属印度
物资从美国出发，经12,000英里海运到印度西海岸的港口，再通过1,500英里的铁路到达印度东部，然后转窄轨火车抵达机场。

“驼峰”航段位于海拔15,000英尺的喜马拉雅山区，
飞行高度大约20,000英尺，
突发的湍流可能会使飞机解体。

我们开始有57架货机，每架运量大约4至5吨。
由于机组人员和设备短缺，维修差，机场少，天气恶劣，
每架飞机每月只能往返2次。

在这样的条件下，初始空运能力每月不超过500吨，
而滇缅公路中断前的运量为每月2万吨。

大约 90% 的空运吨位分配给陈纳德指挥的空军 *。
其余归中国远征军**。
分给普通国军的物资几乎为零。

每空运1加仑燃料，空运指挥部自己也要消耗1加仑燃料；
每空运18吨补给，空军才能向日军投放1吨炸弹。

*蒋介石任命陈纳德(1893 – 1958)为首席空军顾问，建立中国空军的美国志愿队，即飞虎队。1942年7月，飞虎队并入美国陆军航空队。

☆ 美国空军在华基地

** 中国远征军，或Y部队，在云南驻有20个师。

中国驻印军，或X部队，由从缅甸撤退到印度的5个师组成。X部队可以使用抵达印度的租借物资。

X和Y部队的主要任务是重新夺回缅甸。

国军的处境
国军损失巨大，急需人力补充。我们的兵源主要来自农村。
蒋介石
在保甲长的带领下，征兵队挨家搜查，从每户征召一名男子。
富人可以出钱找人代替兵役。

人数不够。
有人逃跑。
这些人病得走不动道。
没事。现在人越少，我在路上付的伙食费也越少。
等到部队驻地附近，我们再抓农民来充数。

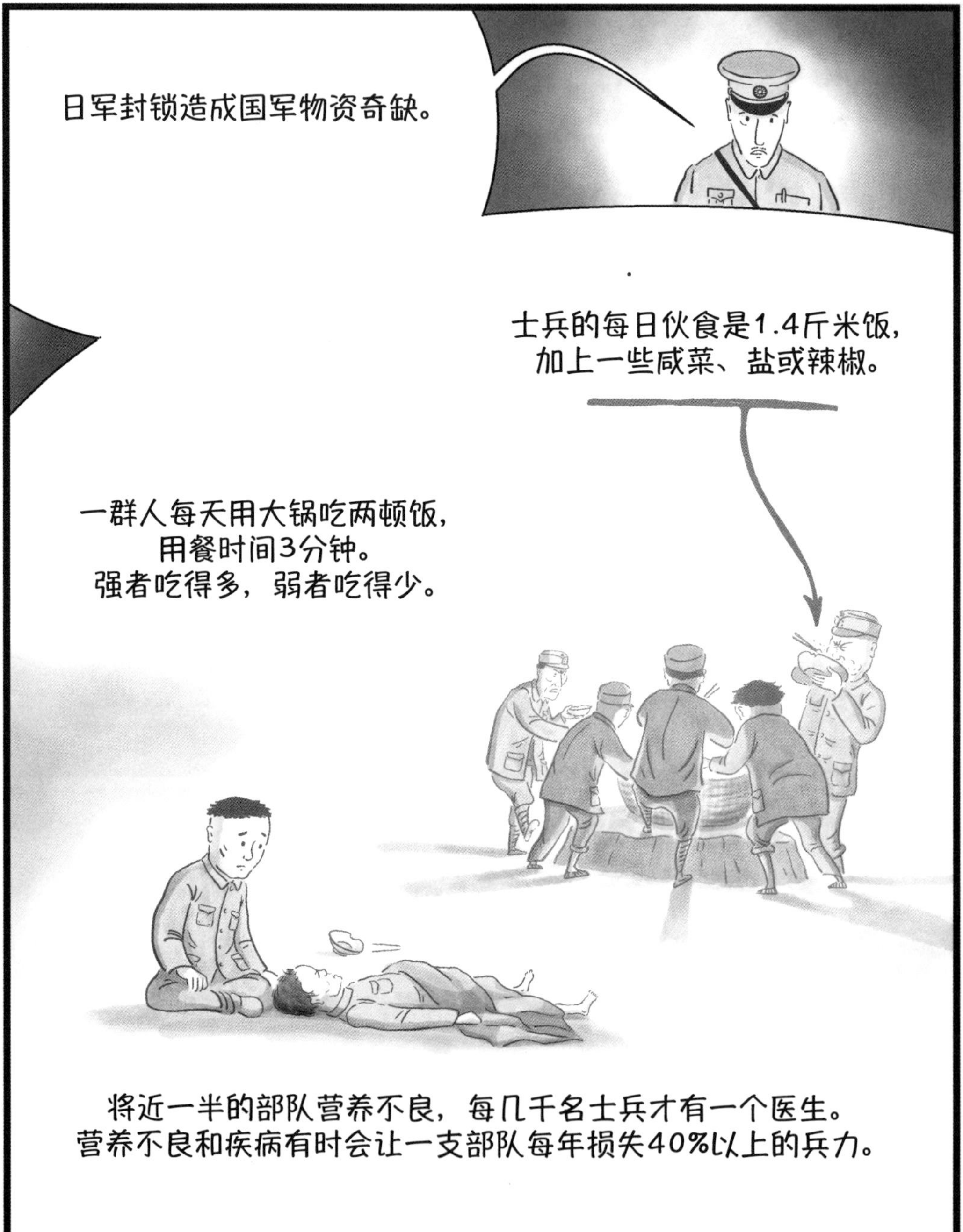
日军封锁造成国军物资奇缺。
士兵的每日伙食是1.4斤米饭，
加上一些咸菜、盐或辣椒。
一群人每天用大锅吃两顿饭，
用餐时间3分钟。
强者吃得多，弱者吃得少。
将近一半的部队营养不良，每几千名士兵才有一个医生。
营养不良和疾病有时会让一支部队每年损失40%以上的兵力。

军服不够，
有些士兵三年穿同样的衣服。
军队不提供鞋袜，
士兵们只能自己编织草鞋。
每五个人同用一条毯子。
在我们排里，
士兵没有牙刷、肥皂、
毛巾和卫生纸。
全排用一块粗布洗脸。
如果一个人眼睛发炎，
几乎所有人都会感染。

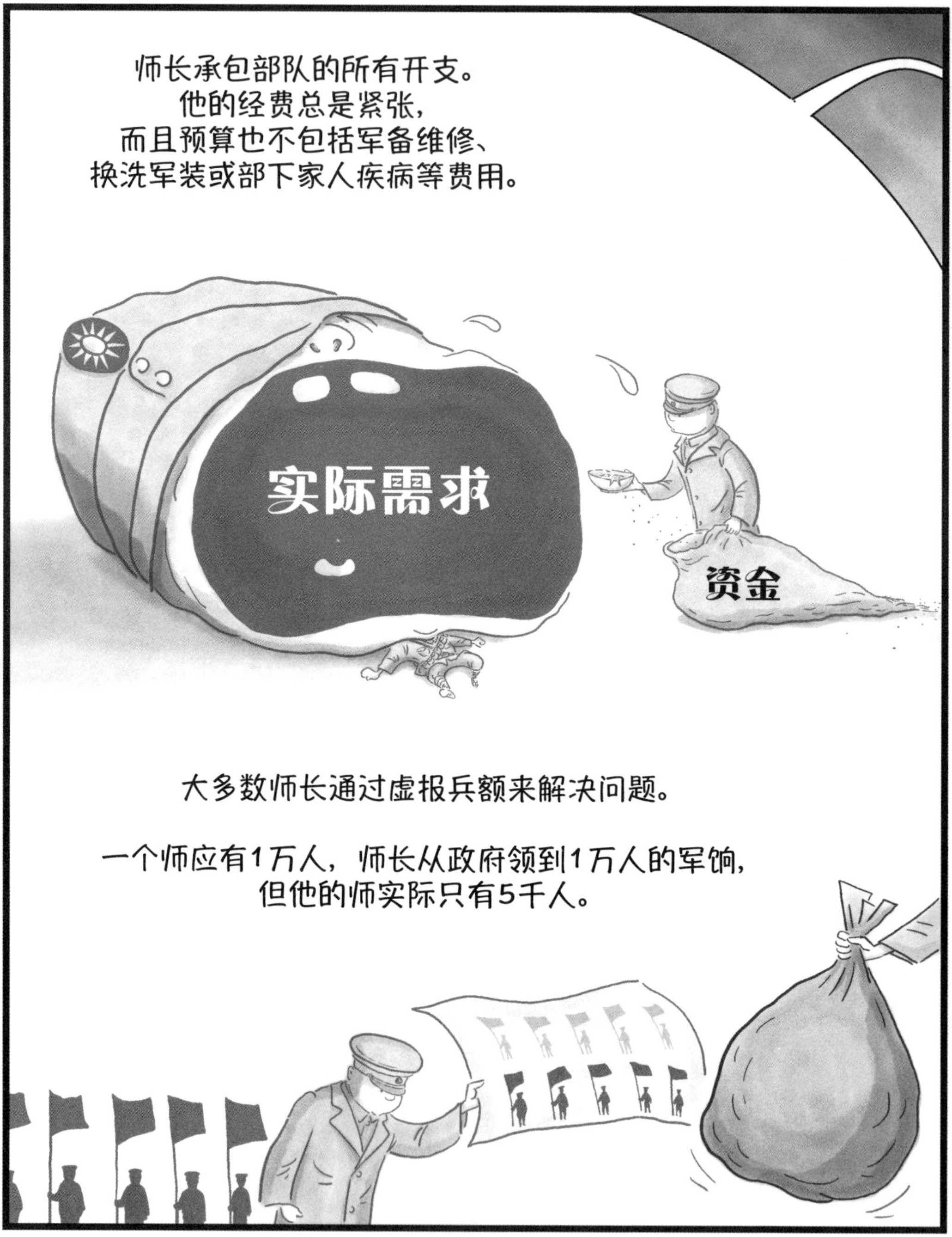
师长承包部队的所有开支。
他的经费总是紧张，
而且预算也不包括军备维修、
换洗军装或部下家人疾病等费用。
实际需求
资金
大多数师长通过虚报兵额来解决问题。
一个师应有1万人，师长从政府领到1万人的军饷，
但他的师实际只有5千人。

在纸面上，我们有300个师的300万兵力。
实际上，大多数只有上报的一半实力。
我允许军队设立合作社，为改良官兵生活。但许多军官借口合作社来主营商业，营私舞弊，有些甚至与日本人进行交易！
一些士兵也开始自作打算。
我是一个上等兵，军饷一年174元，一半用于口粮。土匪出价7,000元，让我把排里的轻机枪偷卖给他们，这相当于我40年的收入！

盟国首脑会议
1943年底，盟军召开两次会议来协调作战部署。
开罗会议
1943年11月22日至26日
我们同意在1944年初打通滇缅公路。
英国海军将提供战列舰和航母支援。
罗斯福
丘吉尔
（1874－1965）
蒋介石
如果英国海军能切断日军增援，缅甸战役一定能成功。

德黑兰会议
1943年11月28日至12月1日
西方盟国将在1944年
入侵法国北部，
开辟欧洲第二战场。
作为回报，
苏联将在德国战败六个月内
对日宣战。
罗斯福
斯大林
丘吉尔
既然苏联已经承诺对日作战，
中国就不重要了。
告诉蒋介石，
法国战事即将开始，
英国海军不能参加缅甸战役。

盟军试图打通滇缅公路。
我们要先发制人！
突袭盟军在印度的供应基地，
切断通往中国的驼峰航线。

C号作战
1944年3月15日至7月9日
日军3个师约8万人携带3周补给入侵印度。
X部队正与敌人交战。现在需要Y部队增援。
史迪威
英国答应提供海军支持，但又反悔。此种形势对我不利，不能冒险投入Y部队。

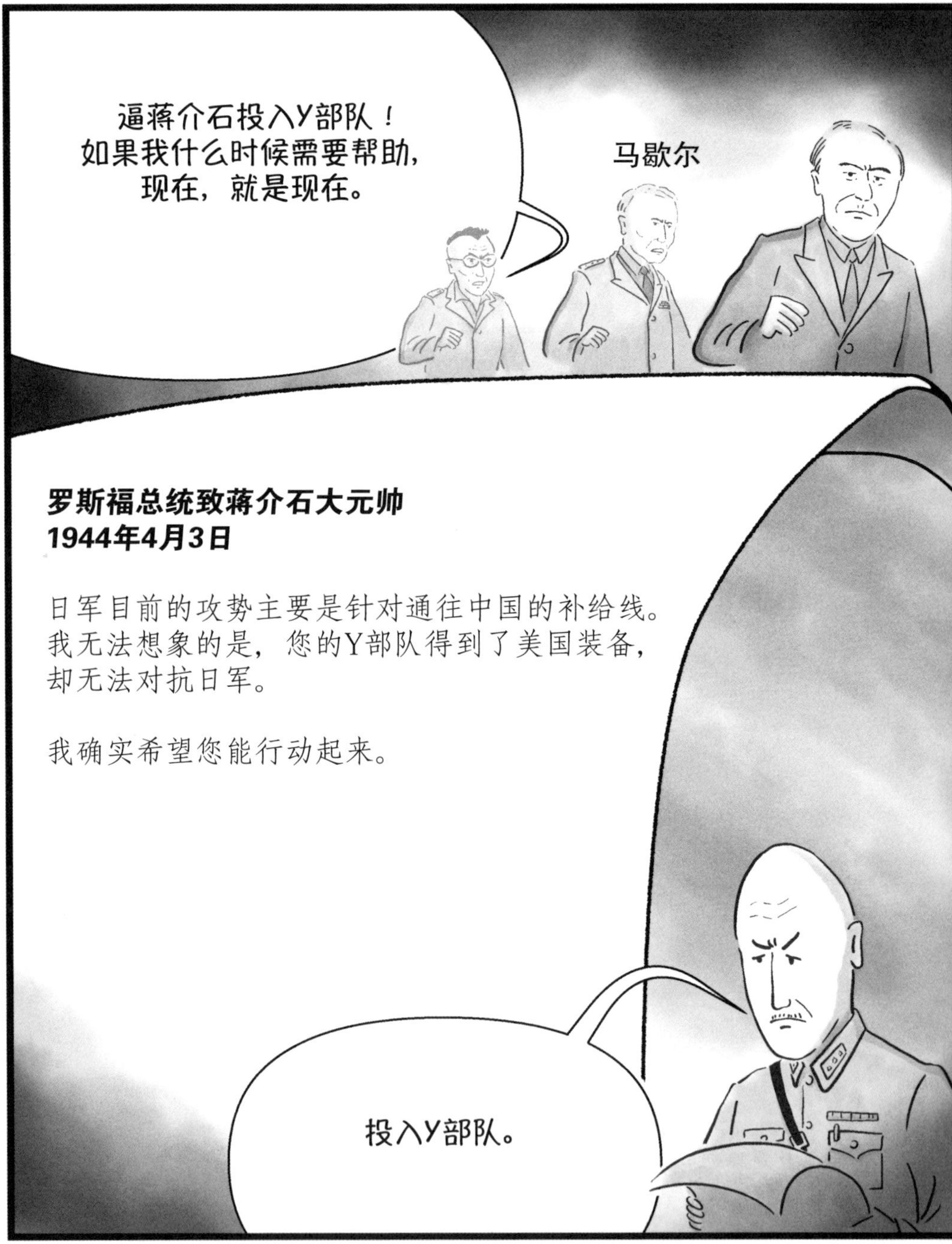
逼蒋介石投入Y部队！
如果我什么时候需要帮助，
现在，就是现在。
马歇尔
罗斯福总统致蒋介石大元帅
1944年4月3日
日军目前的攻势主要是针对通往中国的补给线。
我无法想象的是，您的Y部队得到了美国装备，
却无法对抗日军。
我确实希望您能行动起来。
投入Y部队。

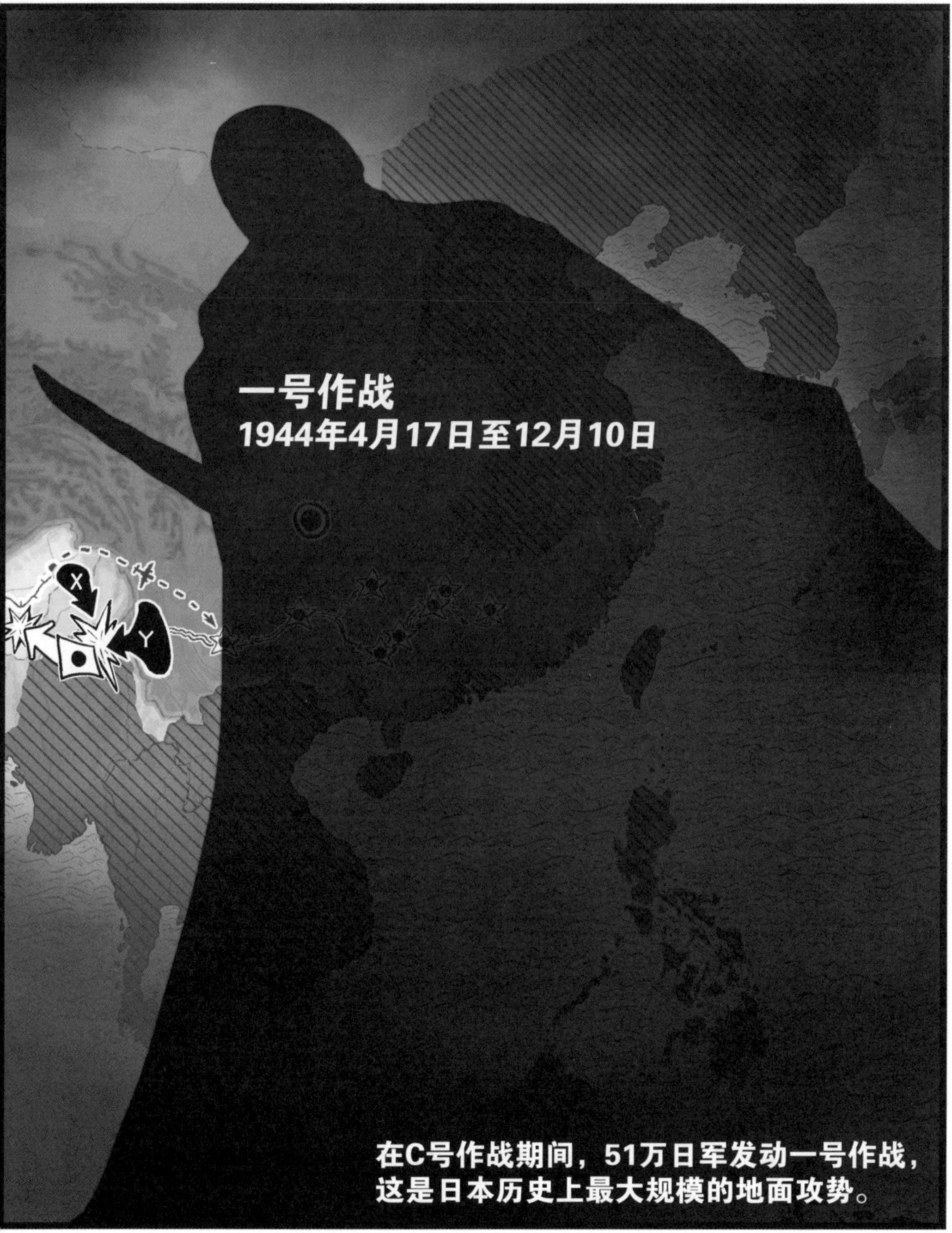
一号作战
1944年4月17日至12月10日
X
Y
在C号作战期间，51万日军发动一号作战，
这是日本历史上最大规模的地面攻势。

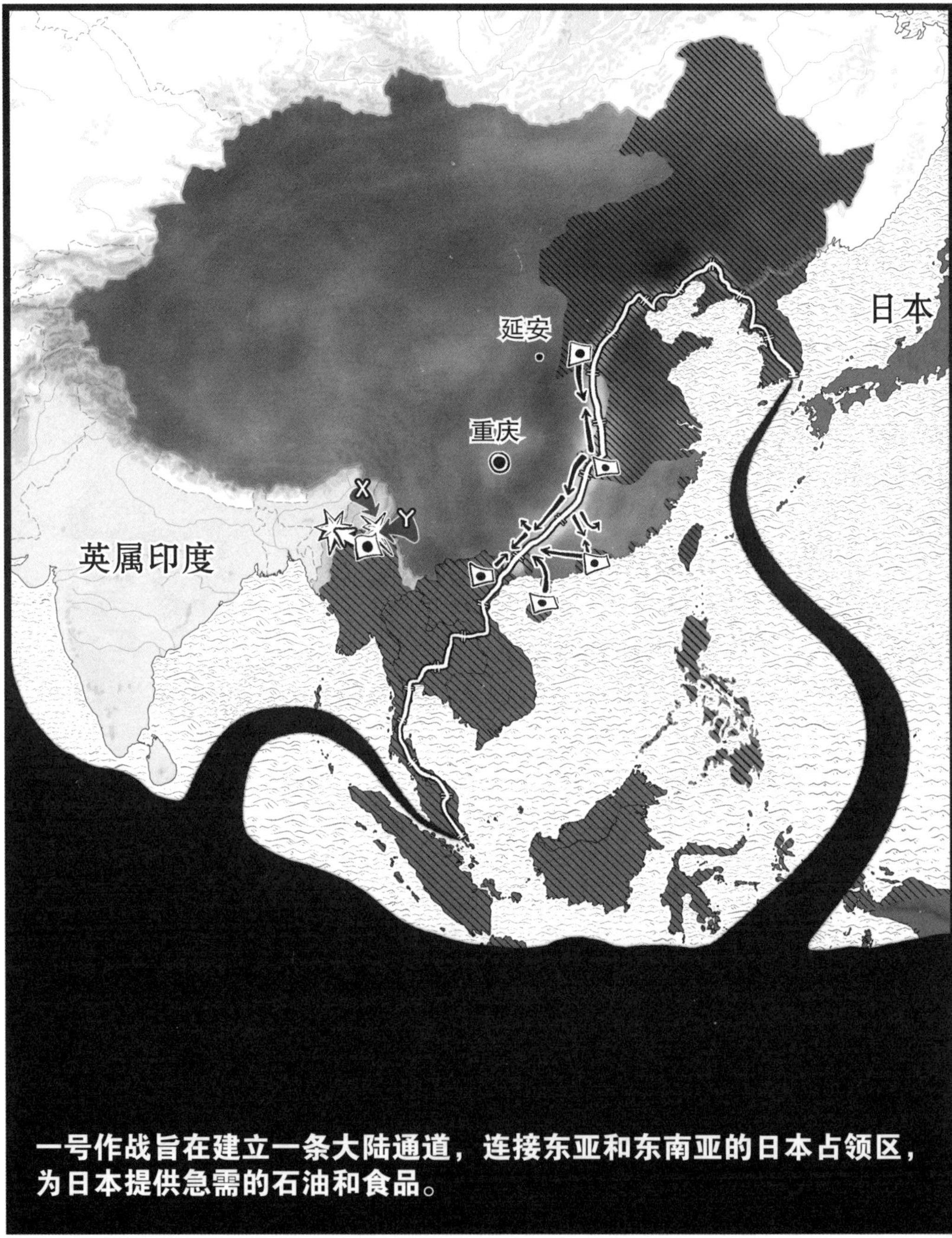

一号作战旨在建立一条大陆通道，连接东亚和东南亚的日本占领区，为日本提供急需的石油和食品。

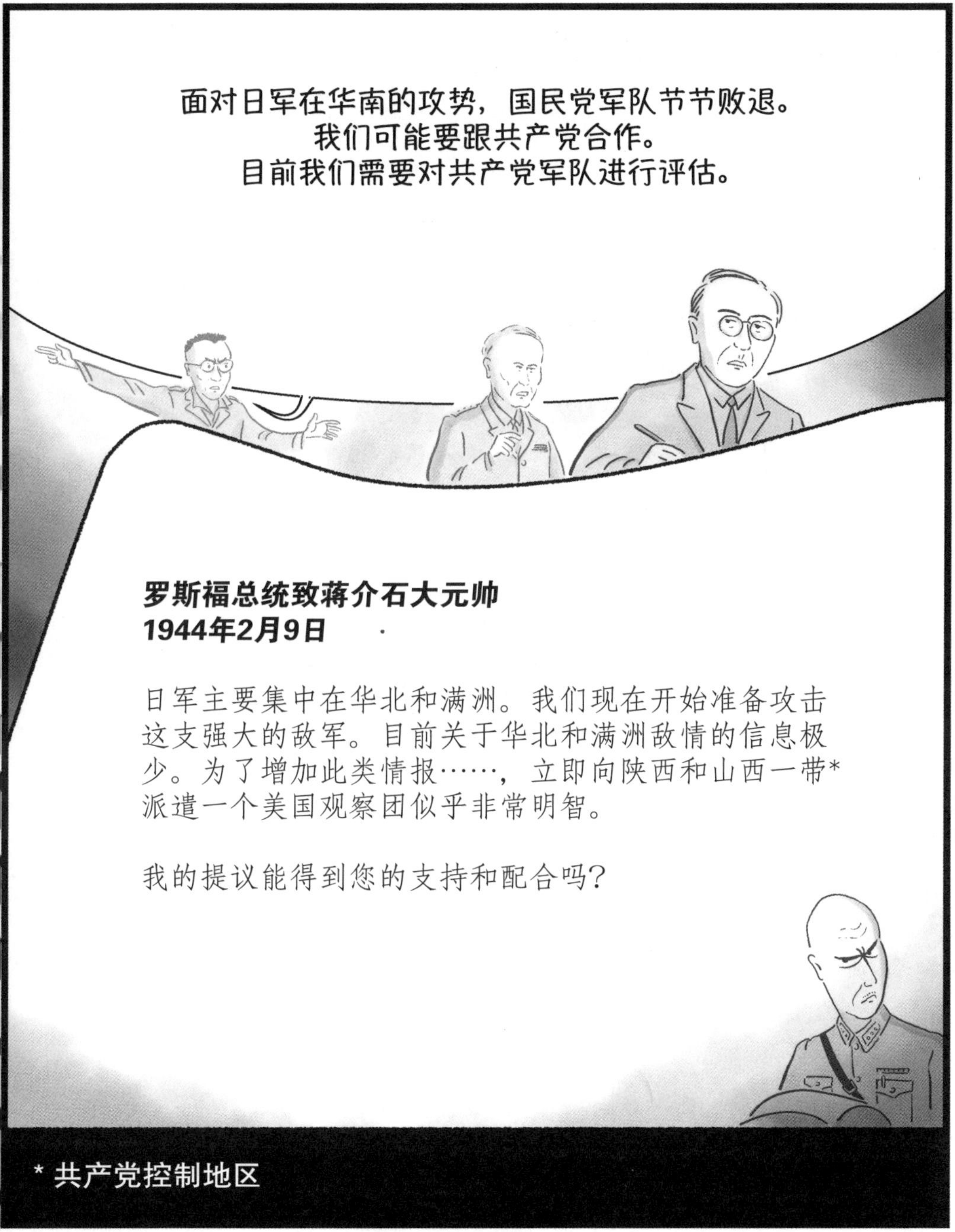
面对日军在华南的攻势，国民党军队节节败退。
我们可能要跟共产党合作。
目前我们需要对共产党军队进行评估。
罗斯福总统致蒋介石大元帅
1944年2月9日
日军主要集中在华北和满洲。我们现在开始准备攻击这支强大的敌军。目前关于华北和满洲敌情的信息极少。为了增加此类情报……，立即向陕西和山西一带*派遣一个美国观察团似乎非常明智。
我的提议能得到您的支持和配合吗？
* 共产党控制地区

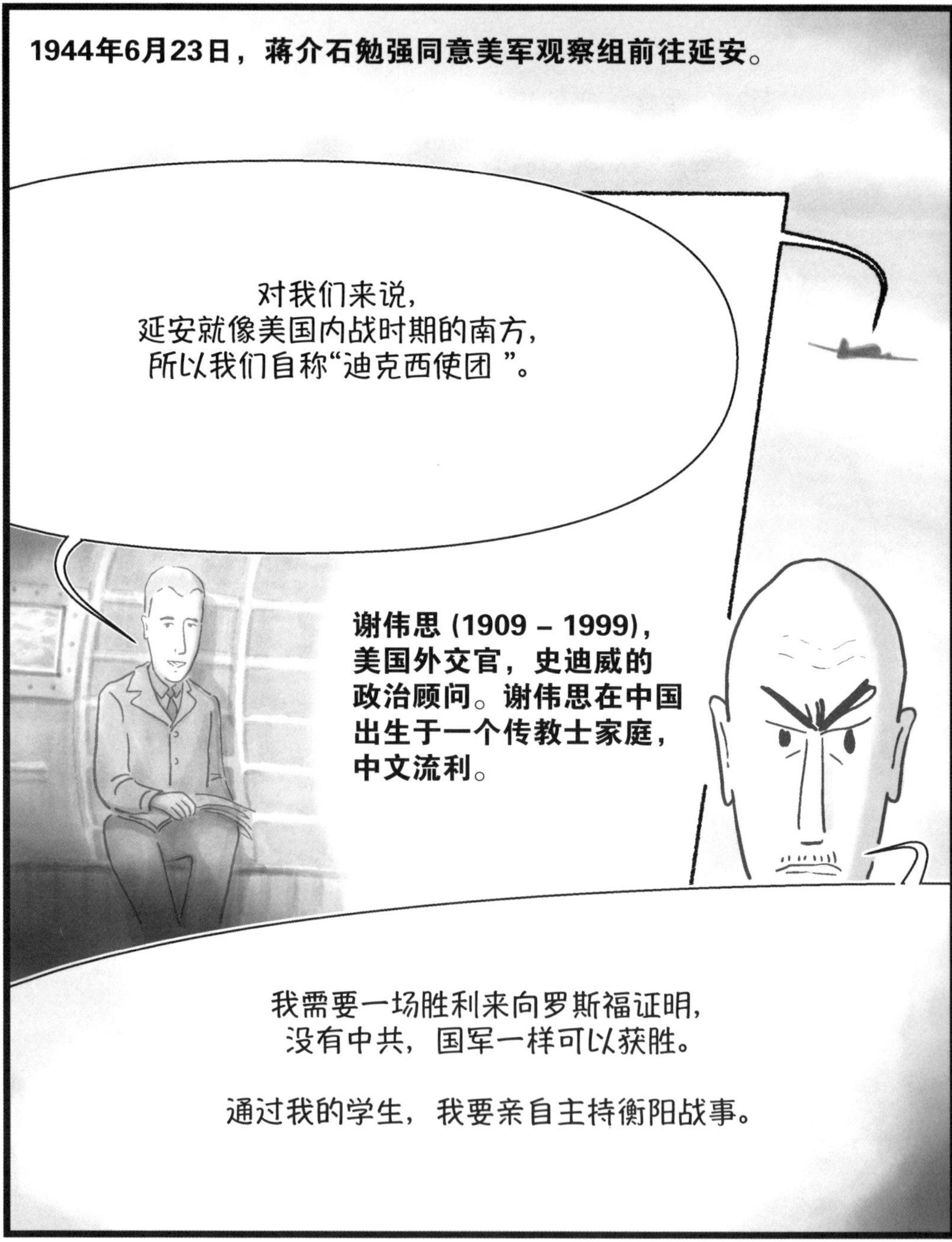
1944年6月23日，蒋介石勉强同意美军观察组前往延安。
对我们来说，延安就像美国内战时期的南方，所以我们自称“迪克西使团 ”。
谢伟思 (1909 – 1999)，美国外交官，史迪威的政治顾问。谢伟思在中国出生于一个传教士家庭，中文流利。
我需要一场胜利来向罗斯福证明，没有中共，国军一样可以获胜。
通过我的学生，我要亲自主持衡阳战事。

衡阳保卫战
1944年6月28日至8月7日
重庆
美国空军
在华基地
方先觉
（1903 – 1983），
国军第十军军长，
黄埔军校三期毕业

6月28日至7月2日，
日军首次攻打衡阳

日军:
80,000 – 100,000
国军:
20,000

延安，1944年7月
谢伟思
毛泽东
共产党地区和国民党地区之间的对比很明显。
现在共产党军队的身体状况非常好，
营养不良的情况几乎完全消失。

我们还有很多问题。
弹药缺乏，武器落后，
口径和型号也参差不齐。
我们对新装备缺乏经验。
比如没人会开车，
我们不得不销毁被缴获的卡车。
但我们也有优势。
我们的小部队轻装上阵，
行动迅速，非常适应游击战。

以我们现有的力量，能做到这个地步，已属不易。
但我们知道，如果拥有更多，我们可以做得更好。
罗斯福总统致蒋介石大元帅
1944年7月6日
中国的危急形势需要一个人能全权协调所有在华军事资源，包括共产党军队。
我建议将史迪威置于您直属之下，以统帅所有中美军队。

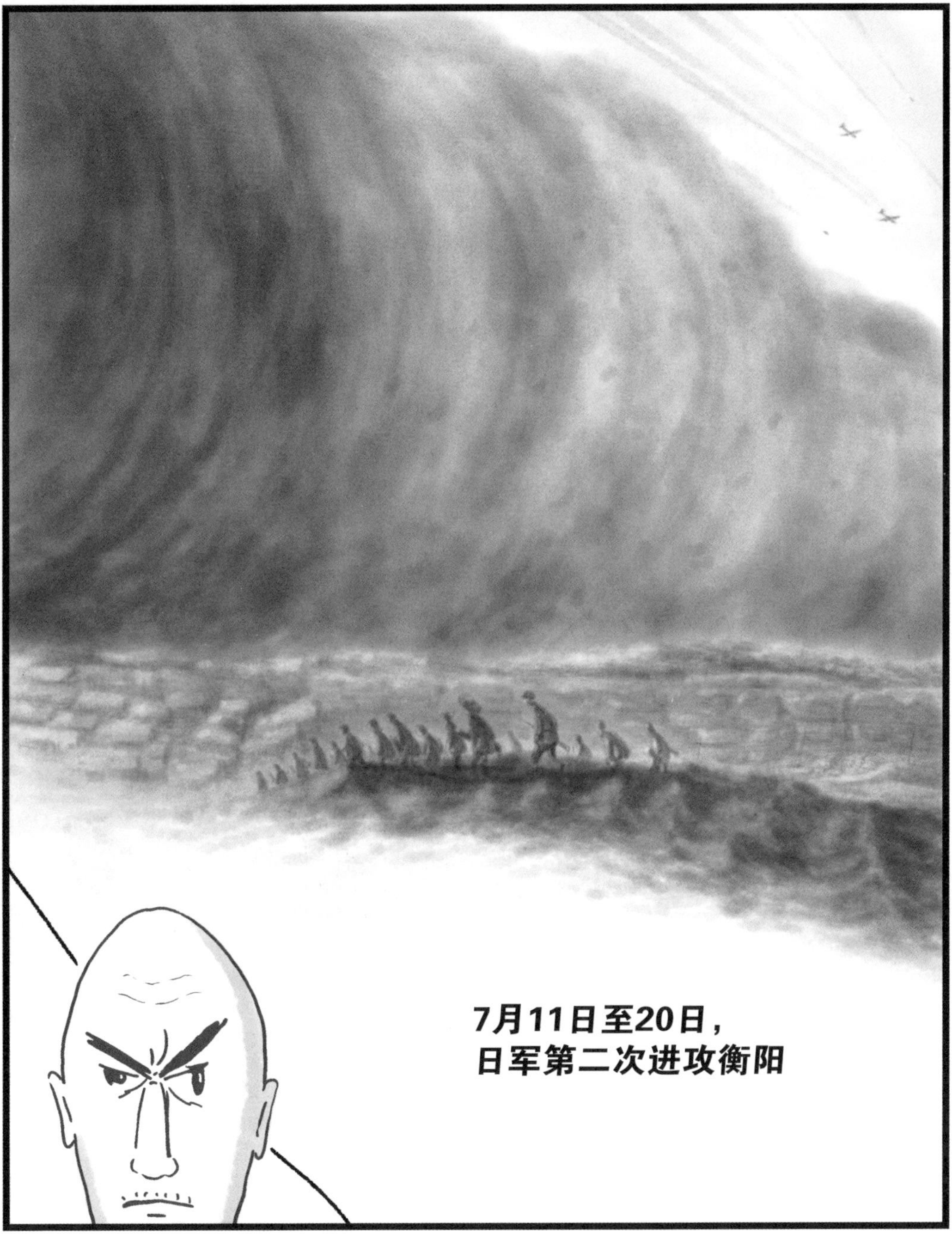
7月11日至20日，
日军第二次进攻衡阳

凭借截获的国军电报，
我们切断了所有对衡阳的增援，
并伏击了一个试图突围的敌军营。
我们每晚可以向前线运送
30 - 40吨物资。

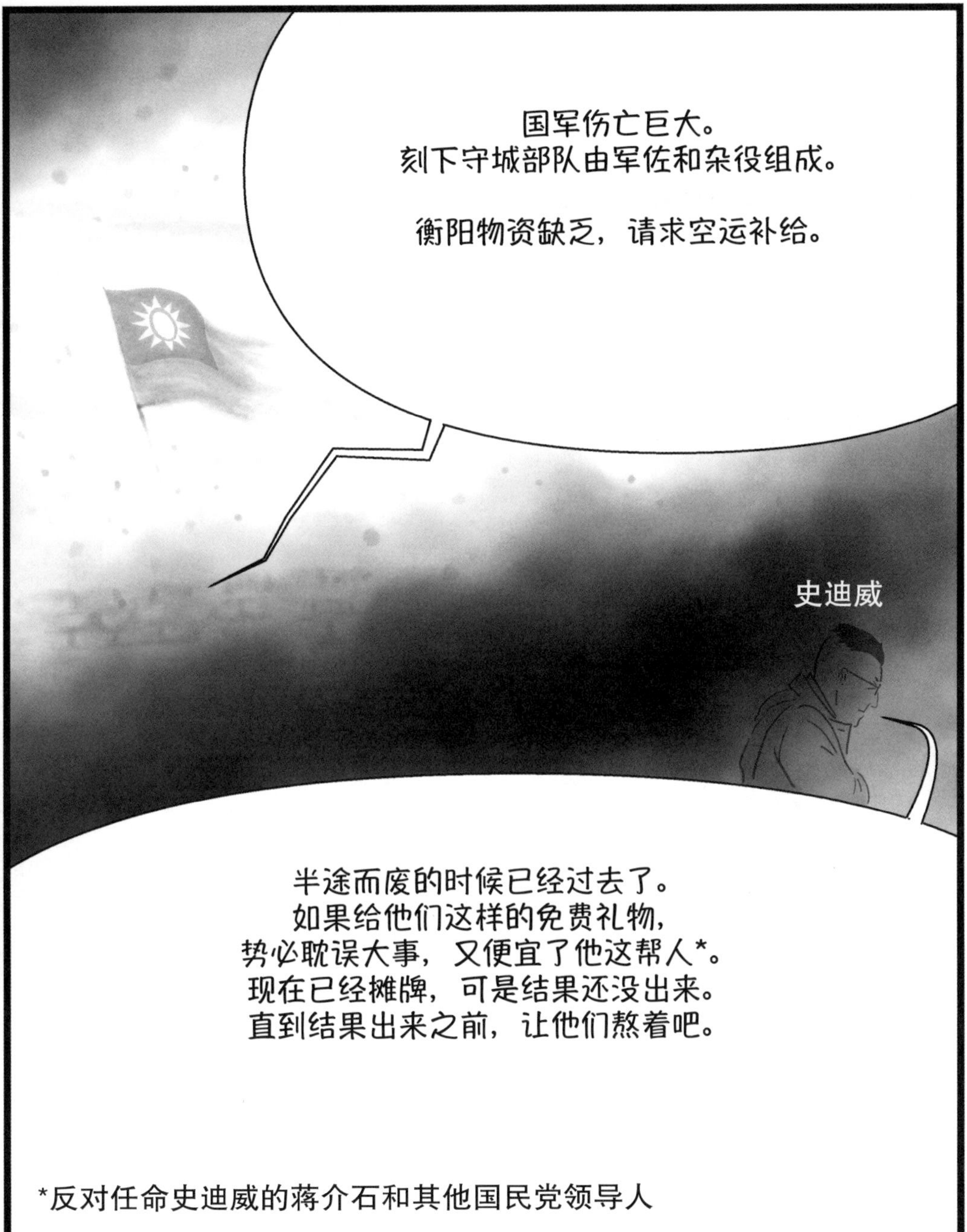
国军伤亡巨大。
刻下守城部队由军佐和杂役组成。
衡阳物资缺乏，请求空运补给。
史迪威
半途而废的时候已经过去了。
如果给他们这样的免费礼物，
势必耽误大事，又便宜了他这帮人*。
现在已经摊牌，可是结果还没出来。
直到结果出来之前，让他们熬着吧。
*反对任命史迪威的蒋介石和其他国民党领导人

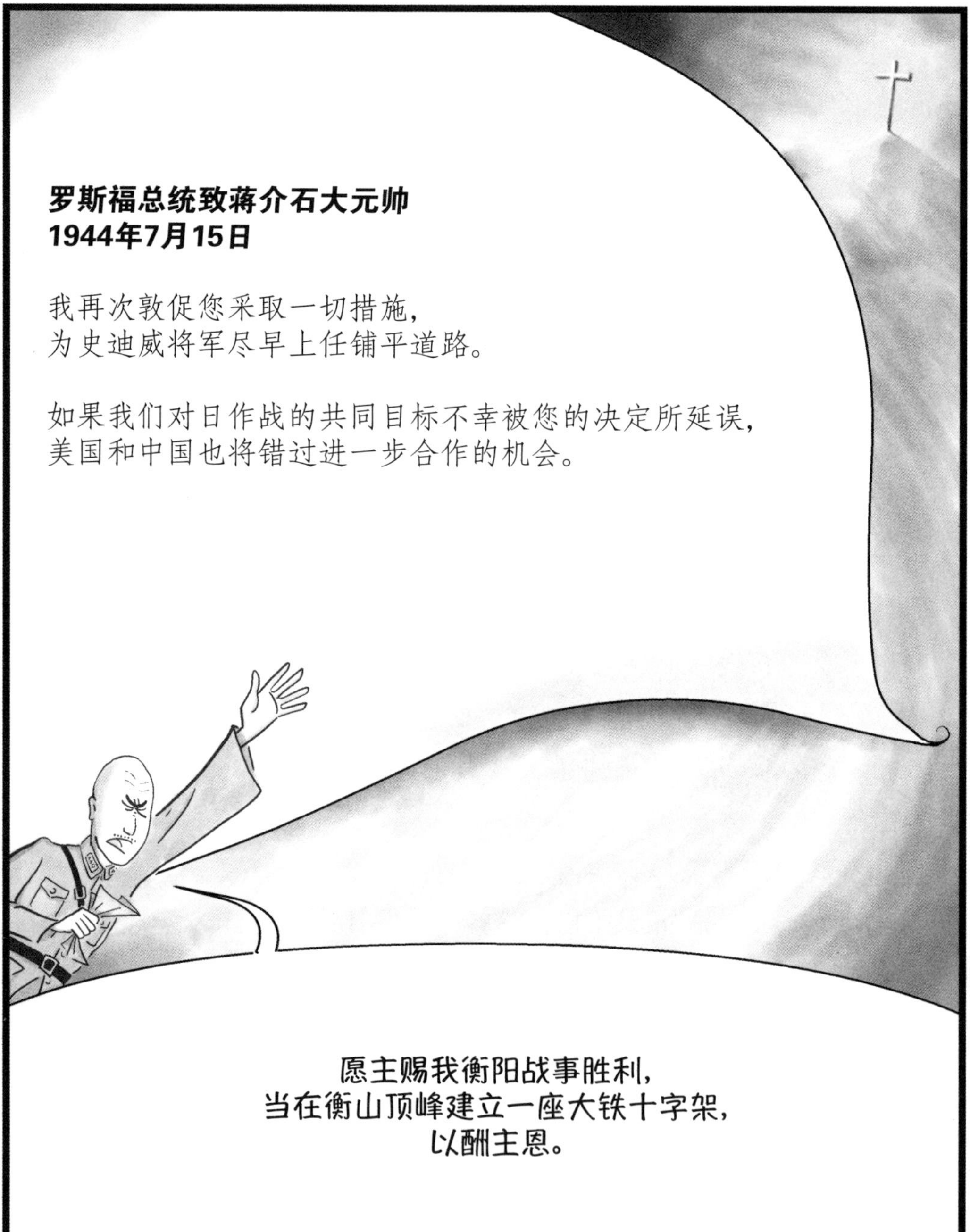
罗斯福总统致蒋介石大元帅
1944年7月15日
我再次敦促您采取一切措施，
为史迪威将军尽早上任铺平道路。
如果我们对日作战的共同目标不幸被您的决定所延误，
美国和中国也将错过进一步合作的机会。
愿主赐我衡阳战事胜利，
当在衡山顶峰建立一座大铁十字架，
以酬主恩。

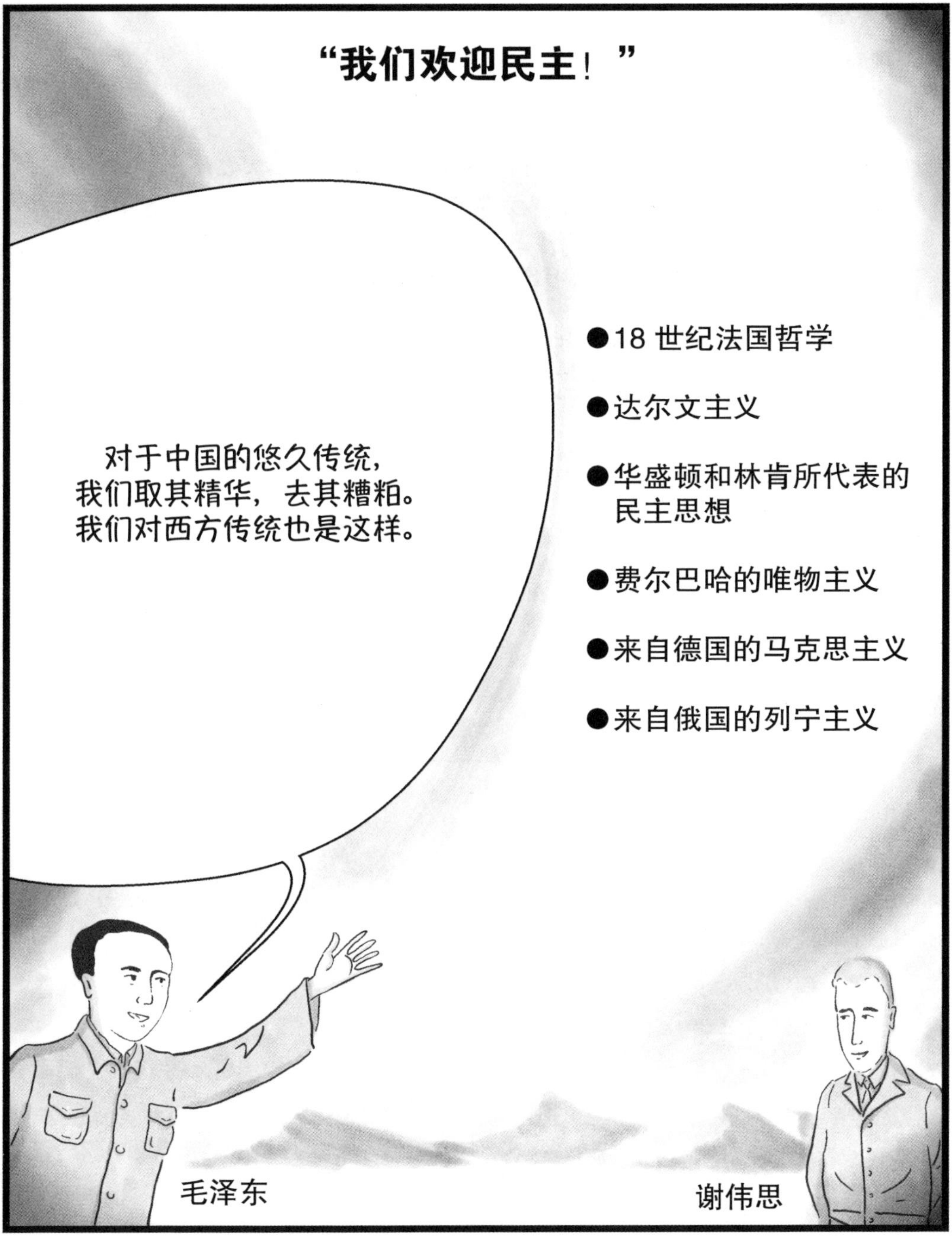
"我们欢迎民主！"
对于中国的悠久传统，
我们取其精华，去其糟粕。
我们对西方传统也是这样。
●18 世纪法国哲学
●达尔文主义
●华盛顿和林肯所代表的民主思想
●费尔巴哈的唯物主义
●来自德国的马克思主义
●来自俄国的列宁主义
毛泽东
谢伟思

我们寻求快速工业化，以提高人民的经济地位。
我们认识到，这需要通过资本主义和大规模的外国援助来实现。
我们相信，美国，而不是苏联，
是唯一能够提供这种经济援助的国家。
苏联无法给予中国如此大规模的援助，
因为战争造成的巨大损失，他们将忙于自己的重建工作。

美国拥有庞大资源，从逻辑上讲是最有能力提供援助的国家。
美国会发现我们比国民党更愿意合作。
我们不害怕美国民主的影响，我们欢迎。
中美可以也必须合作。*
* 谈话基于谢伟思为美国国务院撰写的“1944年8月23日采访毛泽东”报告。

8月3日至7日，
日军对衡阳发动总攻。

8月7日
敌人今晨由城北突入。我官兵伤亡殆尽，再无兵可以堵击。
我等誓以一死报党国，尽军人天职，决不辜负您一生的教诲。
此电恐为最后一电，来生再见。
您的学生，
方先觉
此为从来未有之悲痛……

罗斯福总统致蒋介石大元帅
1944年8月10日
我觉得对于中国战区的危机需要立即采取行动，
任命史迪威，否则为时已晚。
衡阳保卫战伤亡人数
日军
19,380
国军
16,400

东京御前会议，
1944年8月19日
再来一场决战，
中国就会停止抵抗。
裕仁天皇
对衡阳作战的情形，朕已有所闻。
我觉得中国停止抵抗是令人不能相信的不可能……
最初我们计划在华投入10个师团。
现在36个师团和41个旅团深陷沙场这么久……

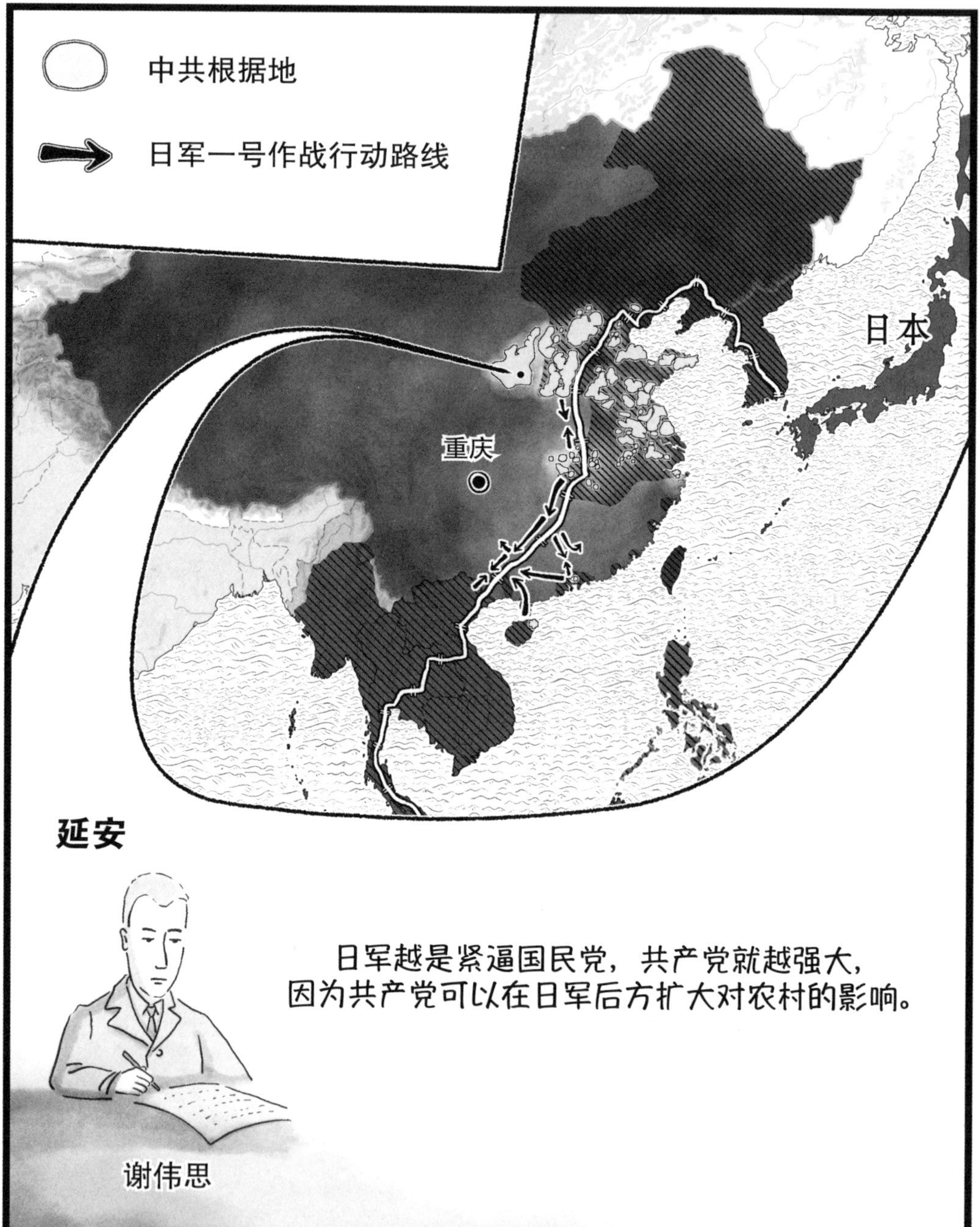
中共根据地
日军一号作战行动路线
日本
重庆
延安
日军越是紧逼国民党，共产党就越强大，
因为共产党可以在日军后方扩大对农村的影响。
谢伟思

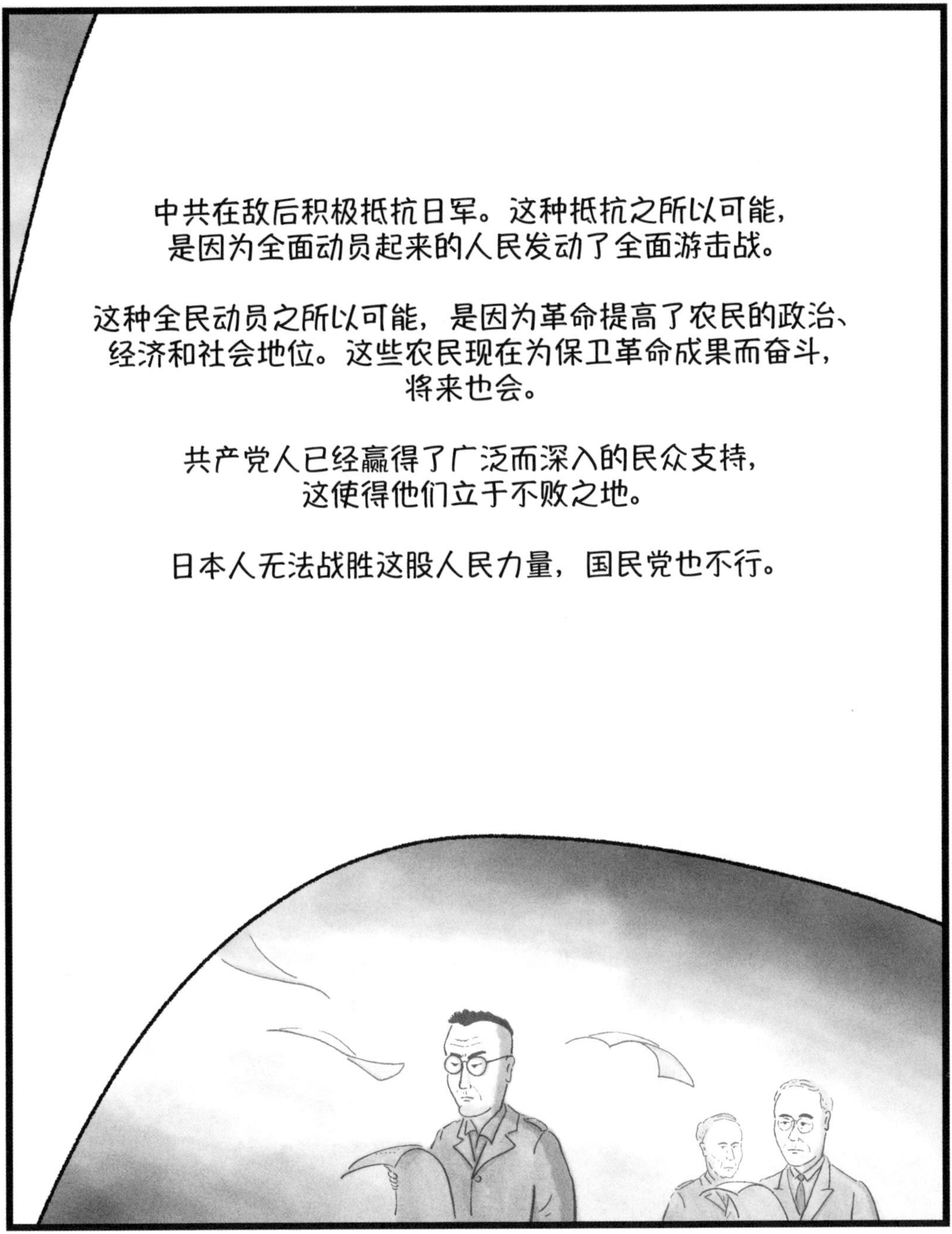
中共在敌后积极抵抗日军。这种抵抗之所以可能，
是因为全面动员起来的人民发动了全面游击战。
这种全民动员之所以可能，是因为革命提高了农民的政治、
经济和社会地位。这些农民现在为保卫革命成果而奋斗，
将来也会。
共产党人已经赢得了广泛而深入的民众支持，
这使得他们立于不败之地。
日本人无法战胜这股人民力量，国民党也不行。

除非国民党在政治和经济改革上走得像共产党一样远，
否则共产党将在几年内成为中国的主导力量。

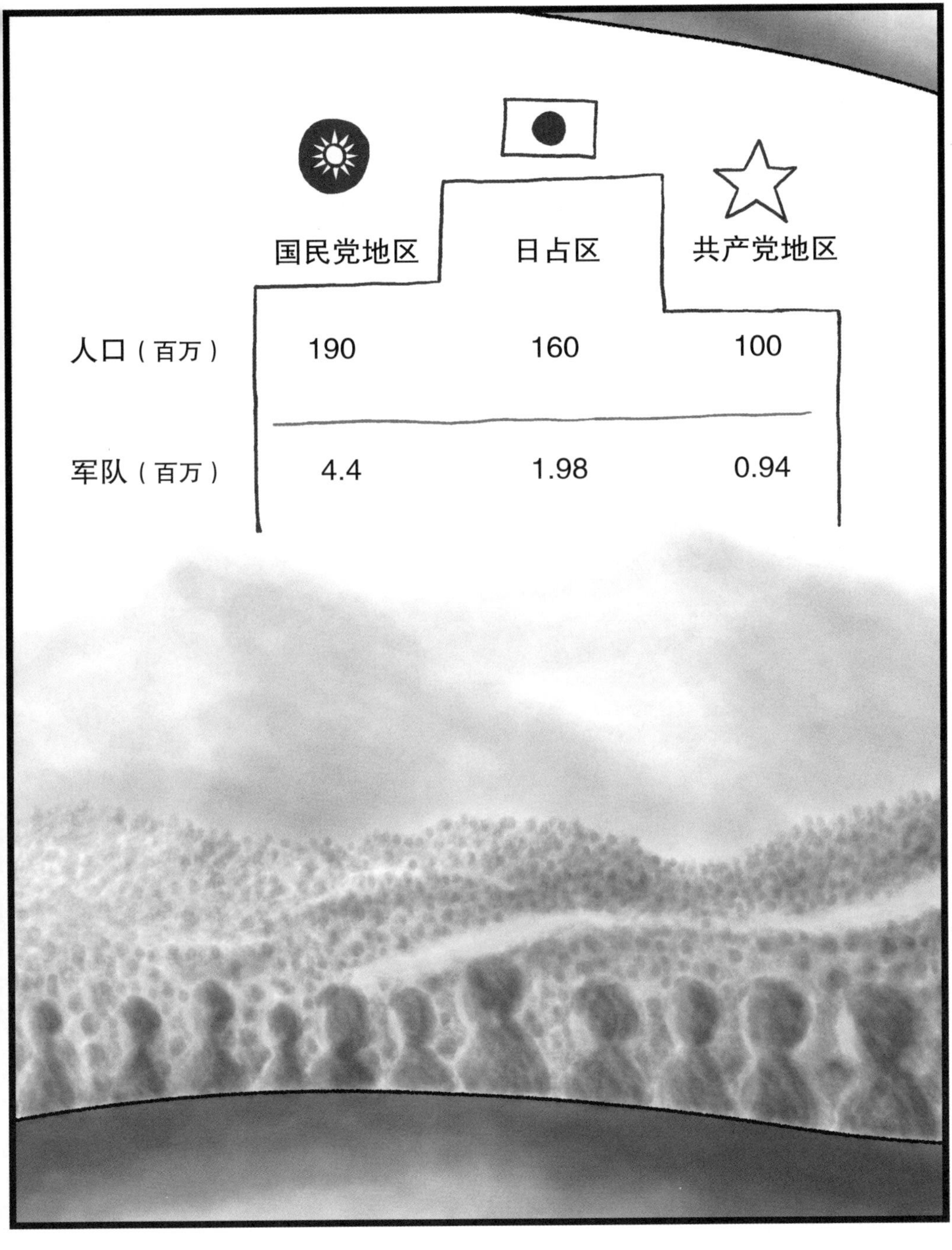
国民党地区
日占区
共产党地区
人口（百万）
190
160
100
军队（百万）
4.4
1.98
0.94

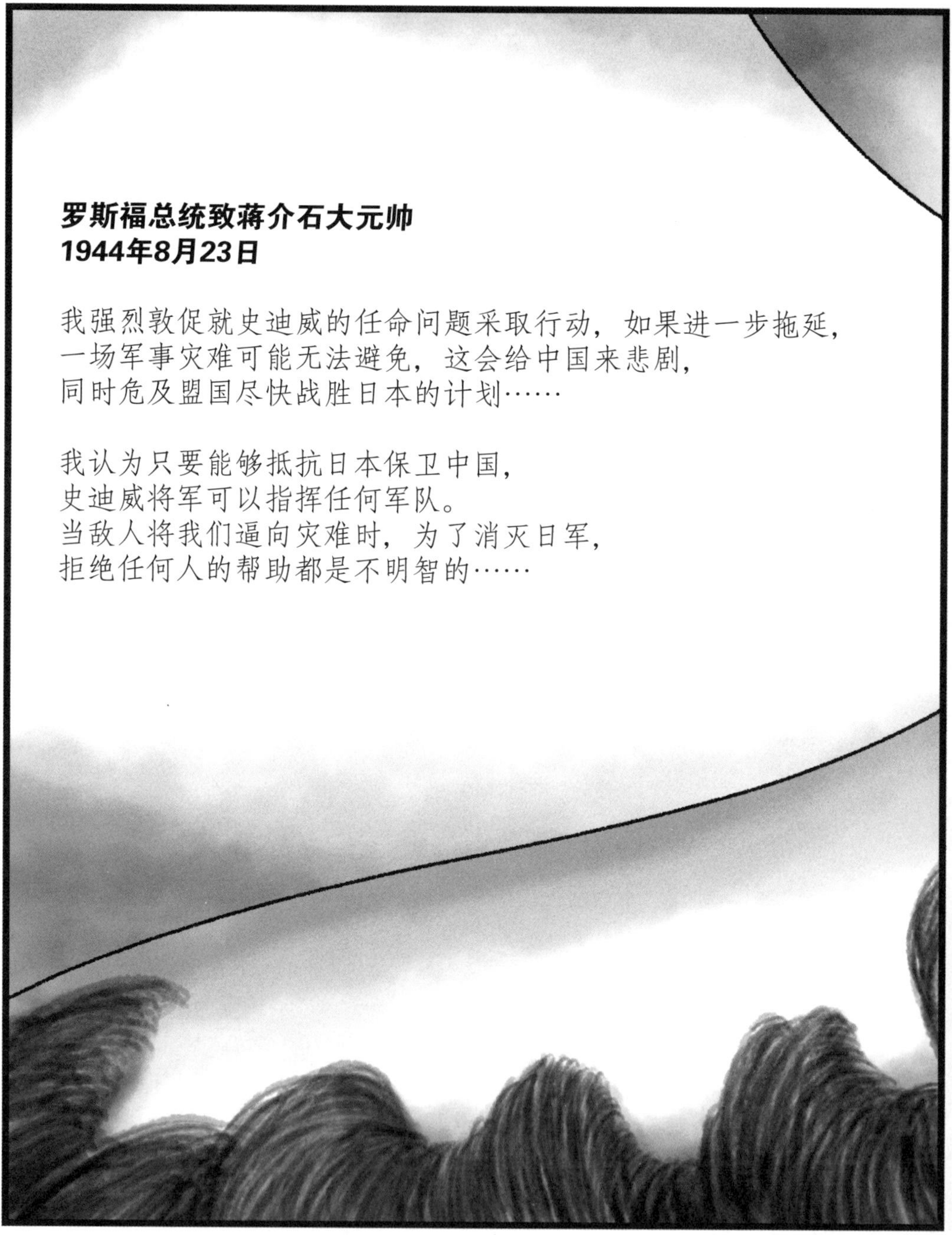
罗斯福总统致蒋介石大元帅
1944年8月23日
我强烈敦促就史迪威的任命问题采取行动，如果进一步拖延，
一场军事灾难可能无法避免，这会给中国来悲剧，
同时危及盟国尽快战胜日本的计划……
我认为只要能够抵抗日本保卫中国，
史迪威将军可以指挥任何军队。
当敌人将我们逼向灾难时，为了消灭日军，
拒绝任何人的帮助都是不明智的……

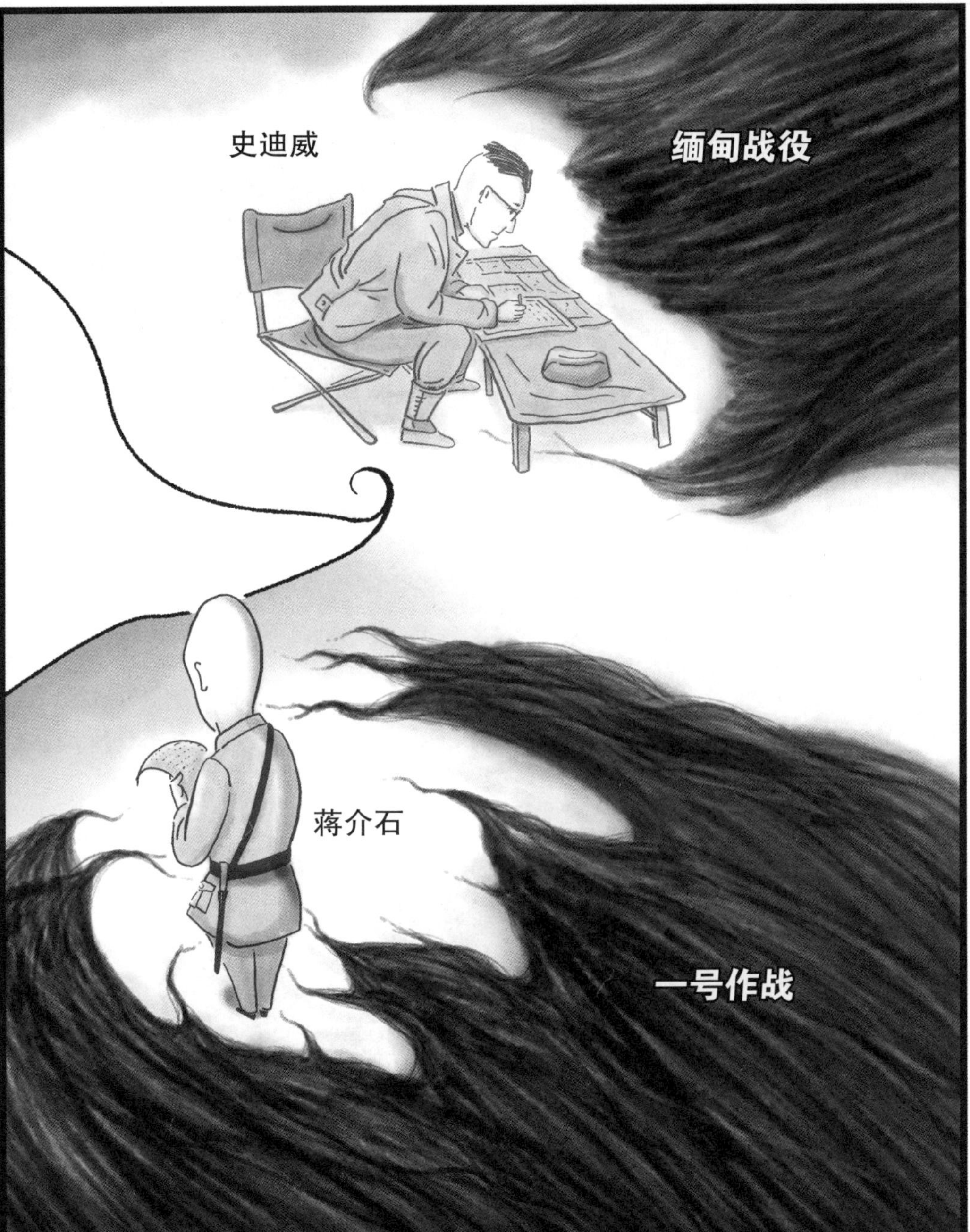
史迪威
缅甸战役
蒋介石
一号作战

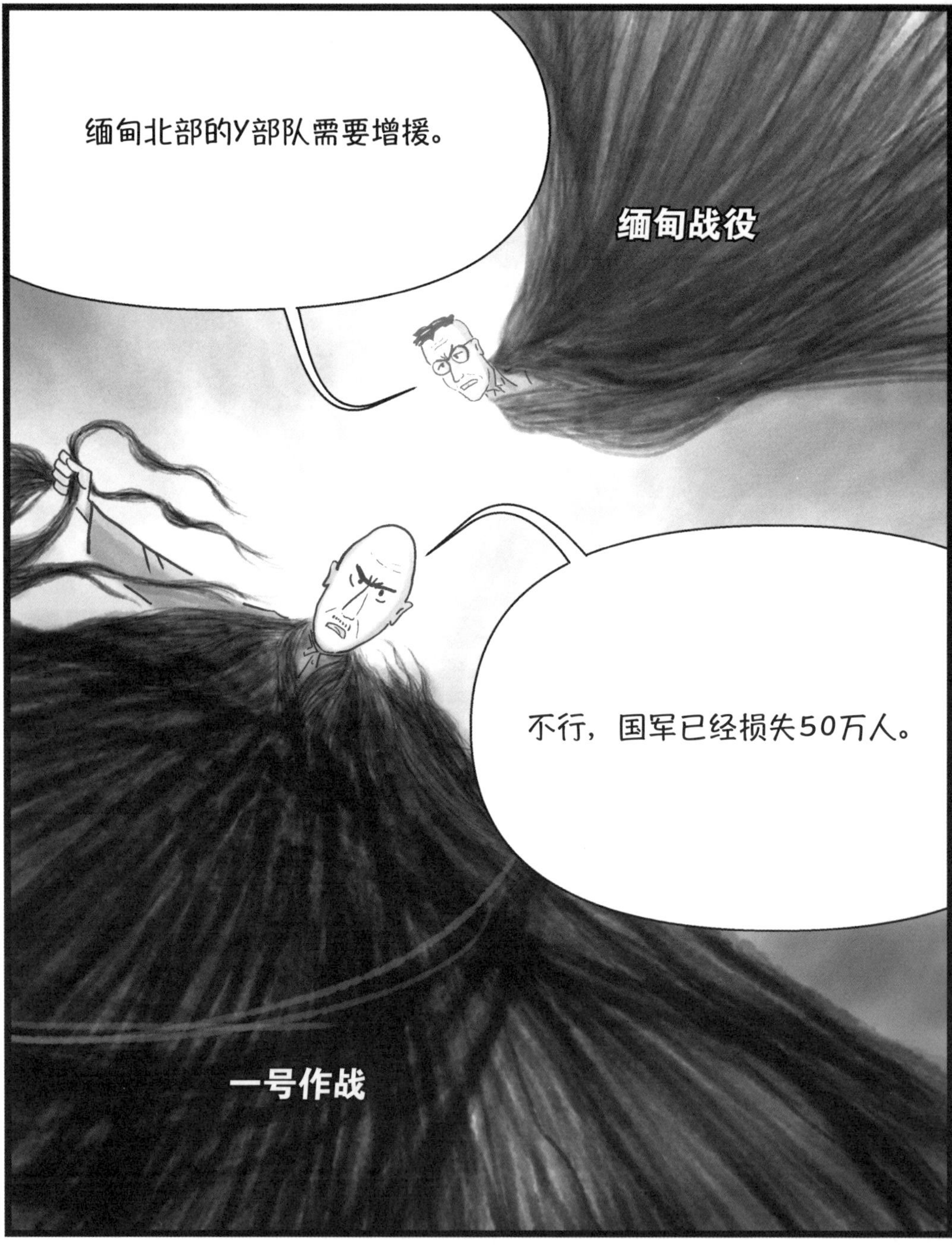
缅甸北部的Y部队需要增援。
缅甸战役
不行，国军已经损失50万人。
一号作战

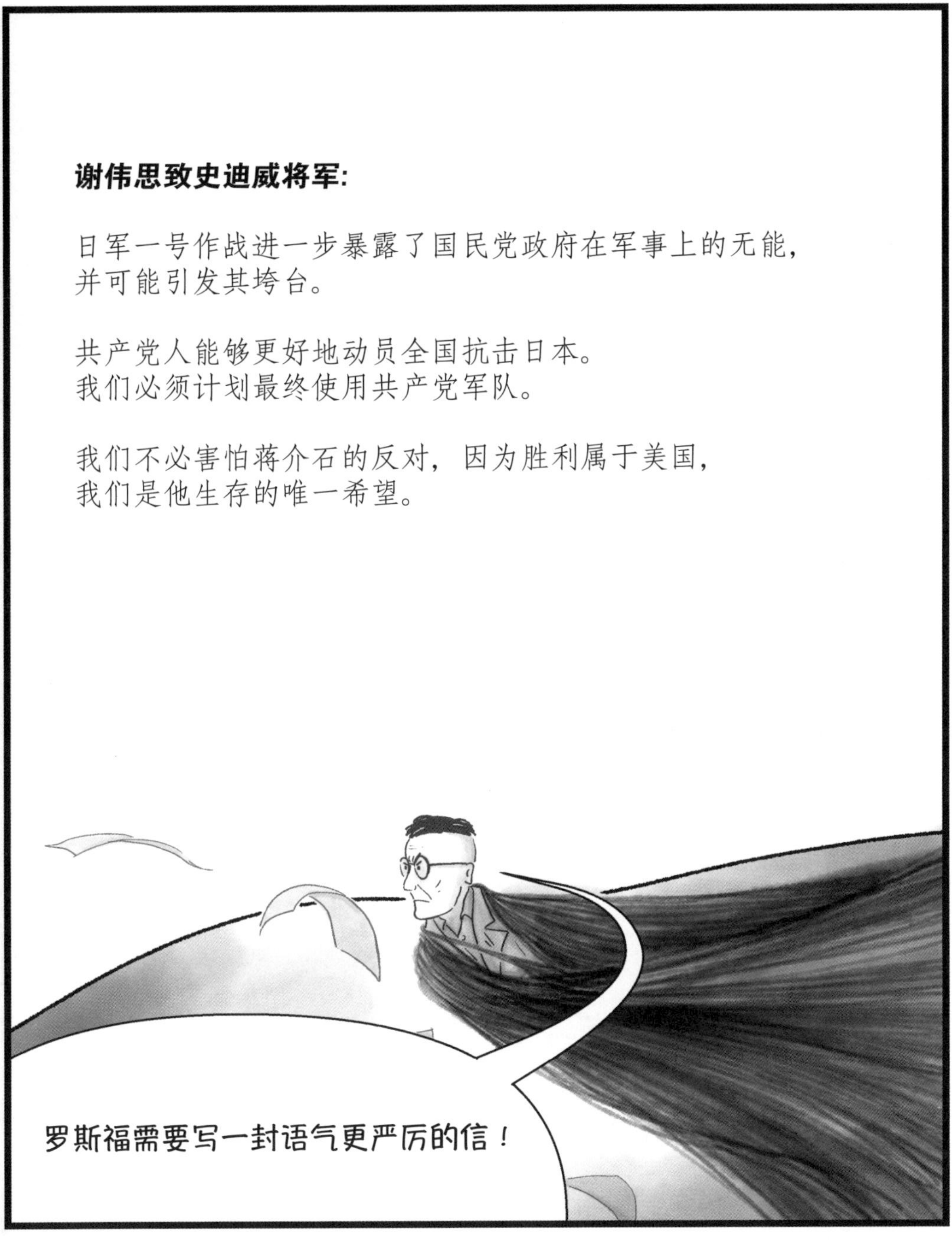
谢伟思致史迪威将军:
日军一号作战进一步暴露了国民党政府在军事上的无能，
并可能引发其垮台。
共产党人能够更好地动员全国抗击日本。
我们必须计划最终使用共产党军队。
我们不必害怕蒋介石的反对，因为胜利属于美国，
我们是他生存的唯一希望。
罗斯福需要写一封语气更严厉的信！

**罗斯福总统致蒋介石大元帅**
**1944年9月18日**

如果你不为缅北的国军提供人力支援，如果你不增援Y部队，
我们将失去打通对华陆路供给线的所有机会，驼峰航线也将受到威胁。
为此，你自己必须准备承受后果并承担个人责任。

近几个月来，我一再敦促你采取果断行动，
避免这场离你和中国越来越近的灾难。
直到现在，你还没有任命史迪威将军指挥所有中国军队，
而我们正在失去华南一个关键地区，面临灾难性后果……

对我们所有人来说，显而易见的是，因为进一步的拖延，
你们和我们拯救中国的所有努力都将付诸东流。

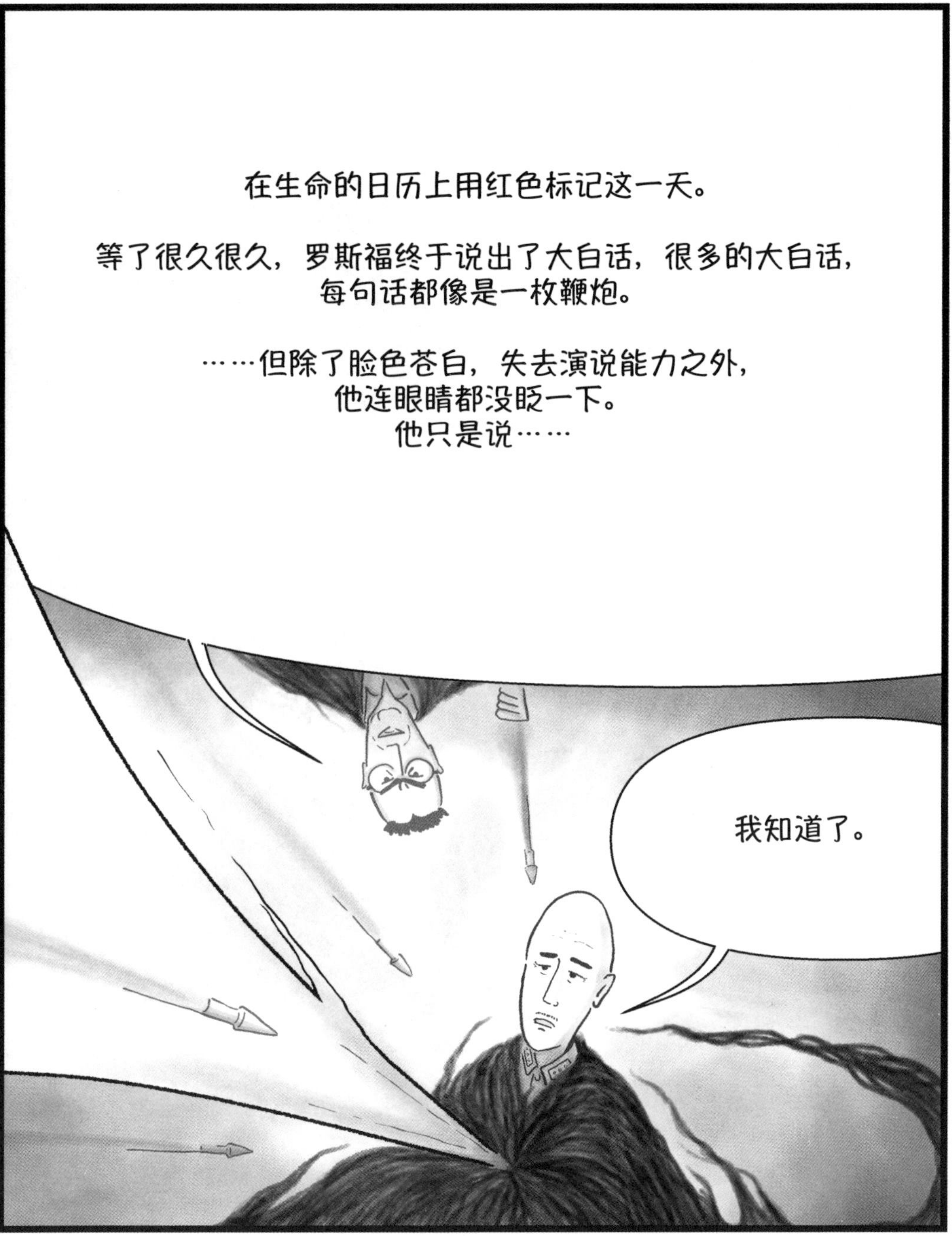
在生命的日历上用红色标记这一天。
等了很久很久，罗斯福终于说出了大白话，很多的大白话，
每句话都像是一枚鞭炮。
……但除了脸色苍白，失去演说能力之外，
他连眼睛都没眨一下。
他只是说……
我知道了。

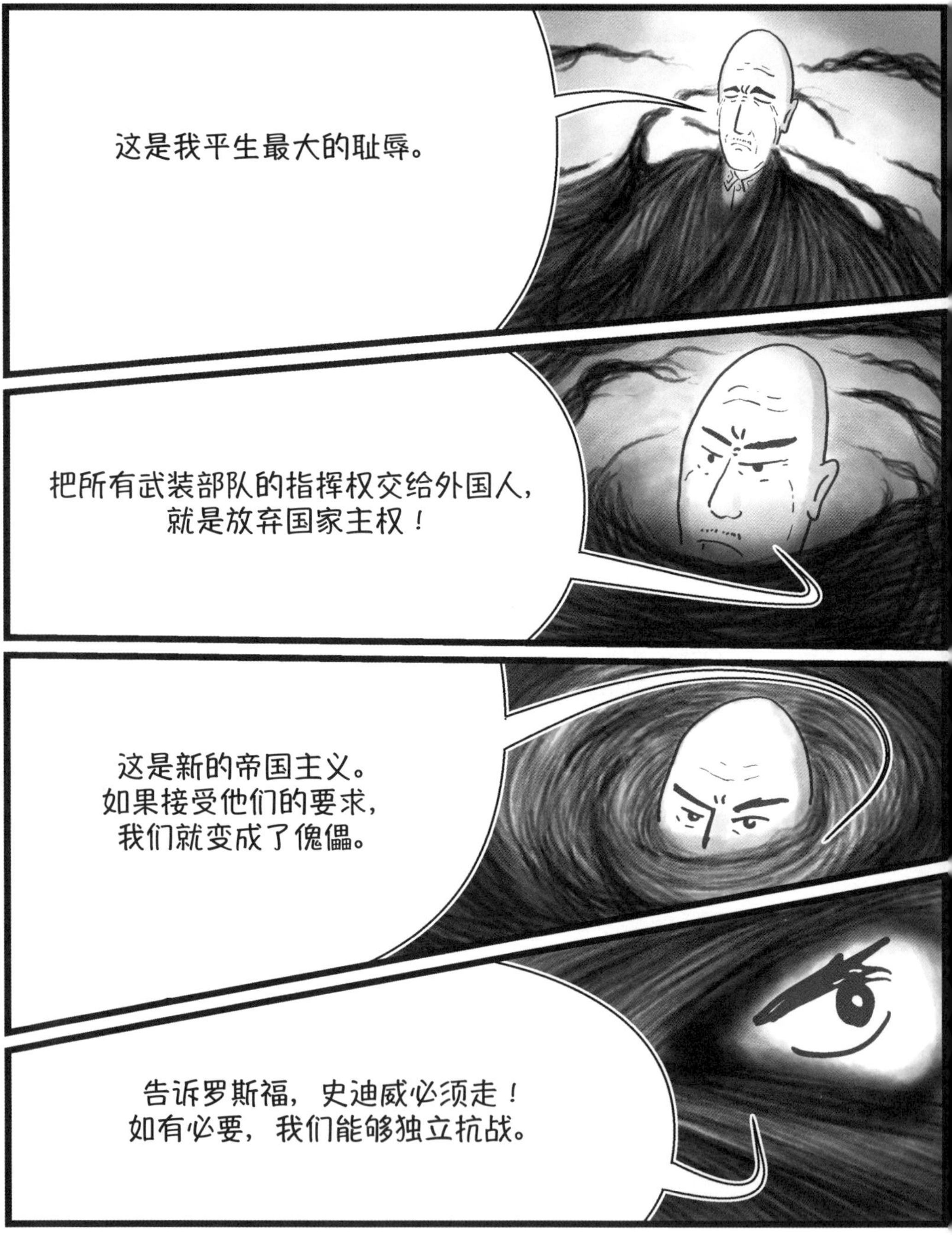
这是我平生最大的耻辱。
把所有武装部队的指挥权交给外国人，
就是放弃国家主权！
这是新的帝国主义。
如果接受他们的要求，
我们就变成了傀儡。
告诉罗斯福，史迪威必须走！
如有必要，我们能够独立抗战。

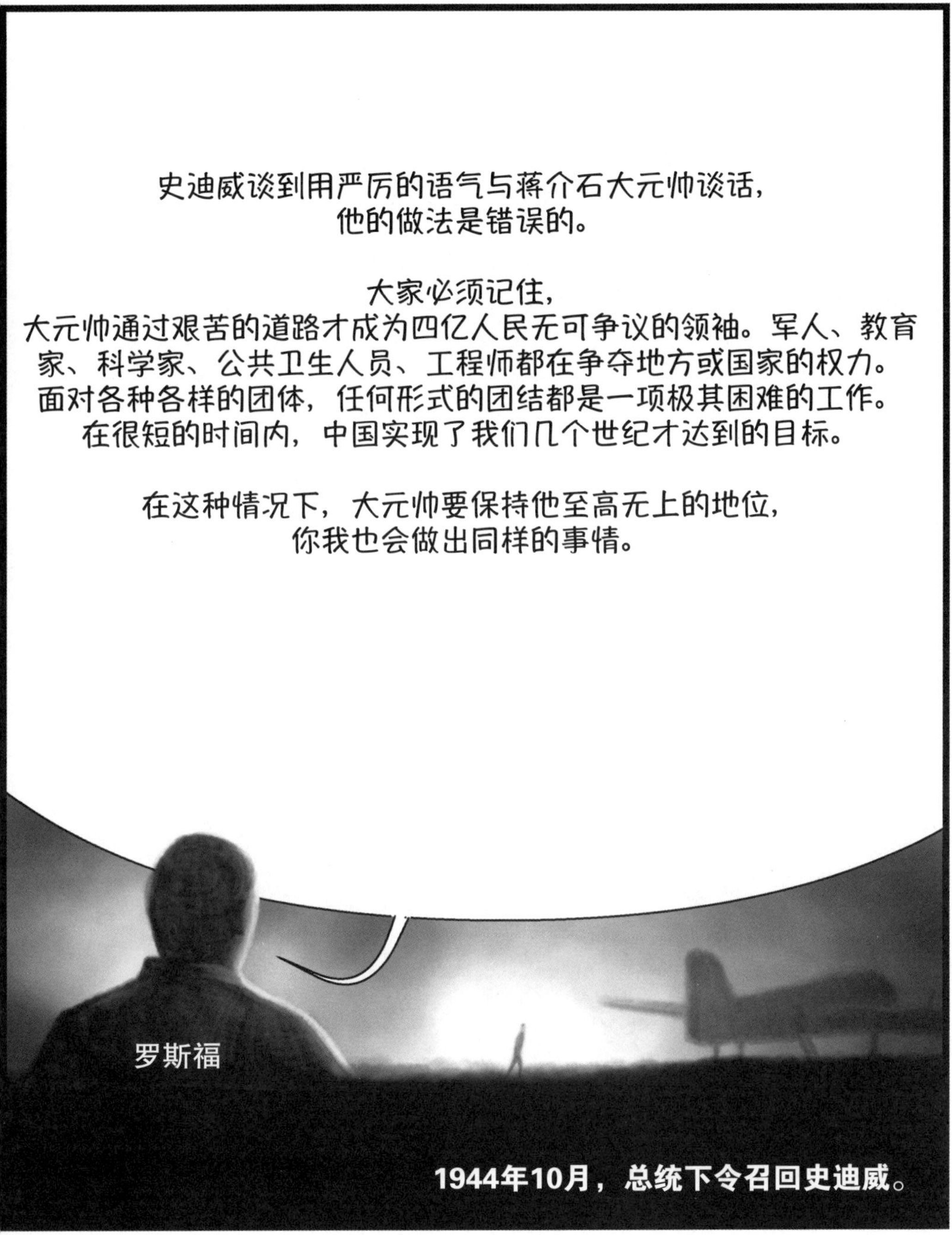
史迪威谈到用严厉的语气与蒋介石大元帅谈话，
他的做法是错误的。
大家必须记住，
大元帅通过艰苦的道路才成为四亿人民无可争议的领袖。军人、教育家、科学家、公共卫生人员、工程师都在争夺地方或国家的权力。面对各种各样的团体，任何形式的团结都是一项极其困难的工作。在很短的时间内，中国实现了我们几个世纪才达到的目标。
在这种情况下，大元帅要保持他至高无上的地位，
你我也会做出同样的事情。
罗斯福
1944年10月，总统下令召回史迪威。

美国在太平洋战区的策略是在最短的时间内以最少的美军伤亡战胜日本。

如果美国进攻日本本岛，美军伤亡人数预计将增加100万。
减少这一数字的方法是在中国尽可能多地消灭日军。

美国向中国提供援助以确保抗战能够继续，同时排除了美国派遣地面部队的可能。

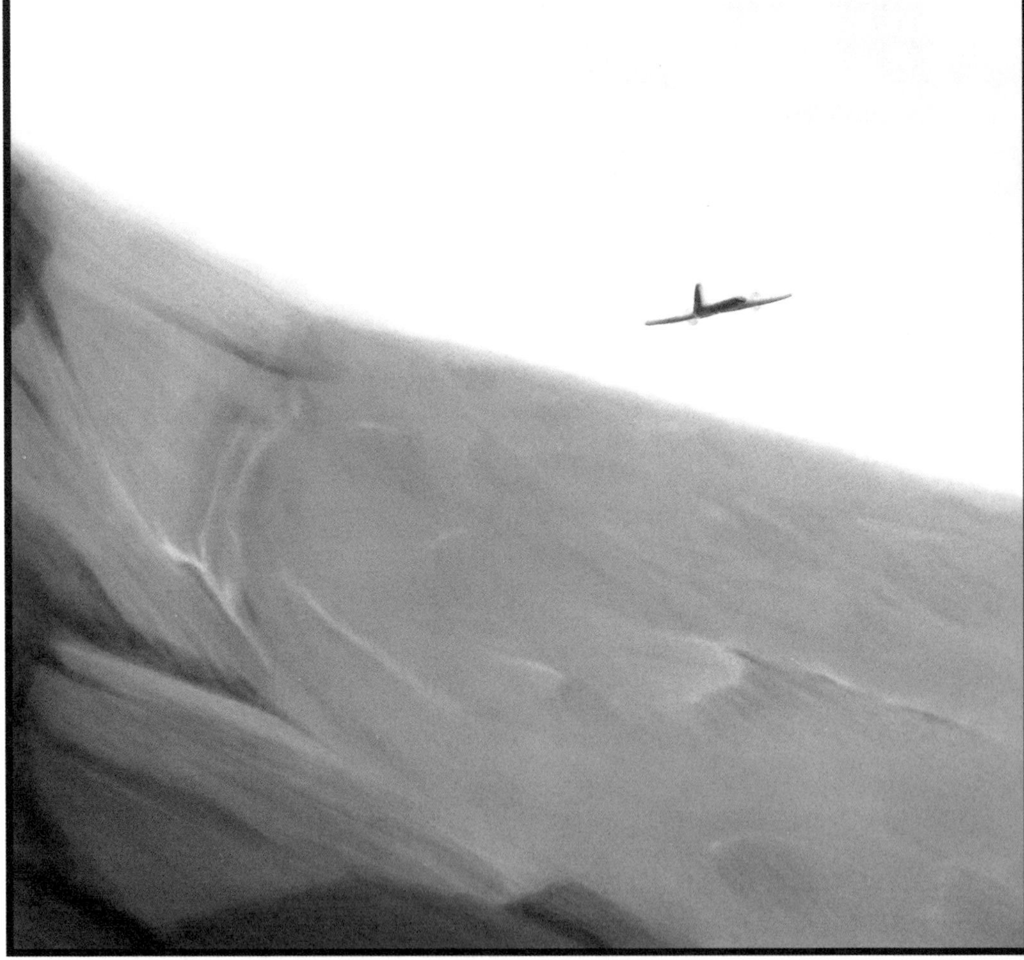

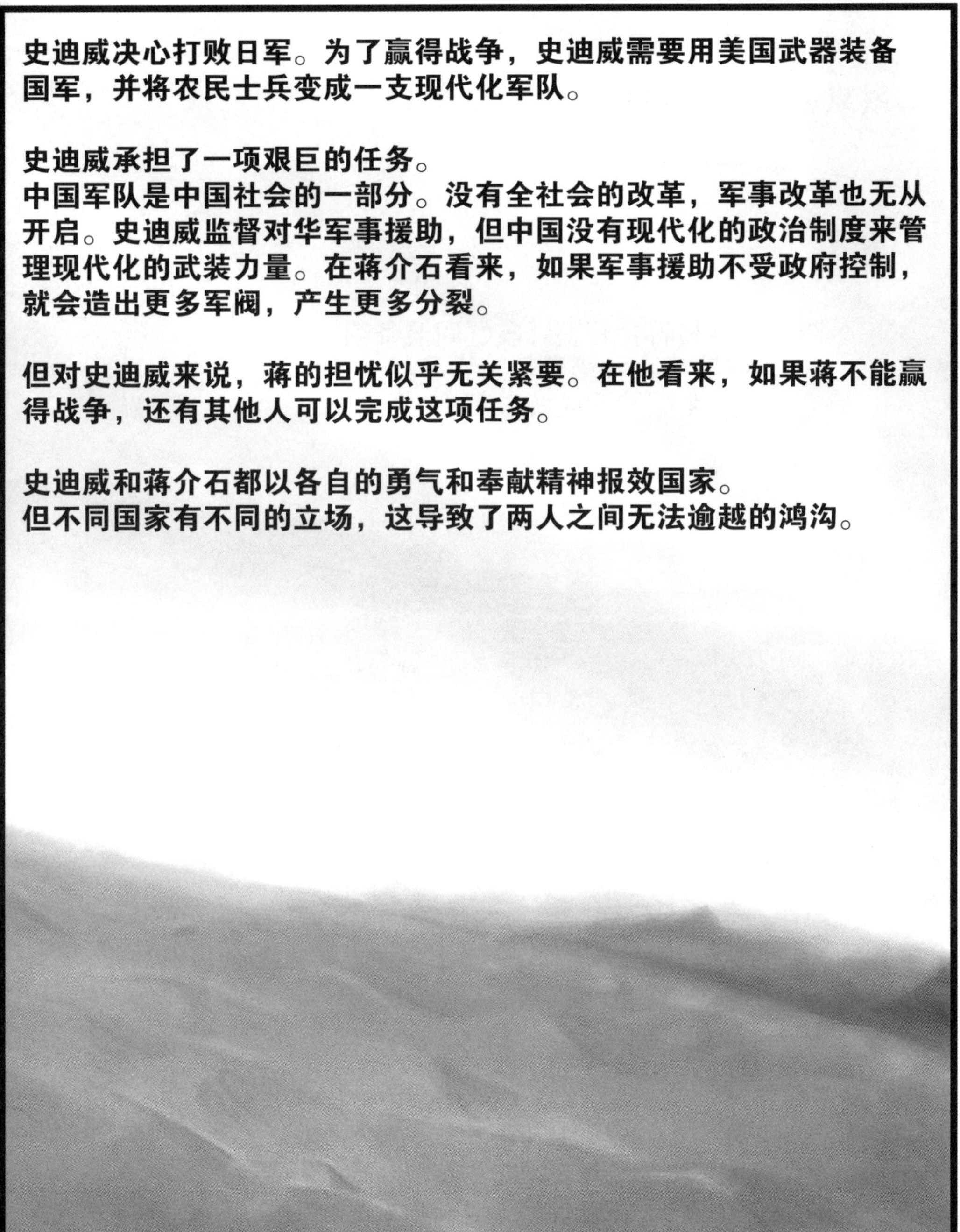
史迪威决心打败日军。为了赢得战争，史迪威需要用美国武器装备国军，并将农民士兵变成一支现代化军队。

史迪威承担了一项艰巨的任务。
中国军队是中国社会的一部分。没有全社会的改革，军事改革也无从开启。史迪威监督对华军事援助，但中国没有现代化的政治制度来管理现代化的武装力量。在蒋介石看来，如果军事援助不受政府控制，就会造出更多军阀，产生更多分裂。

但对史迪威来说，蒋的担忧似乎无关紧要。在他看来，如果蒋不能赢得战争，还有其他人可以完成这项任务。

史迪威和蒋介石都以各自的勇气和奉献精神报效国家。
但不同国家有不同的立场，这导致了两人之间无法逾越的鸿沟。

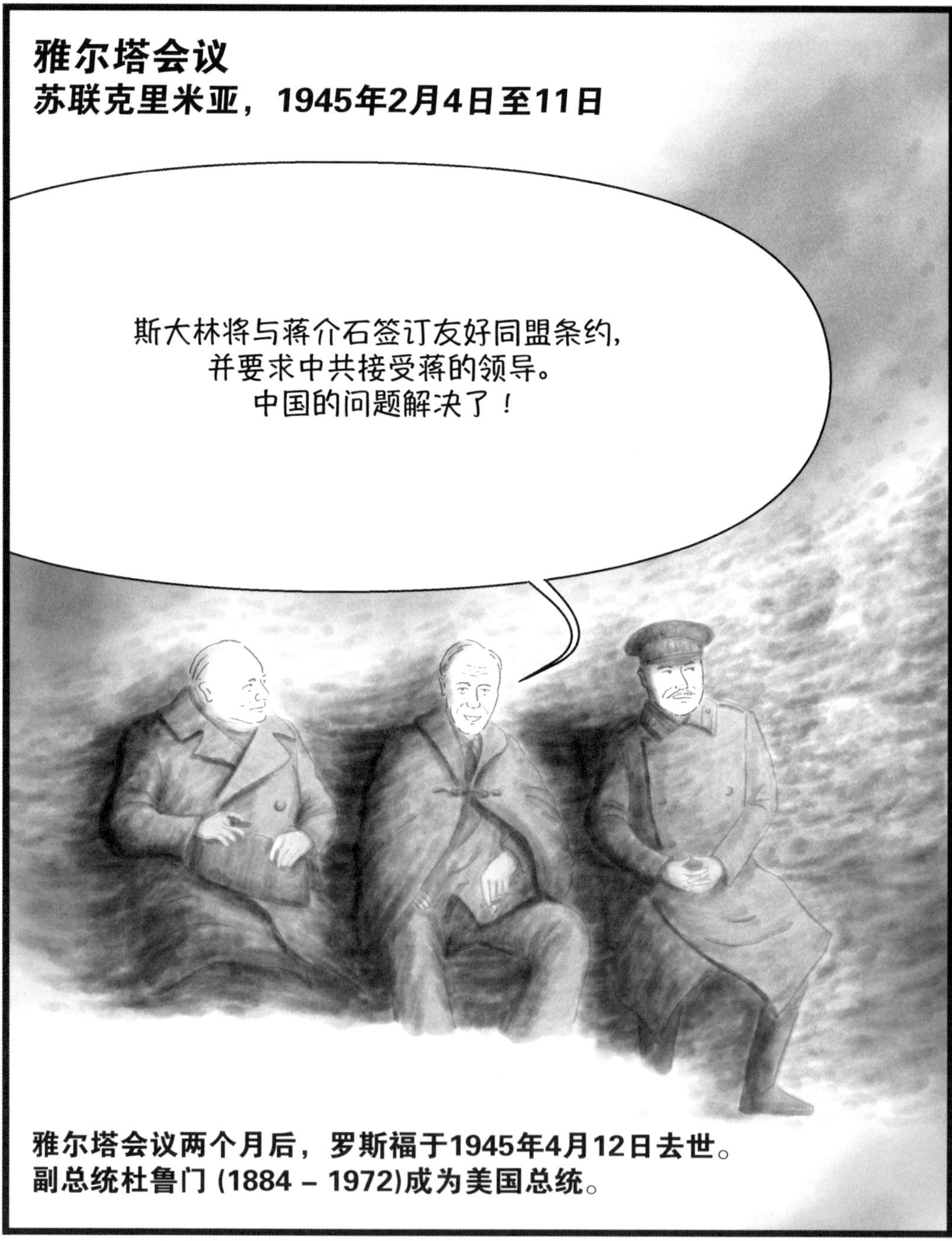
雅尔塔会议
苏联克里米亚，1945年2月4日至11日
斯大林将与蒋介石签订友好同盟条约，并要求中共接受蒋的领导。中国的问题解决了！
雅尔塔会议两个月后，罗斯福于1945年4月12日去世。副总统杜鲁门 (1884 – 1972)成为美国总统。

柏林，1945年5月8日
在300万德军和1,000多万盟军最后交战之后，德国投降。

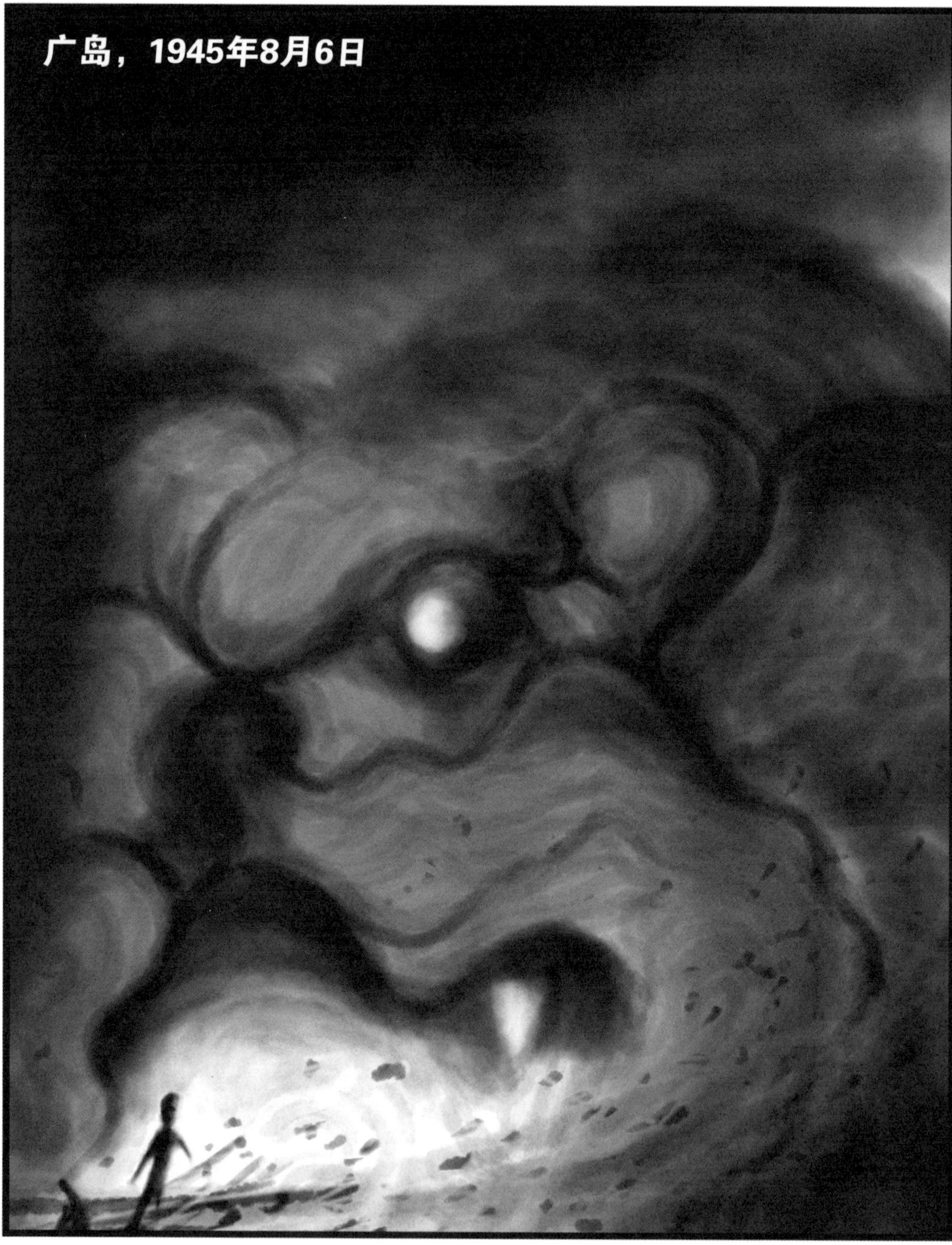
广岛，1945年8月6日

杜鲁门总统公告
16小时前，一架美国飞机在广岛投下一颗炸弹......
日本人在珍珠港从空中发动战争，
现在他们已经付出数倍代价……
如果他们拒不投降，
世上未见的大毁灭会铺天而降。
在第二颗原子弹投向长崎的前一天，
苏联军队开始进攻占据中国东北的日军。

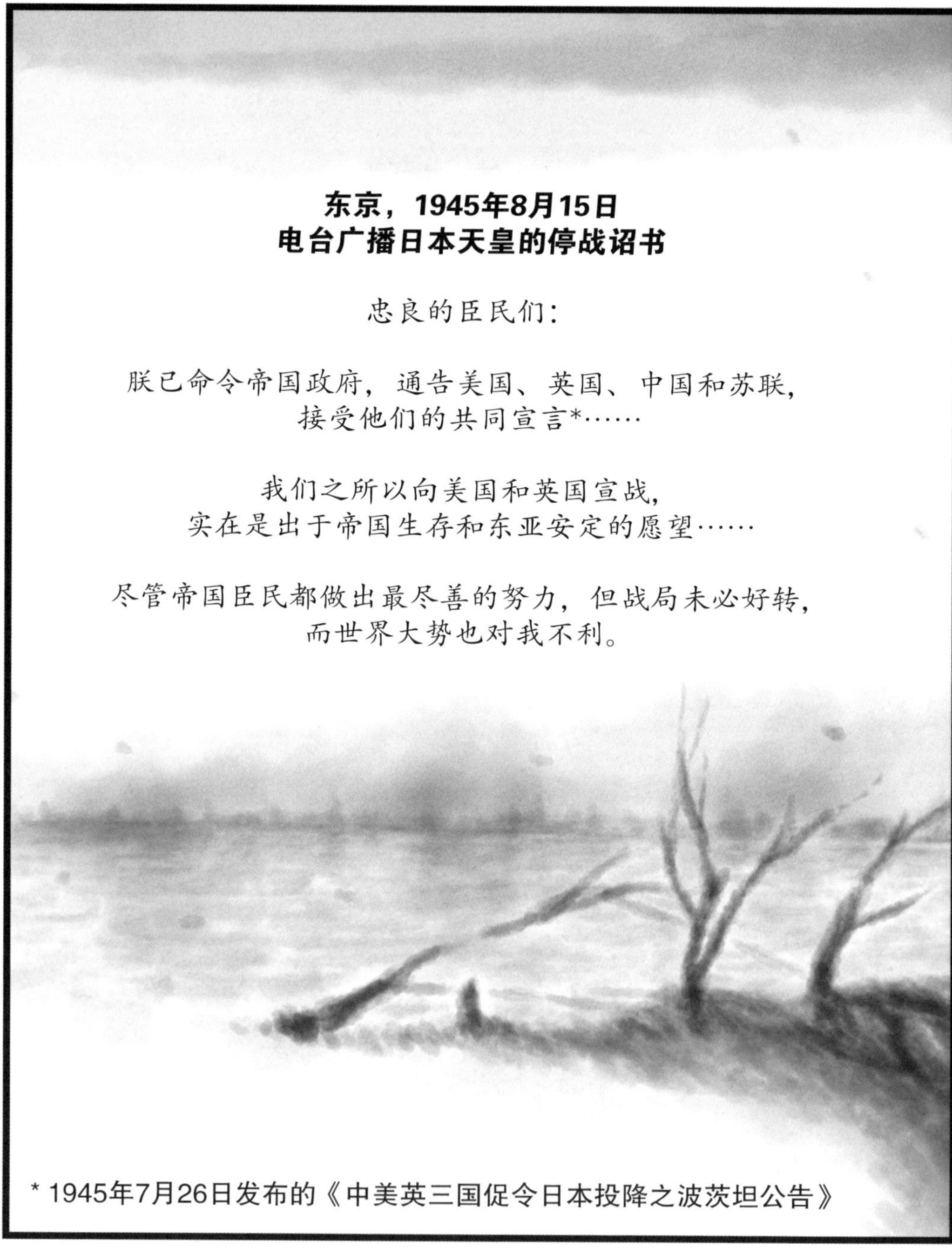


* 1945年7月26日发布的《中美英三国促令日本投降之波茨坦公告》

而且，敌人开始使用一种残虐的爆弹，杀伤无辜，
其破坏力真不可测。
如果继续交战，不仅会招来我民族的灭亡，
还会导致人类文明的破灭。

## 重庆，1945年8月15日
## 蒋介石抗战胜利广播讲话

今天我们胜利了。
“正义必然胜过强权”的真理，
终于得到了他最后的证明！

我们对于显现在我们面前的世界和平，要感谢我们全国抗战以来忠勇牺牲的军民先烈，要感谢我们为正义和平而共同作战的盟友。而全世界的基督徒更要一致感谢公正而仁慈的上帝。

我相信全世界人类与我全国同胞们都一定在希望，这一次战争是
世界文明国家所参加的最末一次的战争。如果这一次战争是人类
历史上最后一次的战争，那么我们同胞们虽然曾经受了忍痛到无可
形容的残酷与凌辱，然而我们相信我们大家决不会计较这个代价的
大小和收获的迟早的。

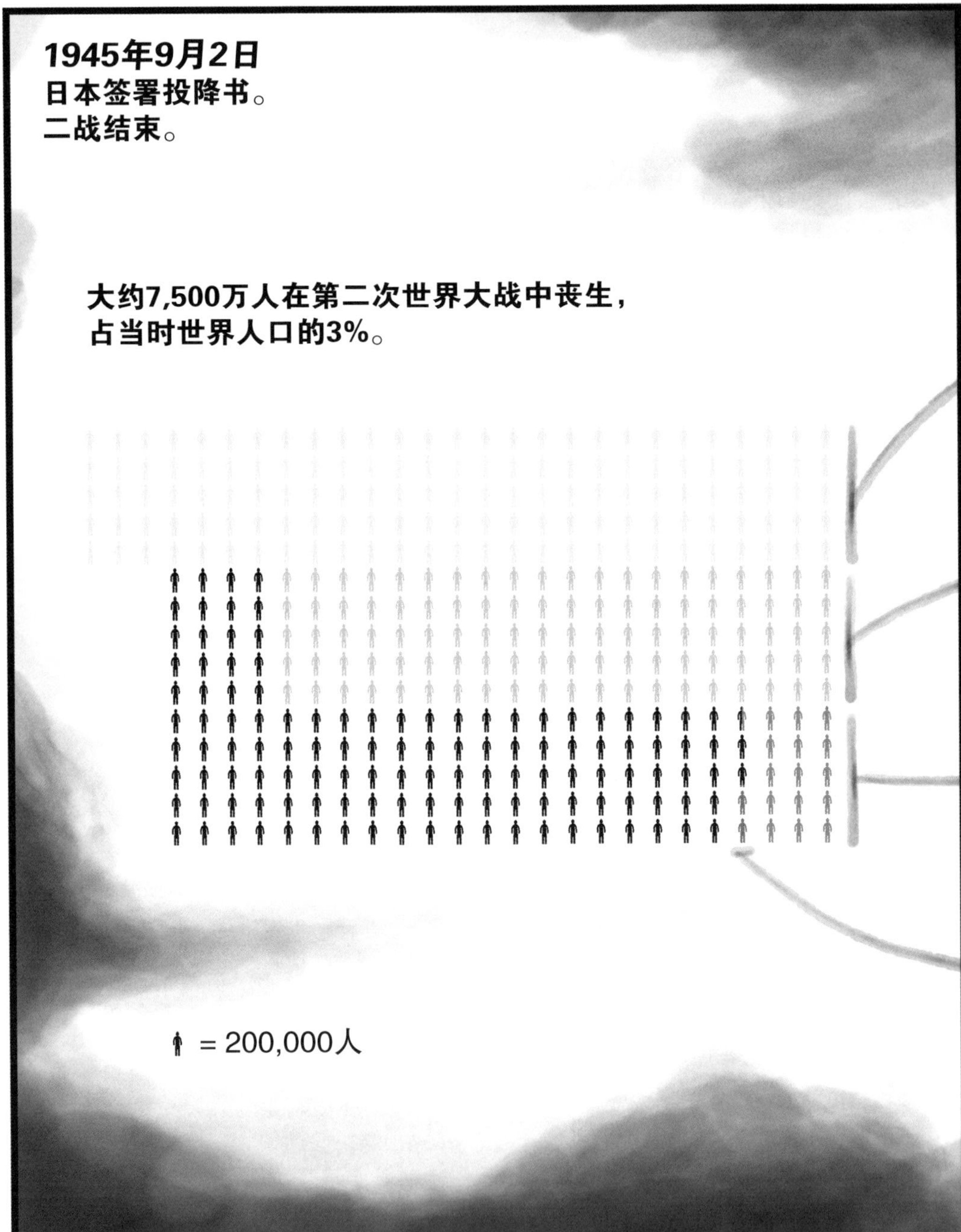
1945年9月2日
日本签署投降书。
二战结束。
大约7,500万人在第二次世界大战中丧生，
占当时世界人口的3%。
= 200,000人

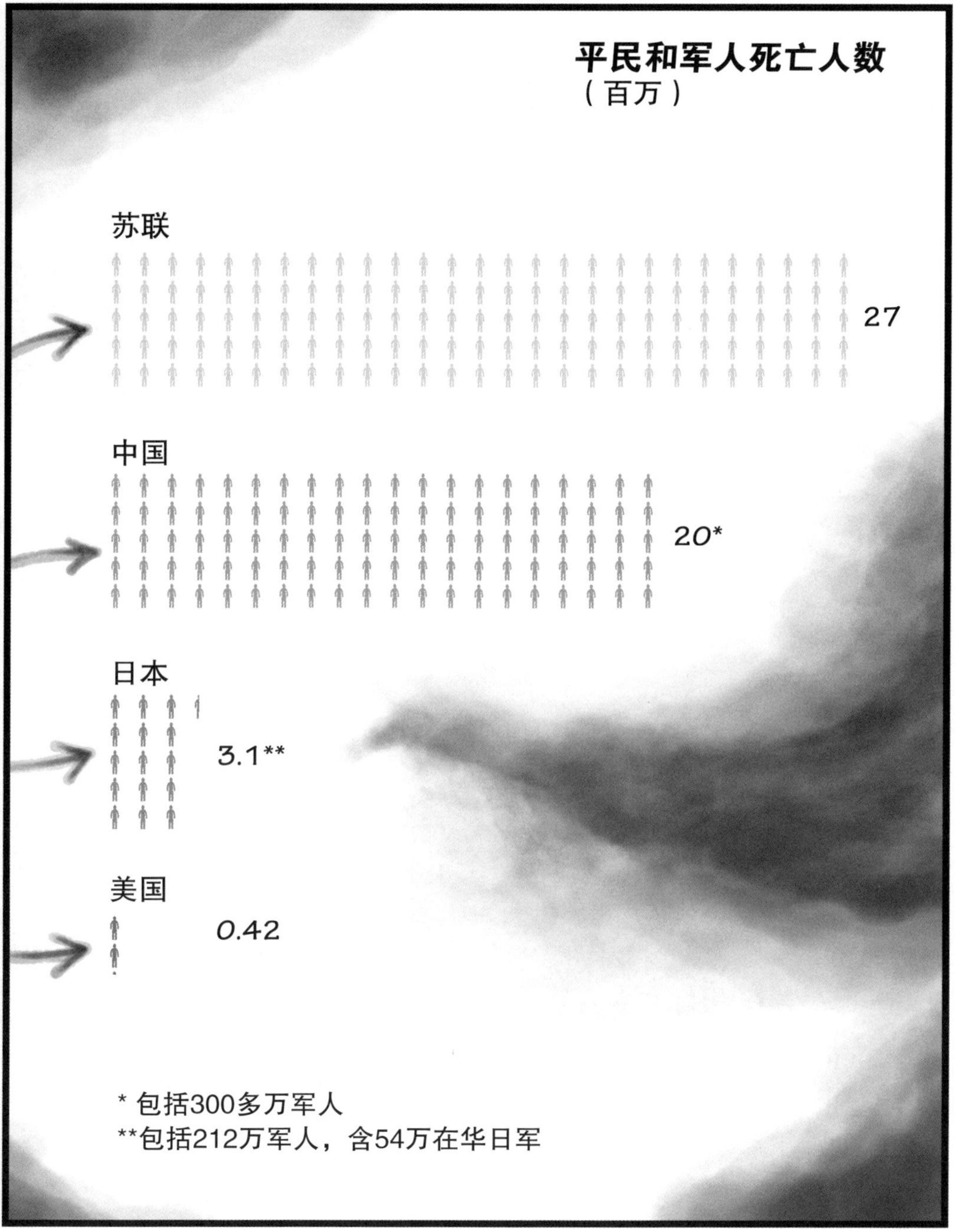
平民和军人死亡人数
（百万）
苏联
27
中国
20*
日本
3.1**
美国
0.42
* 包括300多万军人
**包括212万军人，含54万在华日军

重庆谈判
中共军队速去东北，接收日军武器。
美国
苏联
凭借美国的海运和空运支持，国军获取123万投降日军的武器装备。
740,000支步枪
18,000挺机枪
800架飞机
4,000门火炮

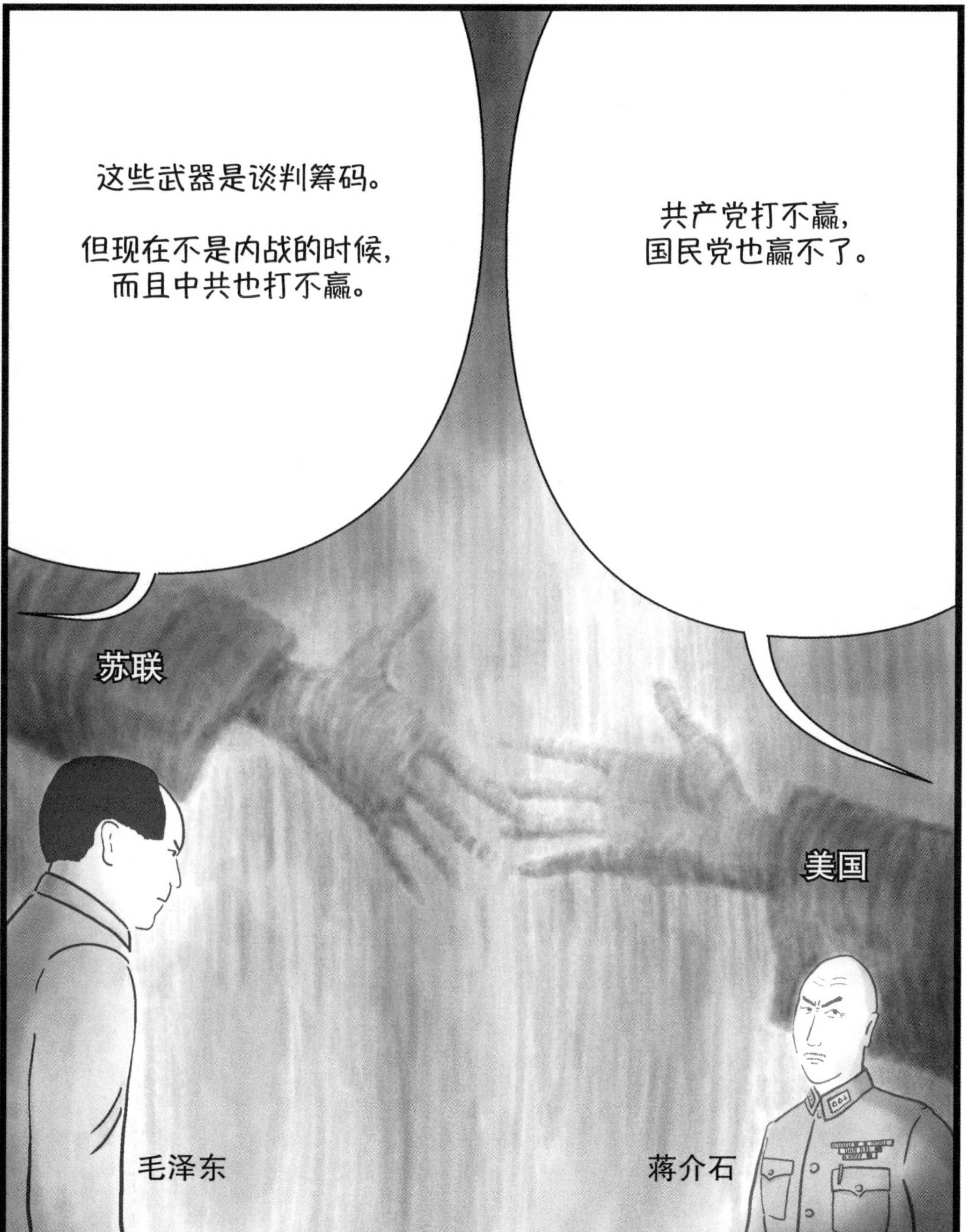
这些武器是谈判筹码。
但现在不是内战的时候，
而且中共也打不赢。
共产党打不赢，
国民党也赢不了。
苏联
美国
毛泽东
蒋介石

重庆谈判
1945年8月29日至10月10日
我们上次见面是在广东，正值北伐前夕，已经快20年了。

双方同意在蒋主席领导之下，
长期合作，坚决避免内战，
建设独立、自由和富强的新中国。
召开政治协商会议，讨论和平建国、
国民大会和宪法草案等各项问题。
成立三人小组，确定全国军队的整编计划。

毛泽东离开重庆后，马歇尔来华加入三人小组。
共产党代表
周恩来
国民党代表
张群

13个月后
谈判毫无进展。
双方都认识到武力是
解决分歧的唯一出路。

国军将领准备跟中共决战，完全不顾财政风险。
军费高涨正导致经济崩溃，进而会摧毁国民党。
即使国民党不惜一切代价发动一场残酷的战争，
中共拥有强大的军事和社会力量，已经不可战胜。
国军不超过10个月就能获胜，
我们能坚持足够长的时间。

美国非常渴望帮助中国。然而，一个国家不能纯粹出于情感而承担如此重大的任务。如此重大的决策应该取决于国家利益的最高准则。

中国因为缺乏原材料和工业资源，
所以不能在可预见的将来成为一流军事强国。

西欧是全球重要的工业区。
如果西欧被独裁控制，我们的国家安全将受到严重威胁。

此外，无论在经济上还是军事上，
我们都没有能力让国民政府在全国重新建立秩序。

美国应该关注欧洲的经济复苏。
这项努力会让我们国家付出数十亿美元，给美国纳税人带来负担。
然而我们今天做出牺牲，明天才能享受安全与和平。

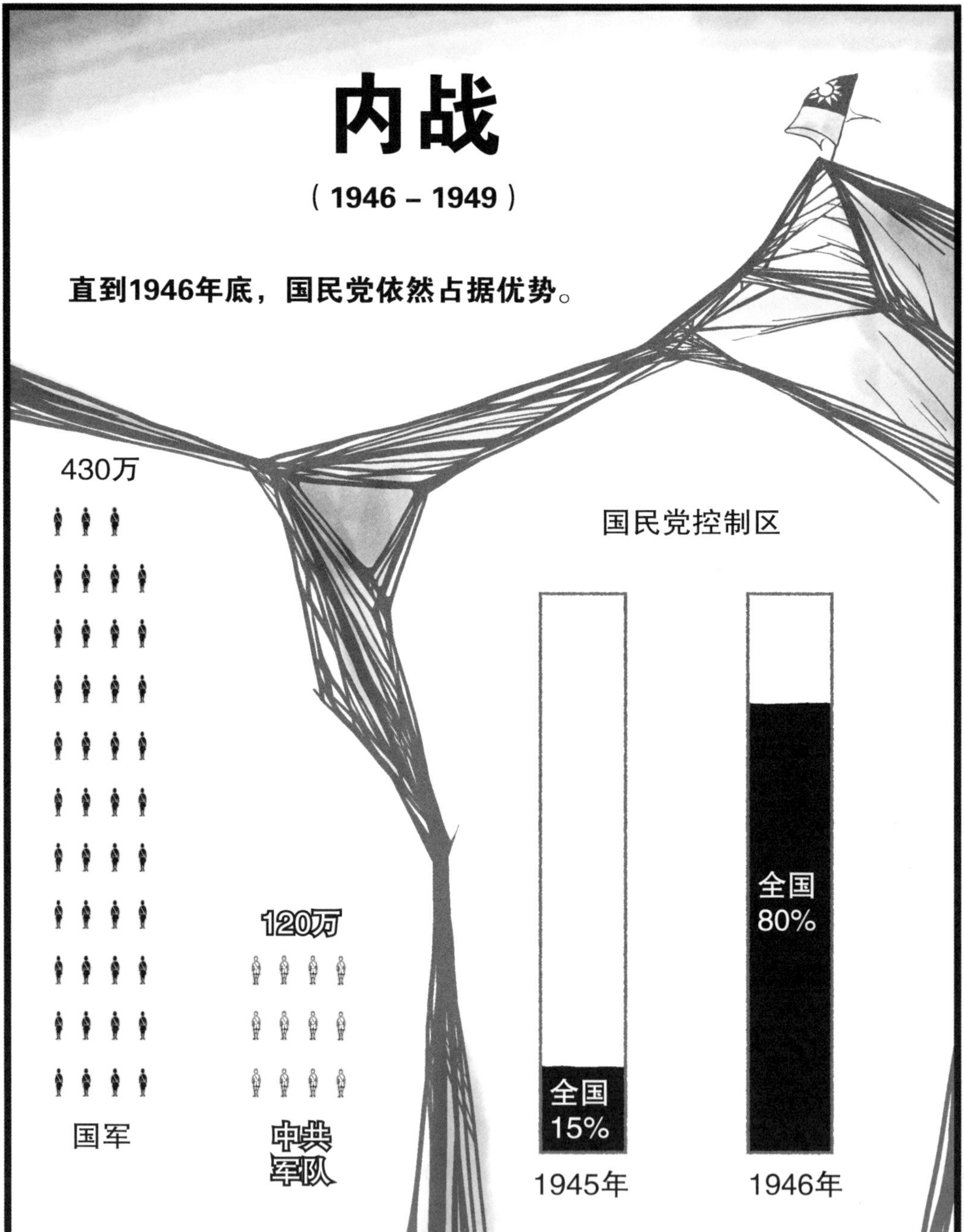
内战
（1946 – 1949）
直到1946年底，国民党依然占据优势。
430万
国军
120万
中共军队
国民党控制区
全国15%
1945年
全国80%
1946年

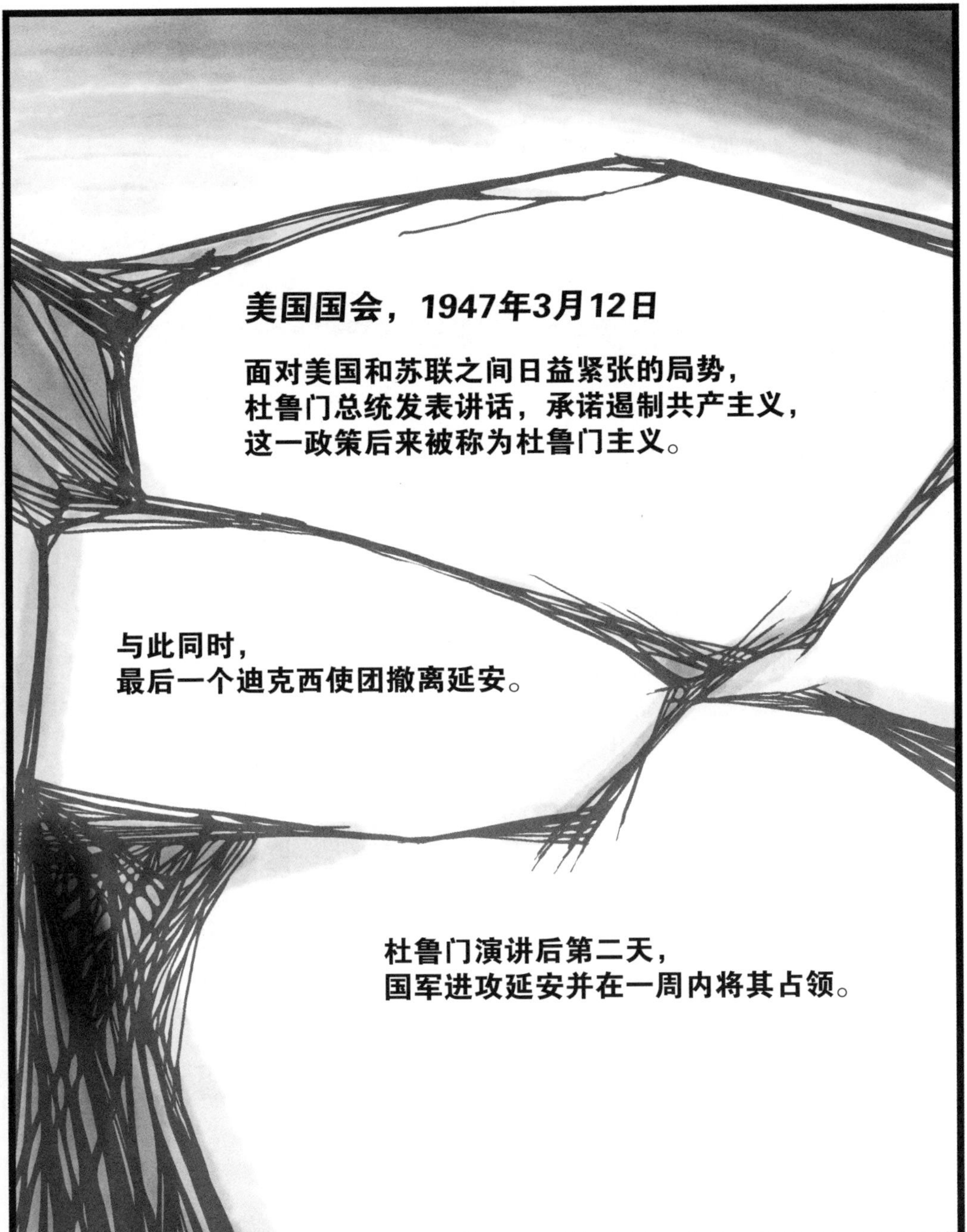
美国国会，1947年3月12日
面对美国和苏联之间日益紧张的局势，
杜鲁门总统发表讲话，承诺遏制共产主义，
这一政策后来被称为杜鲁门主义。
与此同时，
最后一个迪克西使团撤离延安。
杜鲁门演讲后第二天，
国军进攻延安并在一周内将其占领。

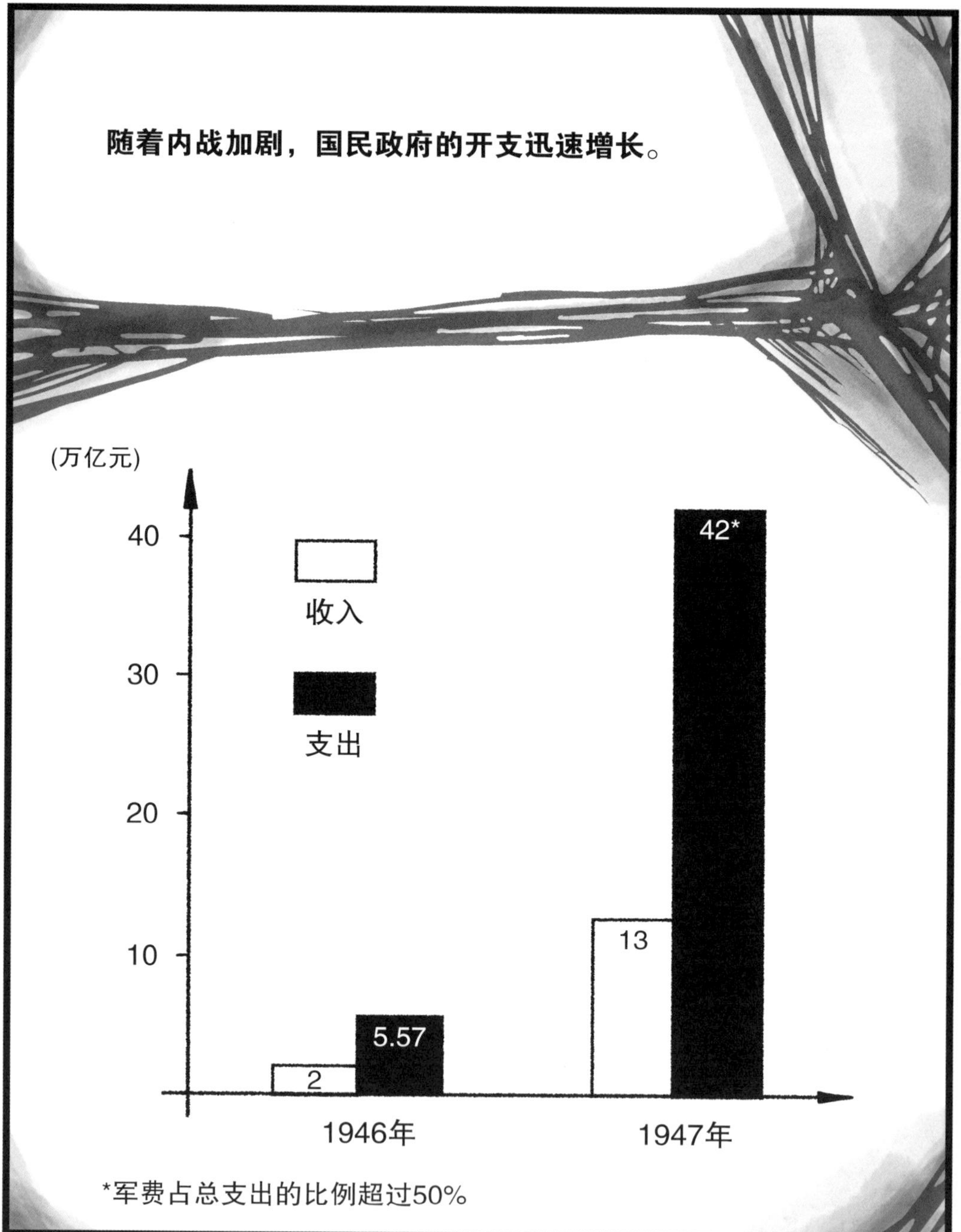
随着内战加剧，国民政府的开支迅速增长。
(万亿元)
40
30
20
10
收入
支出
42*
13
5.57
2
1946年
1947年
*军费占总支出的比例超过50%。

国民政府通过增发纸币来弥补赤字。
1947年，恶性通货膨胀开始，城市发生骚乱。

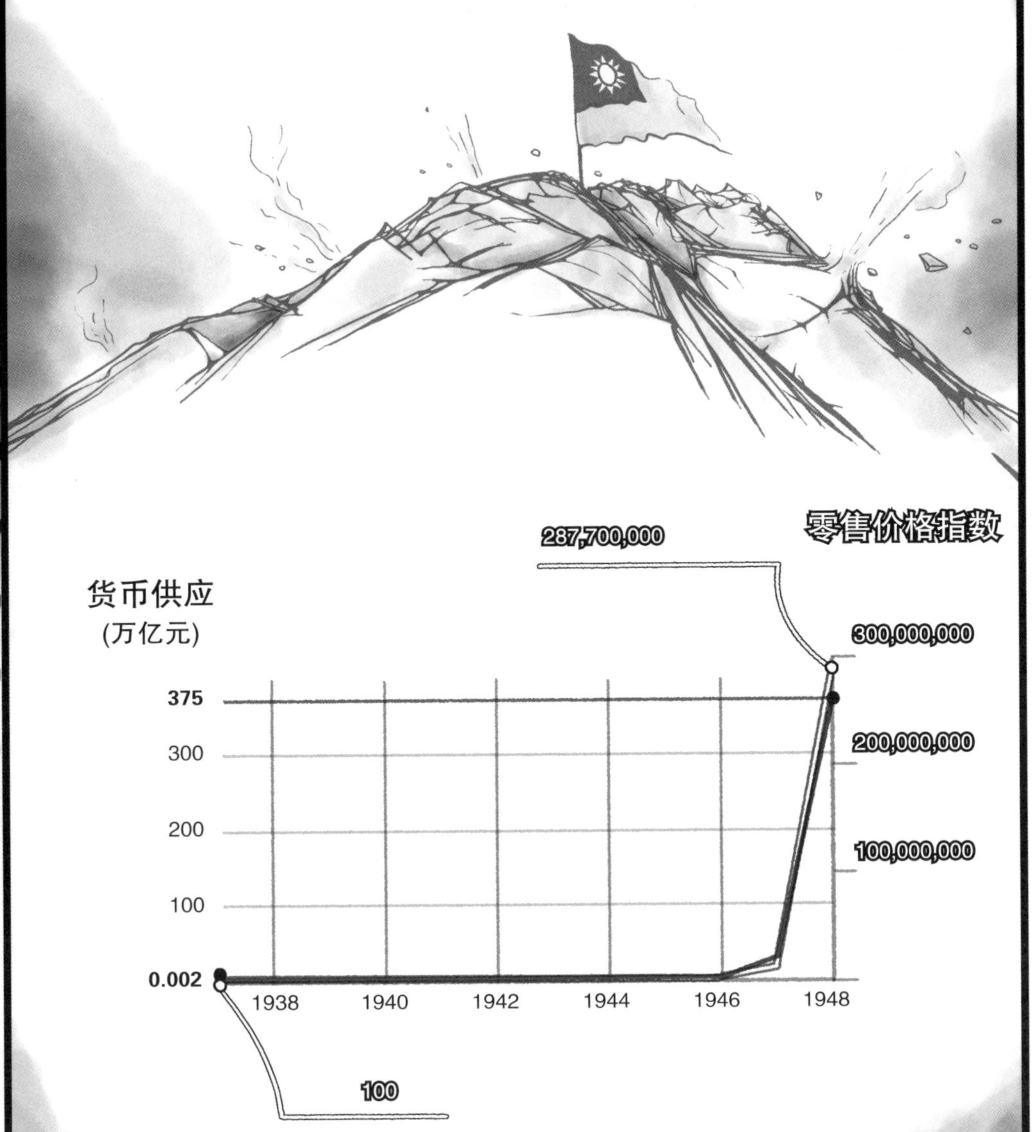

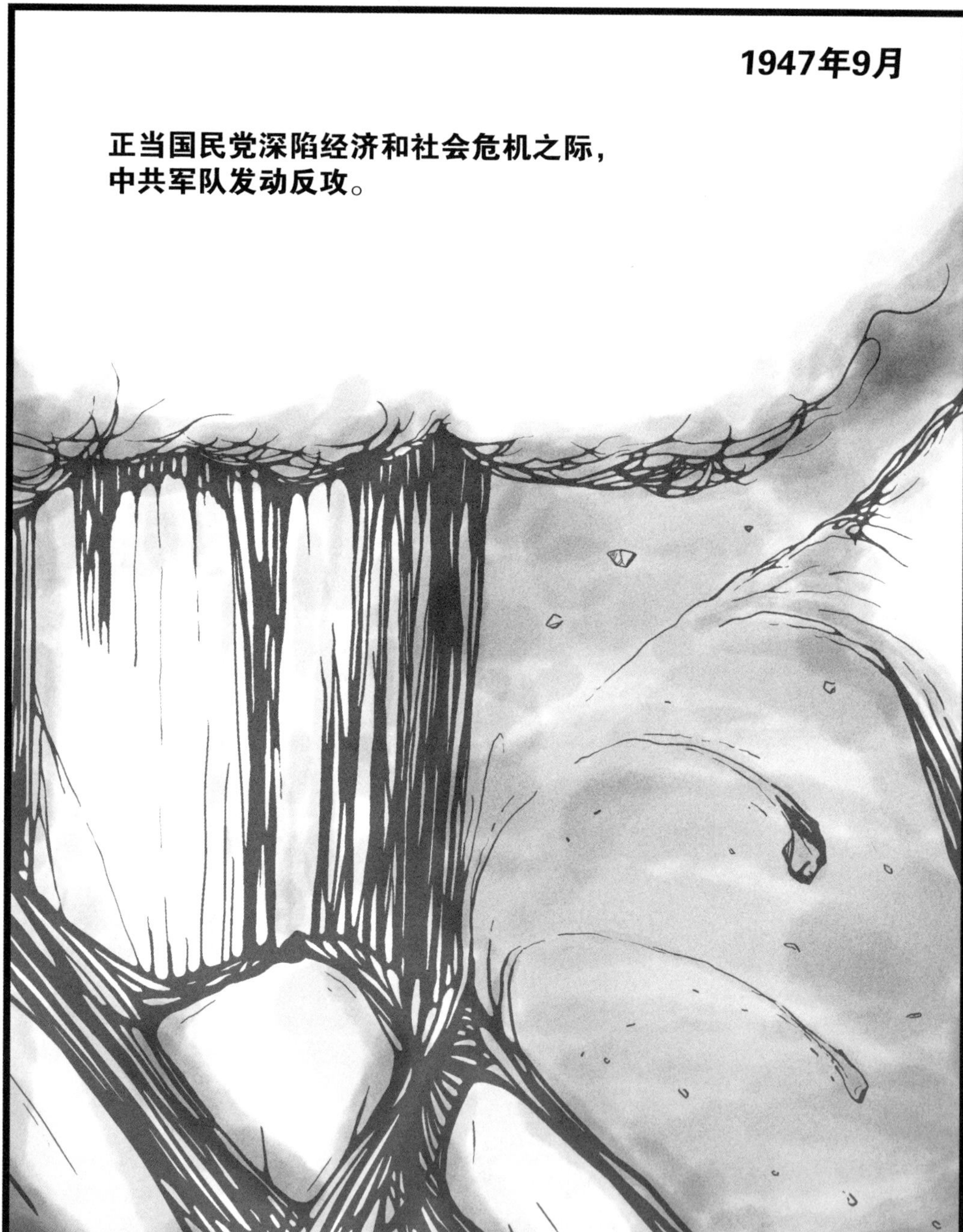
1947年9月
正当国民党深陷经济和社会危机之际，
中共军队发动反攻。

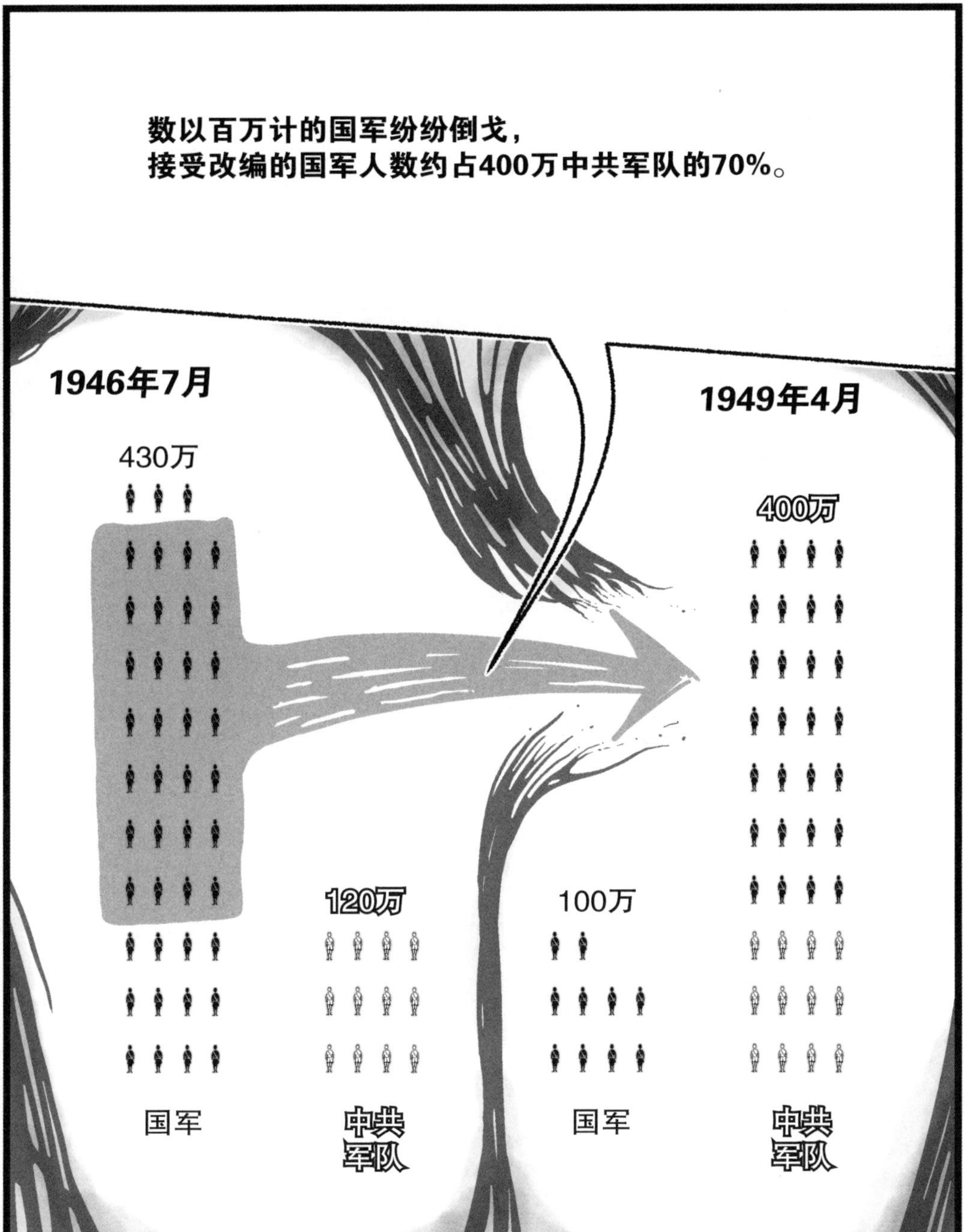
数以百万计的国军纷纷倒戈，
接受改编的国军人数约占400万中共军队的70%。
1946年7月
430万
国军
120万
中共军队
1949年4月
100万
国军
400万
中共军队

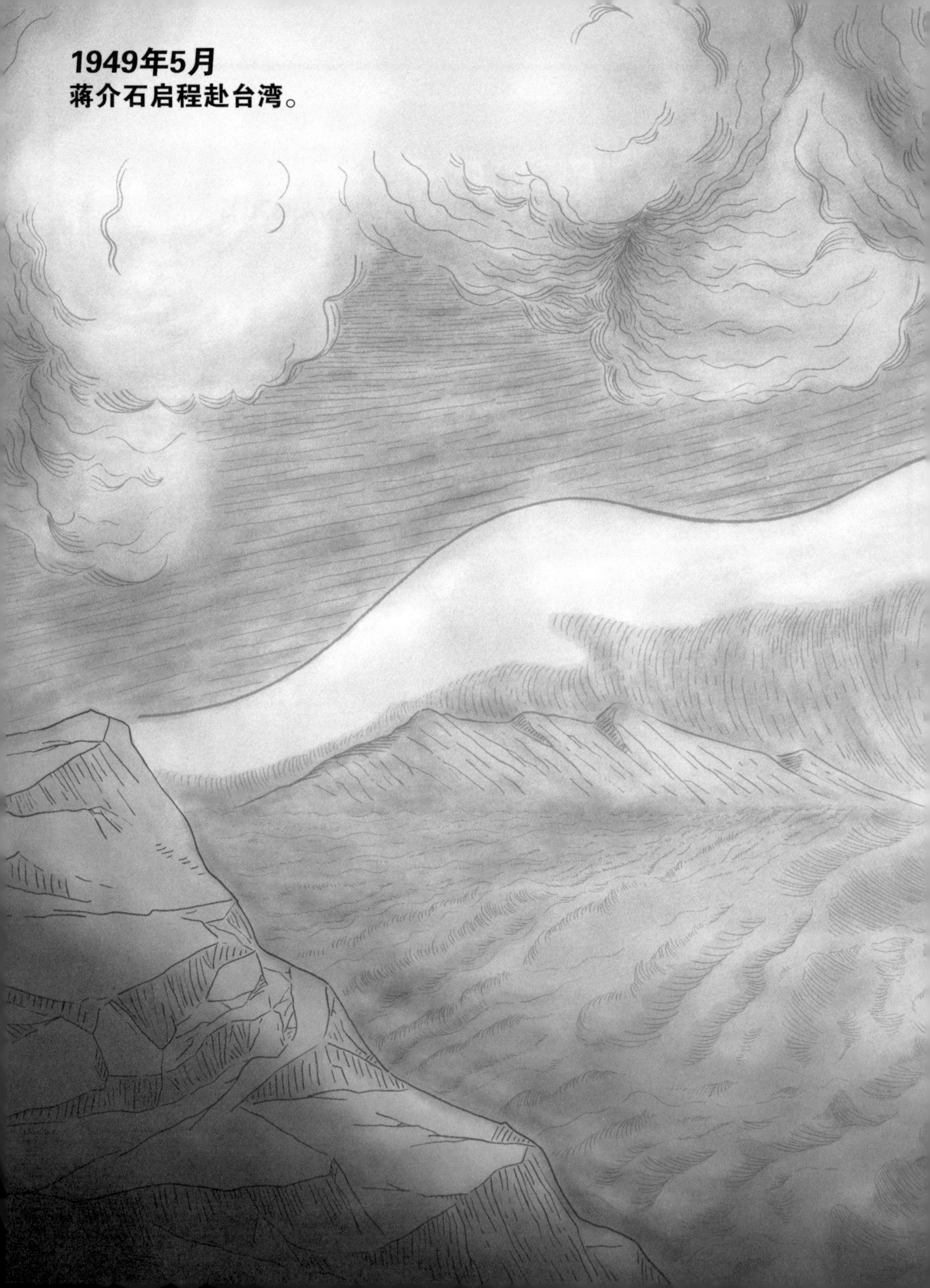
1949年5月
蒋介石启程赴台湾。

**北京，1949年10月1日**
**毛泽东在天安门宣布中华人民共和国成立。**

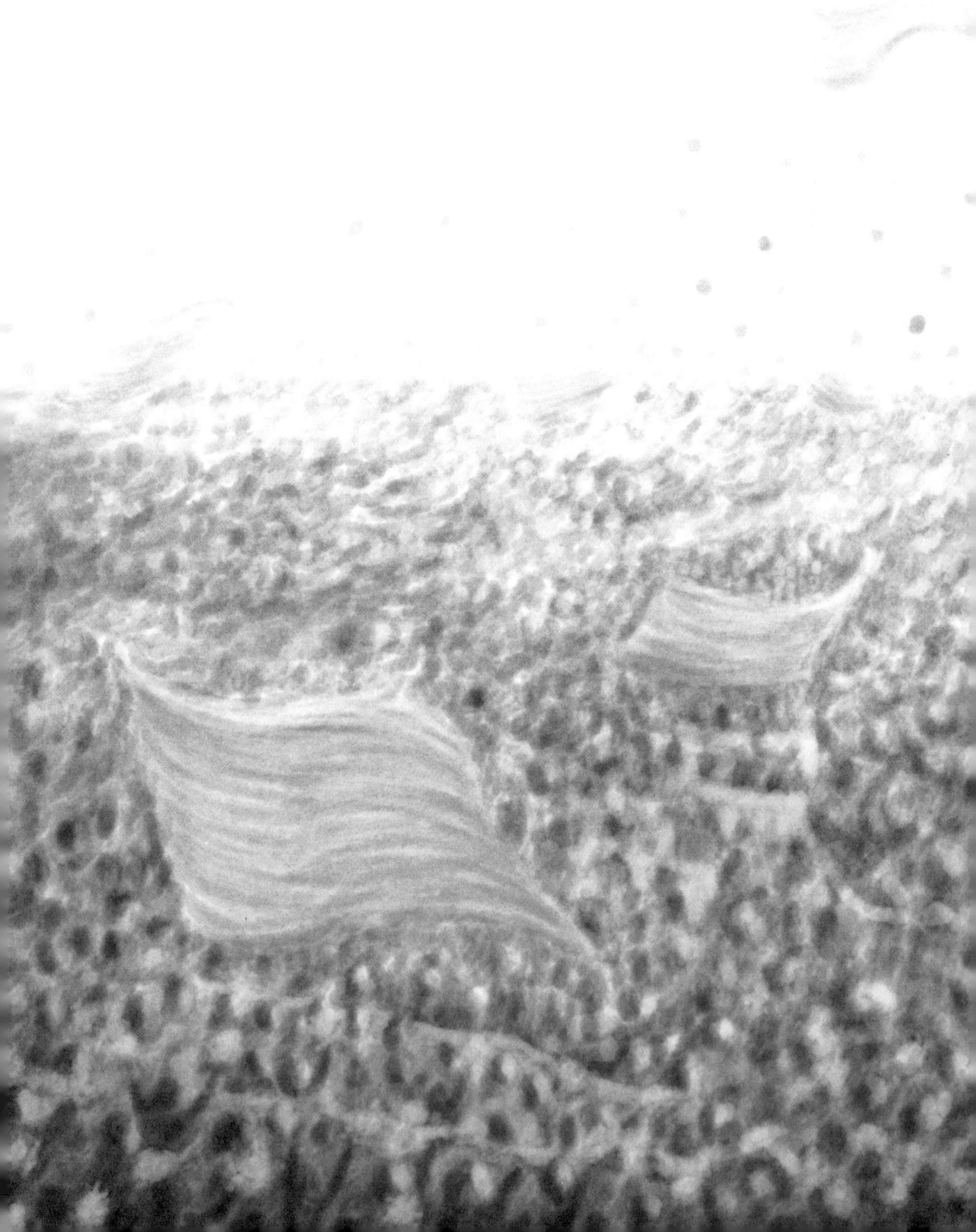

**在中国共产党获胜后，美国参议员麦卡锡指责马歇尔和谢伟思对此负有直接责任。**

为阻止共产主义在亚洲再次胜利，杜鲁门总统出兵参加朝鲜战争(1950 – 1953)。

为防止敌人像当年日军那样通过朝鲜威胁中国东北，毛泽东主席命令人民志愿军进入朝鲜。

朝鲜战争后不到一年，美国开始对南越政权提供援助，以继续其遏制共产主义的政策。

# 附录

《画说中国史》第五册的参考文献（排列不分先后）：


- 《在中国失去的机会》，谢伟思 (John S. Service)，周瑞德 (Joseph W. Esherick)
- 《毛泽东》，《追寻现代中国》，史景迁 (Jonathan Spence)
- 《红星照耀中国》，埃德加·斯诺 (Edgar Snow)
- 《从大历史的角度读蒋介石日记》，黄仁宇
- 《蒋介石与现代中国的奋斗》，陶涵（Jay Taylor）
- 《史迪威与美国在中国的经验》，Barbara W. Tuchman
- 《中国使命: 乔治·马歇尔未完成的战争》，Daniel Kurtz-Phelan
- 《剑桥中国史》，费正清 （John K. Fairbank)
- 《全球经济史简介》，Robert C. Allen
- 《美国与中国之关系：特别注重1944至1949年间》，美国国务院
- 美国国务院历史文献办公室的外交记录